融合型·新形态教材
复旦学前云平台 fudanxueqian.com

普通高等教育"十一五"国家级规划教材·修订版

U0731050

学前儿童
艺术教育活动指导
（第四版）

主　编　王　麒　李飞飞
副主编　李新萍　刘燕琴
编　者　董　伟　向耀莉　李　伟　时　丽
　　　　辛　明　张利红　罗　娟　赵惠娟
　　　　赵德利　吴　宁　李文菊

复旦大学出版社

内容提要

本教材立足学前儿童艺术教育的教学实际，紧扣《幼儿园教育指导纲要(试行)》《3～6岁儿童学习与发展指南》的基本精神，体现学前儿童艺术教育理论与实践研究的最新成果。本教材结合艺术学科的特点和学前儿童的成长和认知特点，从学习幼儿艺术习得的发展规律，到通过欣赏达到对幼儿艺术的初步认识；再从幼儿艺术教育的大主题到学前儿童艺术教育的具体任务、内容、特点、组织指导；最后通过专家的最新教学理念帮助学生提高理论修养，开阔眼界，并由一线教师的成功经验帮助学习者体验幼儿教师的自我实践操作。另外，为了更好地配合理论学习，本教材展示了幼儿艺术教育领域真实、生动、有趣的教学实践案例及微视频，供学习者分析、思考与借鉴。

本教材配有教学课件、习题参考答案等教学资源，欢迎任课教师登录复旦学前云平台免费下载（www.fudanxueqian.com）。

复旦学前云平台
数字化教学支持说明

为提高教学服务水平，促进课程立体化建设，复旦大学出版社学前教育分社建设了"复旦学前云平台"，为师生提供丰富的课程配套资源，可通过"电脑端"和"手机端"查看、获取。

🖥 【电脑端】

电脑端资源包括 PPT 课件、电子教案、习题答案、课程大纲、音频、视频等内容。可登录"复旦学前云平台"www.fudanxueqian.com 浏览、下载。

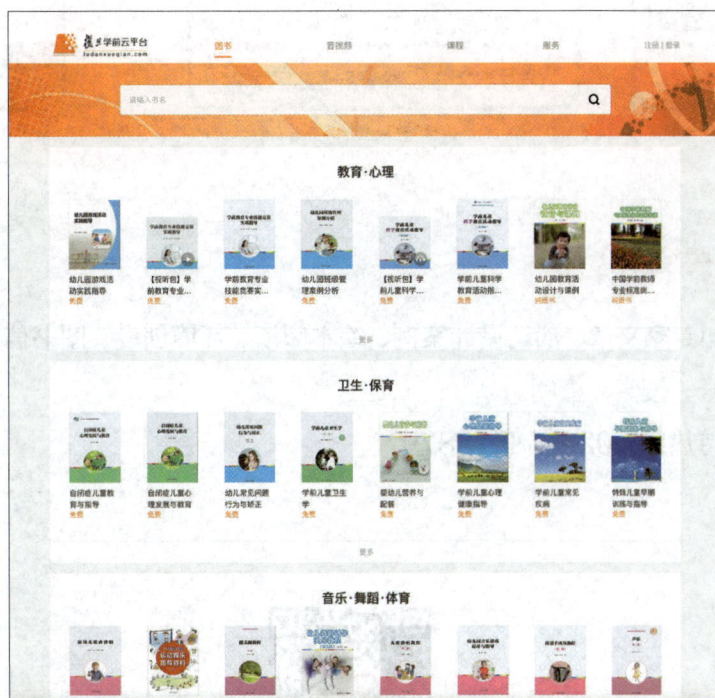

Step 1 登录网站"复旦学前云平台"www.fudanxueqian.com，点击右上角"登录 / 注册"，使用手机号注册。

Step 2 在"搜索"栏输入相关书名，找到该书，点击进入。

Step 3 点击【配套资源】中的"下载"（首次使用需输入教师信息），即可下载。音频、视频内容可通过搜索该书【视听包】在线浏览。

【手机端】

PPT 课件、音视频、阅读材料：用微信扫描书中二维码即可浏览。

扫码浏览 →

【更多相关资源】

更多资源，如专家文章、活动设计案例、绘本阅读、环境创设、图书信息等，可关注"幼师宝"微信公众号，搜索、查阅。

平台技术支持热线：029-68518879。

"幼师宝"微信公众号

　　《学前儿童艺术教育活动指导》(第一版)于2007年被列入教育部"十一五"国家级规划教材,在全国学前教育专业院校使用中反响较好。根据教材使用情况及当前的学前教育发展,特别是《幼儿园教育指导纲要(试行)》(以下简称《纲要》)和《3—6岁儿童学习与发展指南》(以下简称《指南》)的精神,对全书进行了第四版修订,以便紧跟教育教学前沿,为幼教学子献上一份更为精准、富于指导意义的学前儿童艺术教育指导用书。

　　本教材紧扣党的二十大报告精神与思政方向,立足传播优秀、经典的艺术教育思想、文化与素材,帮助学生树立符合中国特色的审美价值观、育人观,使新时代的幼儿艺术教育为传播社会主义核心价值观服务,为中华优秀文化的传承与创新发展奠定基础。

　　本教材理论部分基本章节划分不变,根据教材使用情况对部分内容进行了压缩或增补。上篇美术教育根据《指南》中对学前儿童美术的发展要求和指导,对幼儿美术活动的目标、指导方法等进行了重新梳理和解读,并增加和更换了部分案例。下篇音乐教育第二章第一节、第三章第五节、第五章有较大调整、更新。增加了奥尔夫音乐教学法在幼儿园的实践案例,并将节奏作为重要的学习元素,对具体细节、顺序、要点进行了增补,并适当更新、增加了部分教学案例。新改版教材的主要亮点:其一,充分体现了《纲要》和《指南》中对学前儿童音乐、美术教育的目标界定、特征分析、内容描述、方法指导等,更符合学前儿童艺术领域的认知和发展。其二,改版后的教材为教师们特别配备了幼儿艺术教育活动教学课件,还有可扫码观看的教学小视频,为教材使用中实践内容的观摩、分析、体验提供了较好的支持。

　　当前职业教育的共识是理论教学与实践教学必须齐抓并举,因此对于教材使用者我们建议:教学内容应结合学生水平,配合相当的实训内容,如幼儿美术活动中的各种绘画技法、手工、欣赏等内容的操作与学习,幼儿音乐活动内容中的儿童歌曲、律动、音乐游戏等的实际训练,以更好地应用掌握教材中的理论。须注意的是,实训内容的选择应结合地区特色、幼儿水平、时代发展,做好相应的调整与更新。建议理论学习与实训操作的比例、对本学科考核中两者的比例均可定为1∶1。

　　本次修订工作得到了复旦大学出版社的热情支持;参与编写的一线教师们本着精益求精的态度与精神共同圆满地完成了本次修订任务;教学视频的录制工作更是集幼儿教师、电教老师、参编教师们的集体智慧与努力。但是,由于时间、水平所限,不足之处望广大幼教同行批评指正,在此我们共勉,希望与耕耘不断,进取与登攀常在!

编写说明

本书分为学前儿童美术教育理论与方法、学前儿童音乐教育理论与方法两个部分。第四版由天津师大学学前教育学院王麒老师负责上篇美术教育的组织编写、统稿和修订工作；由天津师大学学前教育学院李飞飞老师负责下篇音乐教育的组织编写、统稿和修订工作。

上篇　美术教育部分：

第一章第一节由济南幼儿师范高等专科学校时丽撰写；

第一章第三节由济南幼儿师范高等专科学校赵德利撰写；

绪论、第二章由石家庄幼儿师范高等专科学校董伟撰写；

第三章第三节由青岛幼儿师范高等专科学校张利红撰写；

第三章第四节由天津师大学前学院吴宁、贵阳幼儿师范高等专科学校李文菊撰写；

第一章第二节，第三章第一节、第二节，第四章，第五章由天津师大学前学院王麒撰写。

美术教育部分插图、案例作品提供者：

贵阳实验二幼　刘玫、陈琨、蒋鸿雁

天津市第四幼儿园　杨冬、周密、张欣

天津南开一幼　卢殊荣

河北省直机关第七幼儿园　胡爱平、张军

青岛幼儿师范学校附属幼儿园　石岩

天津大学幼儿园　乔瑀、柳爽

天津武清三幼　段瑞霞

下篇　音乐教育部分：

第一章由天津师范大学学前教育学院刘燕琴撰写；

第二章由石家庄幼儿师范高等专科学校赵惠娟撰写；

第三章第一节、第五节由贵阳幼儿师范高等专科学校罗娟撰写；

第三章第二节、第三节由济南幼儿师范高等专科学校李伟撰写；

第三章第四节、第四章由青岛幼儿师范高等专科学校辛明撰写；

第五章由贵阳幼儿师范高等专科学校向耀莉撰写。

音乐教育活动案例提供者：

青岛幼儿师范附属幼儿园　张燕、宋文洁、周保华、杜鹃、曲瑞莲

目 录

下篇　音乐教育

绪　　论

学习目标

- 初步了解本学科的研究意义、内容。
- 明确学习目的、要求、方法。

一、艺术与儿童

艺术是人类文明与文化的重要标志之一。艺术展示了人类文明与文化的发生和发展过程,艺术所提供的信息凝聚着先人对世界的认识与思考,使我们能够更加真实和具体地了解我们的过去,憧憬我们的未来。

艺术是我们生活中不可缺少的重要元素。没有了艺术,我们的生活将黯然失色。在我们生活的方方面面,诸如饮食、器物、服装、居室、环境,乃至心灵、道德、智慧、思想等,都在追求着完美的境界,而这里所谓的完美无疑就是艺术。

当我们把艺术作为一个教育儿童的重要途径来运用的时候,艺术教育将帮助儿童实现拓展艺术想象空间,丰富艺术创作素材,激发艺术创造灵感,学会用艺术的眼光观察生活,用艺术的形式表现生活。艺术利用它与文化的密切关系,向儿童阐释其蕴涵的各种文化信息,有助于儿童深入了解艺术的文化意味和人类文明与文化的由来和发展,提高儿童的文化知识和修养。艺术虽然是具体形象和丰富多彩的,但它包含着特定的思想观点,表达着一定的感情内涵。通过艺术教育与艺术活动,儿童能够更好地体验人类丰富的情感与思想,完善精神世界,可以陶冶情操、净化心灵,培养积极的人生态度,改变内心世界。此外,艺术教育还可以培养儿童的创造力和实践能力。

学前儿童虽然年幼天真,但他们的爱美天性和纯真心灵,与艺术有着不解之缘。尚未出世的胎儿一听到音乐便会在母腹中有所反应,或表现骚动,或变得安详宁静;婴儿看到鲜艳的色彩,就会睁大惊喜的双眼凝神注视;稍能控制身体就喜欢随着音乐手舞足蹈;刚能握住画笔,就急不可待地四处留下自己的"杰作"……儿童的这些"本能"表现,反映了人类固有的对精神生活、对美的追求。

儿童与艺术的这种奇妙的缘分,来自艺术与儿童之间的三个共同的特征。一是形象性。任何艺术都是用形象来说话的。形象性是艺术的基本特征,也是儿童认识活动的基本特征。用形象很容易引发儿童对艺术的某种"感悟"。二是情感性。艺术活动是一种极富情感色彩的审美活动,无论是艺术创造、艺术表演还是艺术欣赏,都离不开"情"和"美"。幼儿最容易受艺术的感染,而去创造自己的作品。情感的联结使儿童与艺术之间达成了一种"默契"。三是愉悦性。艺术活动是一种创造活动,就其功能而言也是人类的一种高级的娱乐活动。艺术活动最能尽情地发挥儿童的创造性,使儿童自由地抒发他们内心的情感,挥洒心灵的故事,从而获得一种精神上的满足,体验成功带来的欢乐。儿童高于形象性的思维、天真丰富的想象、自由奔放的情感、大胆个性的创造,使他们的艺术活动和艺术创作更加生动有趣,充满稚拙的美。艺术充实着儿童的生命,儿童创造着自己的艺术。

二、学习的重要性

艺术活动是学前儿童生活中不可缺少的内容,那么,运用艺术来对学前儿童进行教育就成为学前教育的一个重要研究领域。儿童艺术活动特征、儿童艺术经验获得的规律、儿童艺术教育的基本理论、儿童艺术教育活动的内容与方式、儿童艺术教育活动的组织与指导,等等,就成为我们学前儿童艺术教育学科所要研究的主要范畴。

首先,作为从事学前儿童艺术教育的教师,必须了解与理解学前儿童艺术活动的特征和发展规律。不了解与理解学前儿童艺术特点,教师的艺术教育就不是从学前儿童出发的教育,不是以学前儿童为本的教育。不考虑学前儿童的实际情况的学前儿童艺术教育,显然是缺乏科学性的;不了解与理解学前儿童艺术特点,就会用成人的眼光来看待学前儿童的艺术,用成人的艺术标准来评价学前儿童的艺术,不能赏识学前儿童的艺术,学前儿童艺术就不会被认可,没有地位怎么会有相应的教育呢?

其次,作为从事学前儿童艺术教育的教师,必须了解与理解学前儿童艺术教育的基本理论,即学前儿童艺术教育的基本特点与原则。不了解与理解学前儿童艺术教育的特点与原则,教师的学前儿童艺术教育就找不准教育的切入点,没有学前儿童艺术教育的原则可以遵循,学前儿童艺术教育工作就会缺乏针对性和可行性。这样的活动,学前儿童既不喜爱也很难接受。这种无原则的教育也是严重违背国家关于幼儿教育的政策法规的。

最后,作为从事学前儿童艺术教育的教师,必须了解与理解学前儿童艺术教育的内容、方法、指导要点。并通过具体实践,将它们有机地融入具体的幼儿艺术活动之中,让内容和方法作为开展好艺术教育的载体。合理的指导成为帮助学前儿童健康发展的桥梁,最终实现艺术教育的目的。

三、学习的方法

首先,我们作为学前儿童艺术教育的教师,必须了解、理解、运用、掌握学前儿童艺术教育的基本知识与基本原理。理论知识和原理往往比较枯燥,但是它是几代人的总结,是实践的结晶。它朴实而不平庸,只有学习者深入地思考和理解,反复地、多角度地去钻研,才能最终发现它的价值。教师只有经过这样的学习过程,才会对学前儿童艺术教育有比较深刻与正确的认识,为即将开展的学前儿童艺术教育工作奠定扎实的理论基础。

其次,要在学习理论的基础上,注重实际操作部分的研究与学习。理论的理解需要我们与现实作比较,实际情况可以帮助我们更好地理解、验证理论。而我们学习理论是为了做好实际工作,所以应该通过对实际操作的研究与学习来验证理论;发挥学习者思维的演绎功能,把理论转化为生动的实践,实现用理论指导实践的目的。

再次,学习学前儿童艺术教育方法,特别要重视向有实践经验的一线教师学习。一线教师是从事学前儿童艺术教育的专家,其艺术教育实践是丰富而生动的,是最"鲜活"的理论。从一线教师的实践中我们可以感受到理论的生命力,可以帮助学习者更好地理解抽象的理论,接触到更多的新鲜生动的实例,为我们今后的学习和工作开阔思路。

最后,还要向学前儿童学习,观摩与研究学前儿童的艺术活动。观察和参与学前儿童的艺术活动,听他们的歌,看他们的画,参加他们的表演与制作……是我们学习学前儿童艺术教育必不可少的环节。因为,许多东西在直观的条件下会变得一目了然,用不着过多的言语。带着课题,深入到孩子们中去,我们会收到更多的意想不到的启发。

总之,一项学习,它的目的、内容、途径、方法与最终收获都应该是多方面、多视角的,我们不要把这些内容固定化、教条化,而应在此基础上更加不懈地努力,争取更好的、更丰硕的成果。

上 篇

美术教育

第一章

美术与学前儿童美术

第一节 美 术

美术是人类艺术文化中最具代表性的一种,幼儿美术教育可以通过幼儿与美术的接触,增进其对绘画形式、内容的了解,促进认知经验、语言表达、情感涵养、自我动手能力等各方面发展,其教育价值是不容忽视的。从美术发展史的角度看,美术作品本身往往具有时代性,是个人智慧、精神与情感的体现。下面我们将通过回顾美术发生与发展的历程,从美术学科特点出发,为将来做好幼儿美术教育奠定良好的基础。

一、美术的发生与发展

(一)美术的发生

由于对人类早期的历史和美术方面的资料所知甚少,人们常常把美术的起源问题称为学术界难解的"斯芬克斯之谜"。尽管如此,历史上许多学者还是在这一领域进行了不懈的探索和努力。归纳众多的观点,他们认为美术作品的本源可以从两个方面探讨:一个是美术的发生本源,也就是对美术这一事物最原始的发生起点、发生形态、发生过程的追寻,这是对美术发生本源的客观活动进程的阐析;另一个是美术创作的社会本源,即强调美术创作所依赖的社会基础,强调美术家的创作思想和创作方法必定会带有社会的烙印,社会生活必定会成为其创作的主要依据,成为其审美意识、创作意识的客观源泉。

由此,许多学者提出了各种关于美术起源的学说。以下我们就来简要介绍、评析历史上五种主要的关于人类艺术(美术)起源的学说。

1. 模仿论

这是关于艺术起源问题的最古老的理论,始于古希腊哲学家。这种学说认为:模仿是人类固有的天性和本能,艺术起源于人类对自然的模仿。

在古希腊哲学家看来,所有艺术都是模仿的产物,美术艺术也是如此。如亚里士多德认为:"艺术模仿的对象是实实在在的现实世界,艺术不仅反映事物的外观形态,而且反映事物的内在规律和本质,艺术创作靠模仿能力,而模仿能力是人从孩提时就有的天性和本能。"

继古希腊哲学家之后,文艺复兴时期的达·芬奇、法国启蒙思想家狄德罗、俄国作家车尔尼雪夫斯基等人都不同程度地继承和发展了这一学说。这种理论直到19世纪末仍然具有极大的影响。

现在已经很少有学者把模仿说作为艺术起源的动力。因为现实中有很多现象是很难用模仿的冲动去解释的。但模仿说仍有它一定的价值,它揭示了人类一种比较原始的心理倾向,这种倾向与艺术是相通的。一方面,对客观事物的模仿也是一种对事物的把握方式,它使人从中看到自己的智慧和能力,从而引起人心理上的快乐和满足;另一方面,不管原始人出于什么原因创作和制作了原始艺术,这些原始艺术本身(如史前洞穴壁画上的动物轮廓)却无疑是由模仿得来的,也就是说,模仿即使不成为动因,也至少是一种必不可少的手段。从今天所发现的原始艺术作品中也不难看出,模仿是大部分原始艺术创作和制作的主要方法。而其他方法,如表现和象征的方法也都是从模仿之中发展演变而来的。

2. 游戏论

顾名思义,游戏论即认为美术起源于游戏,这是18世纪德国著名美学家席勒和英国学者斯宾塞提出的,人们也因此把游戏论称为"席勒—斯宾塞理论"。

游戏论认为人的审美活动和游戏一样,是一种过剩精力的使用,剩余精力是人们进行艺术这种精神游戏的动力。人是高等动物,它不需要以全部精力去从事维持和延续生命的物质活动,因此有过剩的精力,这些过剩精力体现在自由的模仿活动中,于是就产生了游戏与艺术活动。如席勒指出美术发生的动力是人类的游戏冲动,美术是"两种冲动(即感觉的冲动和形式的冲动)的共同对象,那就是游戏的冲动"。当人把过剩的精力冲动用游戏的形式表达出来的时候,就是人类彻底脱离动物界,与动物形成本质区别的最重要的标志。

游戏论强调了游戏冲动、审美自由与人性完善之间的重要联系,对我们理解美术在审美方面的发生具有重要价值。它揭示了美术发生的生物学和心理学方面的某些必要条件,如剩余精力是艺术活动的重要条件,美术的娱乐性和审美性等揭示了精神上的自由是艺术创造的核心,这对我们理解美术的本质是富于启发性的。但它把美术看成是脱离社会实践的绝对自由的纯娱乐性活动,且偏重从生物学的意义上看待美术的起因,过分强调了美术与功利的对立,有绝对化和片面性的弊病。

3. 表现论

表现论认为艺术起源于人类表现和交流情感的需要,情感表现是艺术最主要的功能,也是艺术发生的主要动因。持这一理论的主要有英国诗人雪莱、俄国文学家托尔斯泰等,还有欧美的一些现当代美学家。

这种学说认为原始人的艺术只有一个最主要的推动力,那就是他们通过各种艺术来表达他们的情感,从而促成了艺术的发生和发展。如托尔斯泰认为:"艺术起源于一个人为了要把自己体验过的感情传达给别人,于是在自己心里重新唤起这种感情,并用某种外在的标志表达出来。"这些外在标志就是用动作、线条、色彩、声音以及言词所表达的艺术形象,通过这些艺术形象的传达,别人也能体验到同样的感情。这样,作者所体验到的感情感染了观众或听众,这就是艺术活动。

表现和交流情感的确是艺术的一个重要特征,因此表现情感也是推动美术发生和发展的重要心理动力。但是人类表达情感的方式是多样的,语言、动作都能表达情感,而且艺术也不仅仅是表达情感的工具,因此这一学说并不能完全说明美术起源的全部原因。

4. 巫术论

巫术论是西方关于艺术起源的理论中影响最大的一种学说。这种理论最早由英国著名人类学家泰勒在他的《原始文化》一书中提出,建立在直接研究原始艺术作品与原始宗教巫术活动之间关系的基础上。

这种观点用实用性来解释艺术的起源,认为在原始人心目中,最初的艺术有着极大的实用功利价值。

按照这种理论，原始人所描绘的史前洞穴壁画中虽然有许多在我们今天看来是美丽的动物形象，但他们当时却是出于一种与审美无关的动机，即巫术的动机。如许多旧石器时代晚期的洞穴壁画和雕刻，往往是处于洞穴最黑暗和难以接近的地方，它们显然不是为了给人欣赏而制作的，而是史前人类企图以巫术为手段来保证射猎的成功。再如，有些动物身上刻有被长矛或棍棒刺中和打击过的痕迹，按照巫术说的观点，原始人在动物身上画上伤痕也就意味着他们在实际的狩猎当中可以顺利地打到猎物。原始洞穴壁画中这些身上带有被刺中或击伤痕迹的动物形象，成为支持艺术产生于巫术学说的有力证据。

巫术论对于我们理解原始艺术，特别是原始美术发生的动力，以及这些艺术在当时条件下非审美的性质具有重大意义。但巫术说把精神动机视为原始艺术发生的唯一动机，忽略了隐藏在精神动机后面的动因，即人类的物质生产活动，因而也不能完满地解释原始艺术的真正起源。

5. 劳动论

劳动论的主要观点就是强调美术起源于劳动。其代表人物沃拉斯切克和毕歇尔都强调以劳动和舞蹈中身体动作的节奏作为音乐的源泉，希尔恩在《美术起源》一书中说："劳动的歌和舞蹈典型的例子可以在大洋的部落那里遇到，岛国的生活甚至在其他方面是对美术有利的，那是个人与个人之间需要一种最亲密的合体。"

毕歇尔研究了劳动、音乐和诗歌之间的相互关系以后得出结论说："在其发展最初阶段上，劳动、音乐和诗歌是极其紧密地整体相互联系着，然而这个整体的基本组成部分是劳动，其余的组成部分只是从属之义。"

以上关于美术起源的学说，可以帮助我们从不同方面了解原始美术的起源及其原因。原始美术与儿童的美术虽然有本质的不同，但它们在发生动因特别是在表现形态方面又有不少相似之处。因此，了解人类美术的发生对我们正确地认识和理解儿童的美术活动具有借鉴作用。

（二）美术的发展

尽管对美术的产生有着不同的认识，但从历史发展来看，中外美术发展都经历了一个漫长的发展进程，美术的内容和形式也随着历史发展而不断丰富和提高。由于中外美术发展内容博大，难以一一进行描述，我们以中国美术的发展为线索来简单描述美术的发展，从中体会美术的发展与人类文明的息息相关。

1. 古代美术的发展

史前时代，即考古学上的旧石器时代和新石器时代，属于社会发展史上的原始社会。石器时代的美术是美术的起源和萌芽时期。旧石器时代后期有了一些装饰品，如钻孔的石坠、兽牙和磨孔的贝壳等，这些装饰品是出于美化生活的目的而制作的。而在欧洲也出现了洞穴艺术和器物艺术。新石器时代的美术绝大部分都与陶器和建筑的发展密切相关，近年来考古界不断发现的岩画丰富了这一时期的美术门类。中国新石器时代的造型艺术，在彩陶以及绘画、陶塑和玉石雕刻等方面，均有卓著的成效。

奴隶社会中的青铜艺术，在先秦造型艺术中占有突出的地位；商周的玉石雕刻及战国的彩漆木雕，艺术成就十分可观。寓有兴废之诫的庙堂壁画及人物肖像画，为先秦统治者普遍重视。如今在湖南长沙、湖北江陵（今荆州）等地楚墓出土的帛画与漆画，也表明了先秦绘画艺术发展的水平。

从战国进入封建社会，工艺美术及雕塑、绘画、书法、建筑等都获得了巨大发展，其中以青铜器的艺术成就最为突出，故有青铜时代之称。此外，商周的宫殿庙堂壁画及遗留的战国帛画也具有重要价值。

秦朝的统治者高度重视造型艺术，使其为宣扬统一功业、显示王权威严的政治目的服务，在建筑、雕塑、绘画等方面都取得了极其辉煌的成就。汉朝时期，视美术为表彰功臣的有效方式，在大型纪念性雕塑、宫殿壁画等方面建树颇多。秦汉时代处于中国封建社会的上升时期，造型艺术表现了广阔无垠的宇宙意识，体现了浪漫主义和现实主义相结合的精神，它那深沉雄大的气魄，在中国美术史上放射着夺目的光彩。

图1-1 文徵明《江南春图》

魏晋南北朝时期出现了一批优秀的文学家和著名的书画家，如顾恺之、谢赫等。佛教传入中国后，僧人的西行和佛教的东渐促进了中西文化的交流，尤其是大量寺院的兴建和造像的盛行，极大地丰富了建筑艺术和绘画、雕塑创作。一批优秀的艺术家在寺院中竞展才华，创造出适合中国民族审美风格的佛教新式样。至今保存下来的一些建筑遗址和大量泥塑、铜、石造像，特别是遍布北方的佛教石窟和寺院，集中展示了古代雕塑、绘画创作中的大量艺术珍品。

隋唐之际发明的雕版印刷，不仅为世界文明作出了伟大的贡献，而且开创了版画艺术的新领域。这个时期大规模的石窟造像不断涌现，造像的规模气势和艺术水平都十分突出。唐代是古代人物画的鼎盛时期，山水画继魏晋之后成为重要画种，花鸟畜兽成为独立的绘画形式，显示出绘画领域的扩大。隋唐书学承袭六朝体式，初唐书法家欧阳询、虞世南创立唐人楷书法度，至颜真卿、柳公权等书法家，均以楷书立名。唐代书学与画学并兴，相互影响，齐头并进，由此形成中国书画特有的技法特点与表现形式。

宋元时期皇室贵族对美术作品的爱好和重视，士大夫文人对书画文物的欣赏和收藏蔚然成风，推动了美术的新发展。宋朝设有画院，同时其城市的繁荣、市民阶层的扩大也扩展了美术的表现范围和题材，风格更为多样。

明清两代作为中国封建社会最后阶段的两个王朝，一方面恢复南宋时代画院的画风，被称为院派和浙派的画家处于最显著的地位。如著名的《长江万里图》是古代绘画中的一件重要的作品。其重要性在于巨大的主题、高度概括的表现方法和简洁的艺术形象，充分说明有悠久传统的中国绘画艺术的独特性和创造性。随后文人画成为画坛主流，如文徵明的《江南春图》(见图1-1)、唐寅的《风木图》、周臣的《北溟图》都有一定的艺术效果。民间的绘画艺术，如版画插图、木版年画等也获得了重要的发展，在人民生活中占了重要的地位。

2. 中国近现代美术的发展

自1840年鸦片战争以来，我国逐步沦为半殖民地半封建社会，封建王朝日趋崩溃，失去了对文艺作品的控制力量，近代再没有由皇家出面组织的美术活动。经济的破坏，影响着艺术事业的繁荣，特别是有些工艺美术门类面临着破产和倒闭。

科学技术的新发展对美术的普及起到了很大的推动作用，特别是印刷术的更新，使古代木版印刷相形见绌。新闻报刊的流行，为美术作品的传播开辟了新的途径。书籍装帧、插图与讽刺画逐渐发展为新的美术专业。

在"五四"以前的中国资产阶级民主革命过程中，以中学为体、西学为用的改良派思想曾对美术事业产生过较大的影响，主要表现为：以西方模式兴办新的美术学校并选派留学生出国留学，推动了西方美术在中国流行；一些思想家、理论家发表的改革中国美术的文章，冲击着几千年来的旧的观念，呼唤着中国美术的复兴。蔡元培提倡的"以美育代宗教"是突出的代表，美育成为当时新美术运动的中心议题，意图通过提倡美育确定美术的社会价值和美术家的社会地位，但在半殖民地半封建的社会背景条件下，实施美育困难重重。

随着马克思主义在中国的传播，马克思主义的文艺理论由鲁迅、冯雪峰等人翻译介绍到中国。受到国内政治斗争形势的影响,20世纪30年代初蓬勃兴起左翼文艺运动,高举文艺大众化的旗帜,随着抗日救亡运动的展开,越来越多的美术家将关心国家民族的命运摆在艺术活动的首位,艺术作品成为时代的民族精神的体现。特别是在抗日根据地的美术家,以他们的作品反映了人民群众的斗争生活,揭开了美术史崭新的一页。

二、美术的类别

在艺术分类中,美术又被称为造型艺术、视觉艺术、空间艺术。它是指艺术家运用一定的物质材料,如颜料、纸张、画布、泥土、石头、木料、金属等,塑造可视的平面或立体的视觉形象,以反映自然和社会生活,表达艺术家的思想观念和感情的一种艺术活动。关于美术,根据不同的标准可以划分为不同的类别和数量。一般认为,根据其表现形式和功能,可分为绘画、雕塑、工艺美术、建筑艺术和工业(与环境)设计美术五种类型。

(一)绘画

绘画是美术中最常见的一种形式,也是其他各种美术形式共有的基础。它是指运用线条、色彩和形象等艺术语言,通过造型、设色和构图等艺术手段,在二维空间(即平面)里塑造出静态的视觉形象,以表达作者审美感受的艺术形式。绘画种类繁多,从不同的角度可将它划分为不同的类别。从地域看,绘画可分为东方绘画和西洋绘画;从工具材料看,绘画可分为水墨画、油画、版画、水彩画、水粉画等;从题材内容看,绘画可分为人物画、风景画、静物画、动物画等;从作品的形式看,绘画可分为壁画、年画、连环画、漫画、宣传画、插图等。不同类别的绘画形式,由于各自的历史传统不同,都有着各自独特的表现形式与审美特征。

中国画又称水墨画,它在世界绘画领域中自成体系,独具特色,是东方绘画体系的主流。在工具材料上,中国画是用毛笔、墨在宣纸、绢帛上作画的,它讲究笔墨,着眼于用笔墨造型。在表现方法上,中国画采用一种散点透视的方法。在画面的构成上,中国画讲究诗、书、画、印交相辉映,形成独特的形式美与内容美。

油画是西洋绘画的代表,它是世界绘画艺术中最有影响的画种。在工具材料上,油画是用油质颜料在布、木板或厚纸板上画成的。在表现方法上,传统的油画家采用焦点透视法作画。在画面构成上,它讲究画面景物充实,按自然的秩序布满画面,呈现出自然的真实境界,可雕刻和塑造的物质材料制作出实体形象,以表达思想感情。

(二)雕塑

雕塑是雕、刻、塑三种制作方法的总称。这是指以各种可塑(如黏土等)或可以雕刻的(金属、石料、木材等)材料制作各种具有实在体积的形象。

雕塑的种类可以从不同角度来划分。从制作工艺来分,雕塑可分为雕和塑。雕是从完整而坚固的坯体上把多余部分删削、挖凿掉,如石雕、木雕、玉雕等;塑是用具有黏结性的材料连接、构成为所需要的形体,如泥塑、陶塑等。从题材来分,雕塑可分为纪念性雕塑、建筑装饰性雕塑、城市园林雕塑、宗教雕塑、陵墓雕塑、陈列性雕塑。从表现形式来分,雕塑可分为圆雕、浮雕。圆雕是不附在任何背景上,可从四面八方观赏的立体雕塑,比如米开朗基罗的《大卫》雕像就属于圆雕。浮雕则是在平面上雕出凸起的形象的一种雕塑,比如人民英雄纪念碑四周的各组群雕均属于浮雕。根据浮雕表面凸起高度的不同,又可以分为高浮雕和浅浮雕,人民英雄纪念碑各组浮雕即为高浮雕。

(三)工艺美术

工艺美术是指日常生活用品经过艺术化处理以后,具有强烈的审美价值的产品。工艺美术是与人们生活关系较为密切的一种美术形式，通常分为实用工艺和观赏工艺两类。实用工艺主要指经过艺术加工的生活实用品，如一些染织工艺、陶瓷工艺、家具工艺等。观赏工艺则指专供观赏的陈设品，如一些名贵的象牙雕刻、玉石雕刻和装饰绘画等。

　　实用工艺美术是整个工艺美术的主体和基础，包括衣、食、住、行、用的工艺品类，实用价值是这类工艺品的主要价值，审美价值是作为辅助价值存在的。这类工艺品包括经过装饰加工的茶餐具、灯具、木器家具、绣花制品、草竹编织品等。陈设欣赏工艺品是指那些以摆设、观赏功能为主的工艺品，这类工艺品以审美为其首要价值，手工技艺性很强，实用价值已不明显或完全消失，如玉器、金银首饰、象牙雕刻、景泰蓝、漆器、壁挂、陶艺等。

（四）建筑艺术

　　建筑是建筑物和构筑物的统称，是人类用砖、石、瓦、木、铁等物质材料在固定的地理位置上修建或构筑内外空间，用来居住和活动的艺术。建筑艺术按照美的规律，运用建筑艺术独特的艺术语言，使建筑形象具有文化价值和审美价值，具有象征性和形式美，体现出民族性和时代感。以其功能性特点为标准，建筑艺术可分为纪念性建筑、宫殿陵墓建筑、宗教建筑、住宅建筑、园林建筑、生产建筑等类型。

　　从总体来说，建筑艺术与工艺美术一样，也是一种实用性与审美性相结合的艺术。建筑的本质是人类建造以供居住和活动的生活场所，所以实用性是建筑的首要功能，不过随着人类实践的发展和物质技术的进步，建筑越来越具有审美价值。

（五）工业（与环境）设计美术

　　工业（与环境）设计美术是20世纪80年代末出现的一门新型学科，是艺术与科学技术相结合的边缘学科，是社会大工业生产的必然产物。为满足人们日益增长的物质与精神需要，小至螺丝钉、机器零件，大到生产工具、巨型交通工具乃至建筑群、区域环境规划，都成了工业（与环境）设计关注的对象。工业（与环境）设计美术，反映着一个国家生产水平与物质文化水平，是社会文明的标志，工业设计美术有"大美术"之称。目前，主张将工业（与环境）设计美术作为现代美术独立门类的人，则把"工艺美术"的含义解释为"传统手工艺美术"，将其现代工艺设计和建筑艺术纳入"工业（与环境）设计美术"的门类。

三、美术作品的构成

　　就美术的形式来说，美术是一种造型艺术，它是以笔、墨、颜料等为工具，以纸、金属、石、黏土等物质媒介为材料，通过线条、色彩、阴暗、透视、构图、凸凹等造型语言，创造出直接可感的，具有一定体积、质感、空间感的美术形象。美术所创造的形象既是现实生活的反映，又包含着画家对现实生活的审美感受和评价。每一种艺术形式都有自身的表现形式，美术也通过基本的要素构成其表达形式，达到进行信息交流的目的。美术作品的基本构成要素主要包括造型、构图和色彩三大类。

（一）造型

　　造型是美术作品的最基本元素。造型的含义可以从广义和狭义两个层面进行理解：广义指一切艺术形象的塑造；狭义指美术创作中对物体外部形象特征的把握与刻画，主要体现在绘画、雕塑、建筑艺术、工艺美术等艺术种类中。美术作品的造型是从狭义层面进行理解的。美术造型是指用线条和块面等组成画面形态的基本要素所表现出的物体外部形象。达·芬奇说过："绘画科学首先是从点开始，其次是线，再次是面，最后是由面规定着形体。"造型要素主要有点、线、面、体块与空间、光与色、质地等。

点是最小的视觉单位,有机地运用点的组织,可以使画面产生疏密有致的变化,富有节奏感;线可以看作是点运动的痕迹,有方向和运动感;体块是由长度、宽度和深度构成的主体形,而空间是指物体间的远近层次关系和包容关系;光与色所彰显的色彩能使画面获得真实感,不同倾向的色彩还能给予我们不同的视觉和心理感受;质地是指物体表面的触觉性或视觉表现。在艺术造型中,如能很好地利用这些要素,将使美术作品更具有魅力。如2008年北京申奥标志的造型就极有特色(见图1-2):总体呈现多斜线式,富于运动感,斜向拉长气势连贯的五环,蕴涵多重寓意,包括飞跑的人、打太极拳姿势、北京蓬勃发展的形势、奥运团结向上宗旨、中国结等。

图1-2　2008年北京申奥标志

美术造型的基本要素来之于生活,但不是对生活的复制。"艺术源于生活,但不等于生活"。在从事美术创作时,艺术家会根据特定表现目的的需要,选择适合自己个性、兴趣的美术表现形式。就表现形式的明显特点而言,分成具象造型和抽象造型两种基本形式。具象造型与抽象造型的区别在于:前者具有客观的现实形象,而后者则不能看出任何客观的现实形象。具象造型又可分为写实造型和变形造型。写实造型指忠实客观地描绘事物的真实面目的造型,客观物象基本上按我们日常所见的样子被反映出来。变形造型则是运用夸张、省略等方法,表现人对事物的主观认识和情感。尽管变形造型反映的对象与我们日常所见不同,但我们仍可认出它们是处于"似与不似之间"的艺术形式。抽象造型在古代艺术中就已出现,而现代抽象则主要通过抽象的线、形、色的不同组合表达人的主观情感。

(二)构图

美术创作与欣赏离不开构图,构图也是美术教学不可缺少的内容。所谓构图是指创作者在一定空间范围内,对自己要表现的形象进行组织安排,形成形象的部分与整体之间、形象空间之间的特定的结构、形式。或者说,构图是造型艺术的形式结构,包含全部造型因素与手段的总和。在不同类型的美术种类中,构图称呼并不一样,例如绘画的"构图"、设计的"构成"、建筑的"法式"与"布局"、书法的"间架"与"布白"等都是指构图。

构图是绘画的重要手段之一,包含着丰富的内涵,如艺术形象的空间位置、空间大小、各部分之间的组合关系、形象与空间的组合及分隔形式等。构图显示了作品内部结构与外部结构的一致性,反映了作者思想感情与艺术表现形式的统一性,也往往是艺术作品思想美和形式美之所在。为此,构图能力在美术创作中、构图分析在美术欣赏中,都占有相当重要的地位。

进行美术作品构图可以分为两个步骤。首先,要确定构图的形式线和基本形,如分割画面的线条、表现画面形象主体组合的基本形状。这些形式线和基本形成为构图的主要构成形式因素,由于形式线和基本形与世界上各种自然现象或人的形态相似,便具有丰富的感情联想性,因此,构图的形式线和基本形也是形象产生美感的主要因素。其次,要探求构图所运用的形式美法则,如对称、重复、对比、比例、节奏等。以雕塑《米洛斯的维纳斯》所显示的构图特征为例(见图1—3):体形呈"S"形弯曲,自然优美;脐点为全身的黄金分割点,喉头为上身的黄金分割点,膝为下身的黄金分割点,比例非常优美;肩宽与臀宽之比也多黄金化;身体均衡地承受光的投射。再如我国北宋画家张择端创作的《清明上河图》[局

图1-3　阿历山德罗斯《米洛斯的维纳斯》

部,（见图1—4）]，在五米多的长卷中，以散点透视的方式，创造性的将广阔连绵与繁杂细致的景物，统一而富于变化地呈现出来。突破了绘画艺术在空间表现上的局限性，生动再现了北宋时期的繁荣风貌。

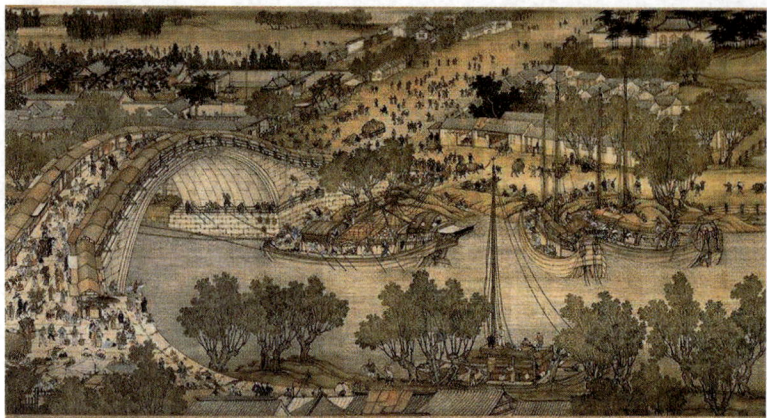

图1-4　张择端《清明上河图》局部

（三）色彩

色彩是美术作品中情感的语言要素。色彩是由物体反射的光通过人的视觉而产生的印象。通过美术家的美术处理，再与其他的造型手段结合起来，色彩能引起观赏者的生理和心理感应，触动情绪，从而获得审美感应。视觉所感知的一切色彩形象，都具有明度、色相和纯度三种性质，这三种性质是色彩最基本的构成元素。

色相即具有不同面貌的颜色。在可见光谱上，人的视觉能感受到红、橙、黄、绿、蓝、紫这些不同特征的色彩，人们给这些可以相互区别的色彩定出名称，当我们称呼其中某一色的名称时，就会有一个特定的色彩印象，这就是色相的概念。正是由于色彩具有这种具体相貌的特征，我们才能感受到一个五彩缤纷的世界。

明度是指色彩的明暗程度。不同色相的明暗程度是不同的，在无彩色中，明度最高的色为白色，明度最低的色为黑色，中间存在一个从亮到暗的灰色系列。在有彩色中，任何一种纯度色都有着自己的明度特征。例如黄色为明度最高的色，处于光谱的中心位置，紫色是明度最低的色，处于光谱的边缘。

纯度是指色彩的鲜艳程度，也叫色彩的饱和度。不同的色彩都具有一定程度的鲜艳度，比如绿色，当它混入了白色时，虽然仍具有绿色相的特征，但它的鲜艳度降低了，明度提高了，成为淡绿色；当它混入黑色时，鲜艳度降低了，明度变暗了，成为暗绿色；当混入与绿色明度相似的中性灰时，它的明度没有改变，纯度降低了，成为灰绿色。

在绘画造型艺术中，凡是以色彩为重要表现手段的艺术品，都必须通过色彩配置，形成一定的对比，以引起观赏者的注意；同时又必须通过作者的艺术处理，使这种对比达到调和，从而产生较好的艺术效果。对比的方式有许多种，最基本的对比可以由色彩三要素中任何一方单独形成，如红与绿、橙与蓝等色相的对比；黄与青黄、浅绿与深绿的明度对比；鲜蓝与灰蓝、鲜黄与灰黄的纯度的对比。这些艺术处理也可以从三方面综合形成，如鲜艳的柠檬黄与橄榄绿布置，就同时兼有色相、明度和纯度的对比。另外一种对比是冷暖的对比：如红、橙、黄色因能使人联想到温暖，一般称之为暖色；绿、青、紫能使人联想到凉爽和寒冷，故称之为冷色。红与绿、橙与青、黄与紫又称互补色，它们的并置可产生

图1-5　董希文《开国大典》

强烈的对比。色调在一幅画中起着色彩支配作用，它在表现作品主题和意境上起着很重要的作用。如油画《开国大典》（见图1-5）在色彩处理上，强调色彩的单纯，对比强烈。红地毯、红灯笼、红柱子及远处红旗的海洋与蓝天、绿树形成对比基调，使画面热烈而明快；金黄色的菊花与蓝天、白云的对比，既点明了秋高气爽的季节，又与黄色的灯穗相呼应，增强了华贵灿烂、富丽堂皇的欢庆气氛。

第二节　学前儿童美术

学前儿童美术和成人美术既有相关,又有自己的特点、范围、作用以及独特的审美视角。

通过下面的内容,我们会更加清晰地了解其含义;洞悉美术对学前儿童成长的意义;初步掌握学前儿童美术能力发展阶段理论;能据此理解并赏析学前儿童美术作品,为将来能有针对性地设计指导学前儿童美术活动做好部分理论奠基。

一、学前儿童美术的含义

学前儿童美术应该涵盖学龄前儿童与美术(视觉艺术与操作)之间所发生的一切关系,包括学前儿童对美术语言的思考、领悟,学前儿童对美术材料的操作游戏,学前儿童的美术创作过程与作品。

(一)学前儿童对美术语言的思考、领悟(审美思维)

学前儿童对美的感觉,是学前儿童对视觉艺术领悟与认识的开端。"审美经验早在儿童使用蜡笔和颜料之前就开始了。当他们表达对色彩、形状、声音、气味及质料的偏爱时,他们实际上是在进行审美选择。"从孩子降生到这个世界,睁开眼睛看到第一缕光线,吸吮乳汁时接触妈妈温柔的目光,到能够触摸摆弄他们的玩具观察它们的颜色与形状,能用彩笔画出一个小人儿或用剪刀剪出一个图案,再到有一天他说:"我最喜欢天蓝色!"……所有这一切,都是点点滴滴的视觉积累与审美学习。不断接受环境影响、进行思考与选择的同时,儿童的审美思维也逐渐得到发展,环境的影响既包括自觉的客观环境影响,也包括主观的教育环境影响。一处景物、一本书、一幅画、对美术工具材料的接触、父母及教师的审美态度、生活环境的美化层次……都能构成学前儿童对人类视觉艺术的认识,从而形成学前儿童自身独特的审美态度与选择,成就儿童个性化学习与表达的基础。它既是学前儿童美术的前提,也是学前儿童美术的组成部分。

(二)学前儿童对美术材料的操作游戏(操作游戏)

学前儿童对美术材料的尝试与操作使得他们开始了美术造型活动。这种造型活动最初仅仅是一种游戏,当孩子一岁多能握住笔时,他们并非把它视为成人们心目中的笔来使用。在他们看来,笔同其他玩具一样,仅是玩法不同。画道儿、点点儿都是在玩,和摇手铃、敲积木一样从中获得游戏的快乐与满足。并且,从最初的玩过渡到有意义的绘画活动再到能画出成人能理解与认可的图画常常会经历几年的时间。这种漫长的演变,是和学前儿童自身能力发展相辅相成的,有赖于他们肌体的成长、心理的丰富,特别是小肌肉群的发育和手眼的协调能力的增强。除了笔以外,黏土、剪刀、纸张、颜料等材料都是学前儿童喜欢尝试与操作的材料,对它们的探索与游戏不仅满足了儿童的好奇心,也使他们对艺术语言与材料有了相当的认知与经验,成为其美术创作的技巧储备。

(三)学前儿童的美术创作过程与作品(表达、表现)

学前儿童的美术创作过程实际上是学前儿童借美术语言来表达自己对周围世界的认识、情感和思想的过程。这也是儿童美术中最重要的部分。而他们的作品,正是他们成长中所受影响经由自身统合之后,运用美术语言和材料所进行的表达、表现。如果说"儿童有一百种语言",那么美术语言正是其中的一种。它的形象性、视觉性比抽象的文字符号更早为幼儿所理解与喜爱,更容易作为记录与交流的方式,在操作与游戏的过程中他们逐渐能运用线条、形状、色彩和不同的材料描绘塑造所见所感,虽然粗陋稚拙,但却如同儿语一般天真可爱,充满有趣的内容与幻想。有时是对熟悉喜爱的人物、事物的描绘,有时是对周围环境的改造,有时也借抽象的形式抒发心中难以言述的喜怒哀乐……学前儿童运用美术语言所作的表达、表现,促成了他们与世界的沟通、交流,同时他们也享受这一过程带来的安慰与回应。

总之,学前儿童以自己的审美经验,运用艺术材料游戏般地体验创作与表达,并以视觉形式来传达他们对世界的理解与思考。同时,他们生动、独特的作品丰富了人类的视角,成为令世界惊奇与羡慕的一道亮丽风景。

二、美术与学前儿童的成长

(一)学前儿童的美术作品标志着儿童个体发展的程度

学前儿童美术能力的发展是有顺序与阶段性的。国内外许多学者都对学前儿童美术能力的发生与发展进行过研究。其中,美国学者凯洛格就对约100万张儿童画进行了研究与归纳,使我们看到幼儿绘画的发生是最初的涂鸦线—图形—图形的组合—圆圈与太阳—蝌蚪人—人以外其他的初期图形的成长历程。他的研究涵盖了儿童从两岁至四五岁左右能握笔到画出生动的图画的这段时期的发展阶段。还有许多学者的研究贯穿了从幼儿至成人阶段美术能力的发展与演变。其中,特别是美国著名美术教育家罗恩菲尔德的儿童画发展阶段研究与瑞士著名心理学家皮亚杰的儿童认知发展规律的研究结果有着惊人的对应性(参见表1-1)。

表1-1　皮亚杰的儿童思维与罗恩菲尔德的美术发展阶段的对照表[①]

大约年龄	皮亚杰的认知发展理论	罗恩菲尔德的美术发展阶段
0～2岁	感觉运动期婴儿的行为取决于反应能力。按习惯行动,不能在大脑中唤起非眼前的物体。抓握、抚摸以及其他动觉和感觉活动有助于思维的发展。	美术始于感觉与环境的首次接触和儿童对这些感觉经验作出的反应。触摸、感受、看、抚弄、听、嗅是美术活动的基本背景。
2～4岁	符号功能期 通过下列活动开始表现非眼前物体和现象: ● 延迟模仿——模特消失后的模仿。 ● 符号游戏——伪装和假扮等游戏。 ● 绘画——游戏般的愉快练习。 ● 在无目的的涂画中产生形式认识("偶发的现实主义")。 ● 试图从记忆中复制模特——以成年人的标准来看,整体中的局部常被误置("错误的现实主义")。 ● 心理意象。 ● 说话。	涂鸦期 通过下列过程开始形象性表现: ● 无控制的涂抹——满足动觉经验。 ● 重复性运动的控制——运动和视觉性的行为加强。 ● 开始命名绘画形式——显示出动觉重点向形象思维过渡。儿童认识到绘画形象与外界之间的关系。 ● 能画出非眼前物体与事件。 ● 结果——绘画成为概念和情感的一种记录。 ● 绘画展示了非眼前物体和事件的视觉记忆,即作为阅读能力基础的符号性。
4～7岁	直觉思维期 自我中心——考虑问题时不能采纳其他观点;画其所知而非所见("理智现实主义");尽管没有视觉观察(如胡萝卜生长在地下,骑手马背上的两条腿都可以看见),但能画出概念属性;儿童自发的几何形与绘画观察相结合(见皮亚杰的《儿童空间概念》);开始探索近似、分离、封闭和其他拓扑思维关系。	前图式期 自我中心——自我是空间思维的中心。在自我意识基础上用符号表示人。画其所知而非所见,透明或X光画面表示所知的存在,尽管无逻辑的可观性;画开始显示出对环境的注意,如空间排列,儿童开始依靠几何形进行描绘。
7～11岁	具体操作期	图式期(7～9岁) 写实萌发期(9～11岁)
12～17岁	形式操作期	拟写时期(11～13岁) 青春危机期(13～17岁)

[①] 朱家雄等.学前儿童美术教育[M].上海:华东师范大学出版社,1999:44.

从研究中我们认识到儿童的美术能力发展是有顺序与阶段性的。如同婴儿"三翻、六坐、八爬"的生理规律一样，儿童美术能力的发展也是要经过1岁半左右的涂鸦阶段、3岁左右的象征阶段、5岁前后的图式阶段、8岁以后的写实阶段，每一阶段各有其典型的表现特征，且和身心的发展相吻合，因此每一阶段的表现内容、能力状态很难通过教学进行超越。

不分国界与性别，所有身心正常发展的儿童，其美术能力发展的顺序是惊人一致的。因此，透过儿童的画我们看到的正是某位儿童的发展程度，反映了他此时的感觉、记忆、认知、思维等状态，他的肌肉协调性、操作能力、控制能力等的发展水平，这使教师与父母能更好地了解儿童，客观合理地对待他们的作品与表现。同时我们也应该认识到，儿童美术能力的发展被归纳为几个阶段，这对教师来说是很有帮助的，但是儿童的发展是连续的、生动的，而这些标签式的理论提供的仅是一种理解一般发展模式的有趣方法，切不能生硬地加以使用。

（二）美术是学前儿童学习、认识世界的另一种语言

从一名儿童幼年开始的绘画作品集中，我们会看到其生活与成长的点点滴滴，像一本日记一样，有回忆、有记录、有倾吐，也有发泄。绘画既是他自我表现的另一个舞台，也是他倾吐内心的另一种语言。在这里，儿童得到重复与再现的满足，这也是美术之于他们的一个非常重要的意义，所以儿童天生喜欢画画。

在幼儿的早期绘画作品中，常常是不完整的图形、杂乱的线条以及缺乏组织的画面，如同牙牙学语的孩子，发音、吐字模糊而又不完整；如同刚刚学习外语的成人，语法语句不甚通顺。对于儿童来说，这就是他们最初的美术语言。而且，同各种语言学习一样，当他们得到鼓励、教导和帮助，并经常使用它，他们就会慢慢擅长此种表达，并乐于用这种方式表达思想、宣泄情绪、进行想象，创造自己的多彩世界。而成人就能通过他们的画解读他们的思考与内心，走进他们的生活体验。因此，我们要把儿童的画当作一种语言来解读，而不是仅仅苛求其如成人绘画般完整、清晰的效果。

如图1-6这幅画，是一个儿童在观看了京剧表演后，画出给自己画上脸谱、穿上戏服在表演的画。虽然不是很美丽，但是这张画却道出了她的经历和她的愿望。

图1-6　京剧观后

（三）美术是学前儿童接受审美教育的重要途径

爱美之心，人皆有之，但人的审美能力不是天生的，而是后天培养起来的。同时，美术作为一种语言、技能和文化，对它的理解和表现更是需要通过一定的学习来完成。对于年幼的学前儿童来说，无论是美术技能的掌握还是审美文化的影响，都是倚重其生动的形象和有趣的可操作性来达成的。我们要利用教育的艺术来唤起儿童对人类视觉艺术的热爱，在美术活动中将人类文化以生动优美的形式和内容潜移默化地传达给幼儿，使他们的眼睛、心灵和双手都为发现美、创造美做好准备。

从美术的角度讲，幼儿接受审美教育主要包含两大方面的内容：一方面是对幼儿心灵的影响，另一方面是对幼儿美术能力的影响。

其一是通过对人类的各种美术创造物的理解与欣赏来陶冶幼儿的情操，丰富他们对美的见识。因为不论绘画、雕塑、建筑、工艺美术还是生活中的艺术造型与环境等，它们不仅是艺术家个人的创造物，而且也是产生它们的文化制度和文化观念影响的产物，因此这种审美影响的内容是十分丰富与多元的，往往涉及多个领域，既能激发儿童的审美情感，同时也会增进他们与这个世界的理解与交流，从而树立起健康的审美情趣。当然，这一方面主要是通过欣赏和成人的引导来完成。

其二是促使学前儿童学习多种美术技巧。体验各种美术工具、材料、形式与构成，在操作与摆弄的过程中增强动手能力，如执笔、画线、涂色，较为精细地剪纸、折纸、捏泥等。使美术语言能为幼儿的表达与创造意愿服务，并在自己和他人作品的感召下进一步产生对美的创作与追求。这一方面主要是通过美术操作方面的游戏与练习来完成。

（四）美术是统合学前儿童个性与社会性、促进儿童身心健康和谐发展的有效途径

美术活动本身就是一种身心和谐的创作活动，儿童的美术作品，既折射出客观存在的现实世界，也掺和了自身的情绪情感。在这里没有严格的对错好坏，它使得个人的表达、表现受到尊重与理解，成为儿童自己、儿童与他人之间安全沟通的方式之一，也因此促成儿童能更和谐地与人相处。著名美术教育家里德曾经说过："各类型的儿童，甚至有写实表现天才的儿童，不是用他们的画来表现知觉形象，也不是用它来表现被固锁的情感，而是用它作为一个探子，自发地伸向外在世界，起初是试探，但能成为个人适应社会的主要因子。"[①]

案例一

一名两岁半的幼儿在纸上画了一个"蝌蚪人"（见图1-7），她仰起头看着妈妈，妈妈会说什么？会怎样回应孩子的"探子"呢？

请同学扮演妈妈的角色，作出自然的回应，同时体会孩子会从不同的回应中产生对社会怎样的适应。

图1-7 两岁半幼儿的画

在这一主题上，早在几百年前，人类先哲柏拉图即在其著作中指出："求得合理的和谐、身体的平衡和社会的统整，其方法就是——美育的方法。"一件美术作品所反映出来的，不是单纯的技能操作或简单的欣赏认知，它是个体对人类文明的认识与表达，统整了一定时期背景下的一种文化，对它的理解与体验必然促进个体向更完善的社会人迈进。例如一些显而易见的事实：儿童在各领域的认知与情感都能通过美术形象性地呈现，从而促进各领域的学习效果；在集体美术活动中，儿童交流与合作的能力增强了；在美术创作过程中，专心、耐心、克服困难坚持完成工作的习惯在养成；在儿童们的作品被认可与接受的同时，他们也体察到自身的力量，更加自信；并借助美术表达使人类创造的天性得以最充分的延展。除此之外，美术还是儿童宣泄不满、改造世界、获得心理平衡的最安全有效的方式，也因此被列入帮助残障人士与儿童恢复心理健康的艺术治疗范围。如此众多的优越性，我们不难体会美术帮助儿童向着健康完整的人迈进的意义，同时也要意识到，对于年幼儿童的教导者来说，如不能科学地驾驭儿童的美术活动，也将会造成对成长中幼儿的伤害。美术活动微妙地连接着儿童个体与外界的作用与影响，使儿童不是仅在单一的领域里成长，而是在身体、感情、知觉、智慧、美感、心灵等各个方面统合地成长。在操作与互动中逐渐使儿童身心向着真、善、美与知、情、意和谐发展的方向迈进，并能逐渐使儿童走向一个适应良好的生活。

三、学前儿童美术能力的发展阶段

学前儿童美术活动中最主要和最常见的就是绘画活动，其他的美术操作活动在发展阶段上也都基本

---

① ［英］赫伯·里德.通过艺术的教育［M］.吕延和译.长沙：湖南美术出版社，1995：165.

平行于绘画,因此我们将对儿童绘画能力发展的阶段作重点描述,以点带面揭开儿童美术能力发展的面纱,使学前儿童工作者在面对不同年龄的幼儿时,能据此给予科学的指导。

在前面我们已明确指出,儿童的绘画能力发展是有阶段性与顺序性的,为了便于大家的学习与理解,在众多关于儿童绘画能力发展研究的基础上,我们将学前儿童绘画能力概括性地分为四个阶段加以介绍,每个阶段都将从其年龄范围、阶段含义、表现特征、指导建议等几方面分别予以阐述。需要说明的是,年龄范围是一个大约的数值,每一个孩子的发展都存在个体差异,会有稍早或略晚的区别。

（一）涂鸦期

年龄范围:约1岁半～3岁。

阶段含义:这是指儿童从单纯的肌肉运动(玩笔画线阶段),转变为对图画的想象、思考阶段。

表现特征:此阶段儿童从不能控制画笔和所画出的线条,到能手眼配合初步地控制,并对所画出的"画"发生视觉上的兴趣,产生形象上的联想。涂鸦期又分为无意涂鸦(见图1-8)、控制涂鸦(见图1-9～图1-11)、命名涂鸦三个阶段。

儿童涂鸦期的绘画,看起来一般没有具体的形象,主要是由一些自由的点线构成。在成人看来就像是在纸上胡涂乱画,但这样的涂画经历对幼儿来说已经有了很重要的意义,体现了他们最早期美术语言表达的状态,同时也是在为儿童的控制力与创造力的发展进行尝试与准备。此阶段,色彩的使用常出于喜爱或偶然,没有任何意图,不过命名涂鸦中色彩能产生对不同物体的想象。

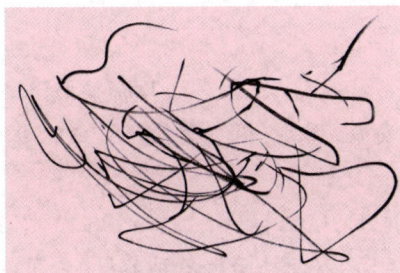

图1-8　无意涂鸦

图1-9　控制涂鸦(纵线涂鸦)

图1-10　控制涂鸦(圆形涂鸦)

图1-11　控制涂鸦(图形涂鸦)

指导建议:

(1)成人应为幼儿创设方便良好的绘画操作环境,友善、宽容地对待幼儿的涂鸦行为与作品。

(2)提供适当的材料:大纸,单色不尖锐的笔。这是为了让幼儿能充分地使用动作,不受纸张大小、笔尖流畅性、色彩过多的干扰,产生快乐涂鸦的体验。

(3)涂鸦初期除了鼓励幼儿使用动作外,并不需要加以其他的指导;命名涂鸦时期,要和孩子们讨论他们的画,使他们对涂鸦后的形象加以关注和联想,初尝创造的喜悦(见视频)。但是,刺激他们关注所绘形象的目的是鼓励新的思考而非画出可辨认的图画。如针对图1-12命名涂鸦作品《妈妈带我上市场》可以提出问题:"你和妈妈上市场去买什么东西?""市场上的人多吗?"来刺激儿童的回忆与思考。

扫码看视频

扫码看视频

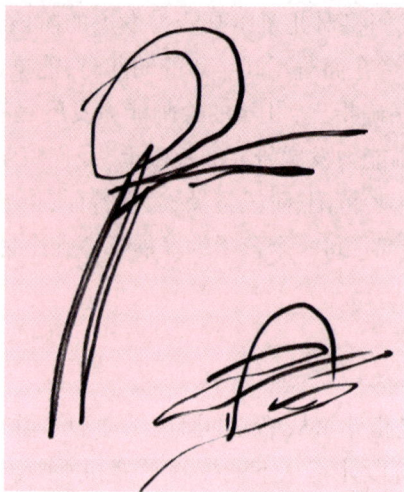

图1-12 命名涂鸦

（4）可以选择一些适合幼儿操作的美术材料和方式，进行游戏性的操作体验。如简单的手指点画、手掌印画、印章画、水粉涂鸦等内容，培养幼儿对美术的兴趣，初步体验美术材料的特性。

（5）利用儿童读物、艺术环境、艺术品等，丰富孩子的审美思维。

⭐ 一线实践　小小班美工活动的指导策略

涂鸦期是幼儿绘画的准备阶段，它是一种积极的学习活动，教师对幼儿涂鸦的态度和教育方式将在很大程度上影响他们今后个性的形成和绘画能力的发展，因此，根据婴幼儿绘画能力发展的特点，对其进行适宜的指导至关重要。

1.5～3岁幼儿正处于涂鸦期，他们喜欢拿着笔在纸上、墙上、地面上涂涂画画，他们不在乎自己画了什么、会画什么，而满足于涂抹时有节奏地、主动地运动，以及画面上各种各样、不同颜色的线条对视觉的刺激，当他们看到自己涂画出来的线条或痕迹时，会感到十分兴奋与满足。幼儿涂鸦的发展可分为无意涂鸦、控制涂鸦、命名涂鸦三个阶段，每个阶段都存在着一定的差异，各有其特点。作为教师只有准确地把握幼儿涂鸦发展的特点，才能确定适宜的活动内容。

（一）利用游戏化、情境化方式指导幼儿美术活动

游戏是孩子们的天性，每个幼儿对游戏都有着极大的兴趣，而且，年龄越小的孩子越具有泛灵论的特点，常把无生命的物体看成是有生命的，因而在指导幼儿美术活动时，教师采用游戏化的情境和拟人化的口吻非常符合他们的思维特点。在这样的情景中，每次幼儿都会自然地融入游戏情境中，积极主动地参与活动，在玩中获得发展。

案例二 ○○○○○○○○○○○○○○○○○○○○○○○○○○○○○○○○○○○○○

在撕贴活动"小羊的新衣服"中，教师创设了"冬天到了，可是小羊还没有新衣服穿，冷得直发抖"的情境，调动了孩子们关爱小动物的情感，他们主动提出"小羊多冷呀，我们给小羊穿上新衣服吧"。随即，孩子们纷纷给小羊贴上了满身的羊毛。活动后，孩子们看着穿上"新衣服"的小羊时，都高兴地说："小羊不冷了，小羊有新衣服了。"

案例三 ⟩⟩⟩∘∘

泥工活动"喂小狗吃糖豆"中,孩子们都愿意为小狗"做出好吃的糖豆",彤彤小朋友还拿来木偶小狗,把自己团的糖豆"喂给它吃",边喂边问小狗:"我的糖豆好吃吗?"非常投入。

采用游戏情境导入,为幼儿营造了充满童话色彩的活动氛围。在具体指导过程中,我们也经常利用游戏化、拟人化的口吻,调动幼儿积极性,既便于幼儿理解、易于接受,又能激发孩子活动的兴趣,将目标转化为他们的需求,使其能力获得发展。

案例四 ⟩⟩⟩∘∘

在"小波的生日"这一涂色活动中,老师发现孩子们都在欢喜地为送给小波(天线宝宝)的"蛋糕"涂"果酱",但涂色不均匀,有的地方涂的颜料太多,纸都快破了,而有的地方还没涂颜色,于是老师扮成小波对他们说:"我看到蛋糕就想吃了,可是这里果酱抹得太多了,我这两天咳嗽,吃了会更厉害。这块我有点儿不喜欢吃,因为一点果酱都没有,一定不好吃。"听到"小波"这么说,孩子们赶快往没有颜色的地方涂色。

幼儿在最初进行涂色活动时,往往集中在一个地方涂,而画面的很多地方都是空白的,此时,扮演幼儿熟悉的角色,利用他们能理解的语言,调动他们的经验,提出要求,就能轻松地帮助幼儿解决涂色不均匀的问题。

对于托班幼儿来说,美术活动中游戏化、情境化的指导方式,能使他们自然愉快地学习美术技巧。

(二)赋予幼儿作品以意义,使幼儿体验成功

2～3岁幼儿在最初进行涂色活动时,只是无目的地在纸上涂涂抹抹或用棉棒、油画棒画出一些随机的点和杂乱的、不规则的线条,像横线、竖线、斜线、弧线等,这些线长短不一,并相互掺杂在一起。实际上,这是他们在充分地感知色彩,他们不在意自己画出的是什么,只是满足于不断涂抹的动作,但长此以往,如果教师不及时鼓励,就很容易使幼儿对涂涂画画失去兴趣。鉴于此,在这个时期教师不仅要为幼儿创设条件,满足他们乐于涂抹的兴趣和需求,同时还要采用剪一剪、撕一撕、发现游戏或添画游戏等方法,对幼儿的涂鸦作品进行巧妙处理,赋予作品以意义,使幼儿体验到成功的快乐,从而对自己充满信心,更主动、积极、投入地进行美术活动。

(三)从理解与尊重出发,接纳幼儿的表达

2～3岁的幼儿非常喜欢画画,他们渐渐学会用涂鸦来表达自己的所见、所想、所感,涂鸦成了幼儿表达内心世界的一种语言,表达了他们对外部世界的感知、理解以及内心的情感体验。此时,教师就要耐心倾听幼儿每一件作品中的故事,接纳幼儿的想法,认真分析揣摩幼儿绘画的内涵,解读他们的心灵,通过有趣的涂鸦作品,了解每一个幼儿的兴趣点、关注点、生活经验、成长历程、对事物的独特认识,真正走进儿童的内心世界。

涂鸦作品中的每一根线条、每一个图形,即使是成人看来非常凌乱的东西,都可能表达他们丰富的思想和感情，蕴涵他们丰富的想象。我们应以尊重的态度去尝试理解，而不能用成人的观点来评价幼儿表现得"像不像""好不好"，应站在幼儿的角度看待他们的作品，接纳幼儿的想法，鼓励其大胆表达。

（四）提供不同层次的活动材料，满足不同发展水平幼儿的需要

幼儿在兴趣、能力、经验、学习方式等方面存在着很大差异，年龄越小的孩子差异表现得越明显。因此，在实践中我们十分注重观察幼儿，了解孩子们的不同兴趣、需求、水平和能力等，并据此提供材料，发挥材料在激发幼儿兴趣和支持幼儿活动方面的重要作用。即使在同一活动中，我们也要根据幼儿的不同水平，提供难易程度不同的材料，让"死"的材料"活"起来，将教育目标物化在材料中，让材料"会说话"，支持幼儿个别化的需要。不同层次的材料，满足了幼儿不同的需要，也使孩子们在原有水平上得到了发展。

（五）用游戏方式培养幼儿美术活动的常规

在教育实践中我们深深体会到，任何一个集体活动都需要一定的规则，但这个规则必须是幼儿能接纳和乐于去执行的，规则的制定也是为了使幼儿更自主、更快乐地活动，而不是使幼儿的活动处处受到限制。例如，在组织美术活动过程中，根据小小班幼儿的特点，制定简单、明确的规则，并采用游戏的方式渗透到美术活动中，便于幼儿理解和接受，从而主动地遵守。

案例五

在每次撕纸活动后，教师都会发现碎纸被扔得到处都是，不管教师如何强调要把碎纸扔进纸篓，可孩子们就像没听见一样，还是到处扔。于是，教师想了一个巧妙的方法。一次美工活动"撕小草"后，老师引导孩子们看着地上的碎纸，一边看一边问："小朋友想一想，谁最爱吃草？"孩子们争着回答："牛爱吃草。""小羊爱吃草。"……于是老师顺手在纸上画了一大、一小两头牛，并把它们贴到事先准备好的纸盒上："看，牛妈妈带着它的牛宝宝来吃草了，我们快把地上的小草喂给它们吃吧，让它们吃得饱饱的好吗？"听老师这么一说，小朋友们赶快把地上的碎纸捡起来喂给小牛吃，不一会儿，地上就干净了。

点评：这一规则的建立，使美工活动更加有序了，并使幼儿逐渐养成了良好的行为习惯。要组织和指导好小小班幼儿的美术活动，教师必须要做到：准确把握幼儿的年龄特点和美工活动的核心价值，尊重、接纳、欣赏幼儿的作品，提供适宜、有效的指导，善于反思和调整自己的教育行为，支持幼儿大胆地表达和表现。

（天津幼师附属幼儿园　陈曦老师）

（二）象征期

年龄范围：约3～5岁。

阶段含义：儿童开始有目的地创造形体，用自创的样式符号（儿童图画中的形象）来尝试表现物体的阶段。

表现特征： 此阶段儿童已不仅仅是依据画面形象进行联想、想象，他们开始根据自己的观察角度与知识经验来表现物体，他们所绘形象从成人的角度看如同"符号"，而且符号抽象、简单、夸张、多变，有些符号难以辨认，而有些符号又极富典型特征。这常常是和他们的身体、心智发展相对应的。在他们的图画中往往强调重要、主要、有意义部分的表现，画面空间呈现无序状态，色彩的使用常出于兴趣，偶尔和情感有关（见图1-13～图1-15）。

图1-13　大鸟图

图1-14　好妈妈

图1-15　漂亮妈妈

指导建议：

（1）对于儿童的作品，要尽量用探究、了解的态度去欣赏与解读。

（2）提供适当的材料：蜡笔、水粉毛笔、大张的画纸、剪刀、折纸、黏土等。

（3）设计幼儿喜爱的内容，运用游戏或互动等形式进行简单绘画技能的练习。使儿童既获得绘画能力的成长，又能体验拥有"控制力"的欣喜，它也是教育中最重要的一项驱策力。

（4）通过刺激个人的经验，或增强对某一事物的体验，激发儿童以美术语言表达、表现的兴趣与愿望。

（5）珍爱幼儿对生活中各种事物生动的感受性，在生活中以更为丰富的艺术内容来熏陶、培养儿童对视觉艺术的感觉与热爱。

扫码看视频

案例六

　　虽然儿童都知道人的嘴里有牙齿，但他们画人时，很少有画出牙齿的。如果想促使他们作这一表达，怎样刺激他们关于牙齿的个人经验呢？

　　一位教师来到儿童中间，他的口袋里装有一些硬糖，他特意将包装纸弄得喳喳作响，吸引儿童的注意，在儿童的渴望中发给他们每人一块糖，儿童在津津有味地吃糖时都要用牙齿来嚼碎它。这时教师给了儿童纸笔，要求画出自己在吃糖果的画。在画中几乎每个孩子都画了牙齿。

（三）图式期

年龄范围： 约5～8岁。

阶段含义： 儿童逐渐形成并发展其绘画表现的"样式"的阶段。

表现特征： 在这一阶段中，儿童通过自身的观察、理解与多次实践，开始以较为固定的样式描画事物，因此也常被称为概念性的表现阶段。此阶段的儿童有时能以主观生动的样式进行表现,有时也会以贫乏、呆板的样式示人。这和他们对所绘事物的特殊经验有关,也和他们表现某一事物的动机是否强烈有关,而且和成人的教导方式也密切相关。这一阶段儿童所绘图画中的样式虽然多数都能被成人理解与认同,但仍受他们的心智发展水平所限,在绘画表现的样式与方式上呈现出幼稚、不羁的特征。对色彩的使用经由重复也形成较为固定的样式,发展趋势是越来越趋向现实。此阶段儿童绘画表现的常见特征有以下六点:

（1）拟人化的表现:幼儿的画中,人的特征表现在各个事物上,如站立的动物、长着人脸的鱼、戴眼镜的太阳等(见图1-16)。

（2）透明式的表现:将重叠或被挡住的事物也描画出来,也被称为X光式的表现。例如一幅画中,爸爸盖着被子躺在床上,但看上去爸爸就如同盖了一块透明的塑料布一样。生病的爸爸即使盖着被子也不能没有身体,这就是幼儿的心理在图画中的反映。

（3）展开式的表现:儿童不能以透视的观念绘画,绘画仅基于认识与经验,所以他们的画中经常会把从多个角度观察的结果,组合在一张画中(见图1-17)。

（4）强调式的表现:幼儿为在画中强调表现某一意图,不会顾及画中形象的大小、比例、内容等是否合理。这样的画常常会令成人感到很夸张。

（5）装饰性的表现:幼儿经常会以色彩、线条、图形等在画面上进行装饰性的描画(见图1-18)。

（6）美梦式的表现:儿童经常会将现实中无法实现的愿望寄托于画中。如在画中打败怪兽、在画中穿上了妈妈的高跟鞋、在画中长出了翅膀和鸟儿一起飞翔。

| 图1-16　拟人化的表现 | 图1-17　展开式的表现 | 图1-18　装饰性的表现 |

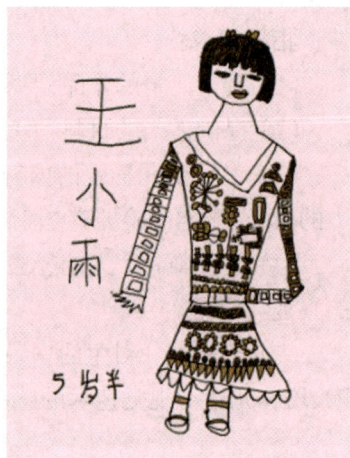

指导建议:

（1）在充分了解图式期儿童各种表现特征的基础上,用童心加赞美来观测与评价幼儿的作品与表达。

（2）可以适当地使用各种材料、技法增强儿童的表现热情,丰富画面效果,但变换材料与技法的使用应根据儿童的发展,不能只注重表面热闹。

（3）通过亲历和学习来丰富儿童的经验,一方面是生活中的感性经验,另一方面是美术欣赏与成人美术经验的平行影响。

（4）选择适宜的刺激题材,使儿童有强烈的表现动机。(具体方法详见上篇第四章第二节)

（5）继续对美好事物的欣赏与感受,同时成人可通过儿童的画来了解儿童的生活经历与思考,从而有针对性地对儿童施教与影响。

（四）写实期

年龄范围:约8岁以后。

阶段含义及特征：写实期是想要描画写实物象的时期。虽然此时的儿童知识较丰富了，但技术却未能跟上，由于不能把所看到的事物画得很像，往往会丧失画画的自信。

第三节 幼儿美术活动及作品赏析

幼儿美术活动及作品，都不同程度地反映了幼儿的本能表现和客观表现的因素。从幼儿的角度来阅读、理解他们在美术活动和作品中所表达的内心世界，通过赏析幼儿的美术作品，可以窥探其心灵世界的秘密，了解幼儿的感知力、观察力、记忆力、想象力和创造力等，这都是个性化世界和思维领域的内容，将更好地为幼儿的成长和发展提供支持和帮助。

美国哈佛大学教授、儿童艺术教育"零点计划"主任加德纳博士认定"教师的任务基本上是为自然出现的那些发展提供支持、对来自儿童的积极性作出赞许和同情的反应"。这一认定对赏析幼儿美术活动同样起着极为重要的指导作用。也就是说，对于幼儿的一切内容健康的、自发的、主动的造型活动，都应给予赞许和鼓励。这也是本节内容的指导思想。同时，还要认识到美术造型语言本身的特点，尤其是幼儿美术独特的造型特点，以此为出发点对幼儿的美术行为与作品进行欣赏和分析。

一、幼儿的年龄差异与绘画表现力

根据儿童绘画心理和造型特点，1.5～3岁为涂鸦期：从无目的涂画到有目的涂画，没有具体形象。3～5岁为象征期：这个时期的美术作品大多是靠记忆模仿，创造象征符号，画面表现特点为说明性图解。5～8岁为图式期：可根据观察物象特征，进行意象表现。

图1-19、图1-20、图1-21这三幅画，从画面分析，其绘画表现力有相当大的差距，这是由幼儿的年龄阶段的不同、智力发展水平不同所决定的，因而不能一概而论。从各自年龄阶段评析，这三幅画都是比较好的图画。图1-19是象征期幼儿的作品；图1-20、图1-21是图式期幼儿的作品。三幅作品都是幼儿通过直接感受客观事物，加以认识、理解，并且自发、主动地运用绘画的形式所做的表达、表现，这是最值得赞许和鼓励的方面。

幼儿的绘画表现力和智力发展都是同步向前的，尽管幼儿的绘画表现力在各个年龄阶段也是按一定的顺序发展的，但是，智力的主导作用更为突出，比如：有的处于"涂鸦期"的幼儿，2岁多就能用象征符号

图1-19 妈妈

图1-20 鲜花

图1-21 自行车

表现人和物,说明智力发育早。而有的处于"图式期"的幼儿,画的画同3岁幼儿的图画一样。这不仅是表现力的差异,也有智力发展的差异。当然,人的智力发展因素往往是复杂的,不能说单看幼儿的作品就可以判断其智力水平。如有些幼儿的表现力受到约束,而他的智力发展已到相当高度,则需要给予均衡发展的机会,美术教育有助于这方面的调解。因此,对于幼儿美术作品的赏析要建立在掌握幼儿各年龄阶段的美术特点及表现规律的基础上。

二、幼儿美术造型中的"像"与"不像"

美术作品是视觉艺术,造型是视觉艺术的语言。在实际生活中许多幼儿的家长在观赏一幅绘画作品时,总是以"像"来评说作品:"这幅画真好,画得多像啊!"这种观念和认识,目前还是广泛存在,包括许多从事幼儿教育的教师,也难以跳出这样的评价圈。

案例七

在某所幼儿园的一次意愿画活动中,一名男孩画了一幅建筑工地的场面,大楼正在施工,有正在工作的吊车、有搬砖的人、有运沙的人、有推小板车的人,整个画面呈现出一派忙碌的劳动场面,是一幅很出色、很生动的作品。可是,教师却指责幼儿,画面中推小板车的人造型有问题。原来,小板车和推车人之间距离太远,小朋友就把推小板车人的胳膊画得比较长,为此,教师批评了这位小朋友。

类似这样的现象很多,教师们经常在工作中流露出这种认识,原因是不了解幼儿美术独特的造型语言,仅用成人的眼光与标准去评价幼儿的作品,这是幼儿美术教育中最不可取的观念,也是目前幼儿美术教育发展中存在的一个普遍问题。应该如何面对幼儿美术作品中"不像""不准"的问题呢?

在幼儿美术作品中的"像"应该是广义的,是一类事物形象的泛指,而不是针对哪一件具体事物的"像"与"不像",凡能把一类事物的基本形象特征表现出来,就可以说"像",这个"像"应该是"基本像"。所谓"基本像",主要有两层含义:一是指画面中每个物体形象应是一类事物形状的基本特征的反映,比如让幼儿画苹果,所画出的形象一看就是苹果,而不是梨、茄子等,不管它像哪个筐里的苹果,也不管是哪个品种的,总之是苹果,这就可以说达到了"基本像"。二是通过物象,可以看出画的是什么和要传达的意义,虽然画面的形象可能与现实事物不相符,但却能使我们发生与现实相吻合的联想,这就是大家常说的儿童绘画在其"意",而不在其"形"。这个"基本像"主要是针对3~7岁幼儿的美术作品中造型特点的一种认可。

在评析幼儿美术作品时,只要作品中的形象达到了"基本像"的水平,其造型就是成功的,就应得到理解与认可。除此之外,成人应该更多地分析作品中所表现的事物是否丰富,是否有儿童的体验思考与创造想象,作品是否反映出良好的个性,儿童是否具有认真、大胆和自信等特点。

三、幼儿美术作品中表现力的丰富与童趣

无论是涂鸦期、图式期,还是视觉写实期的儿童美术作品,其表现力是否丰富是评析作品是否优秀的重要方面,也是了解幼儿智力发展状况的重要方面。就绘画作品而言,单从画面来分析,表现力是否丰富,主要有两个方面。

第一,画面中所表现的主要事物本身的内容以及与主题有关的其他事物的内容是否丰富。所谓主要

事物本身的内容是指画面中主要人和物所包含的内容;与主题有关的其他内容是画面中与主题有联系的人和物。

案例八

　　在某幼儿园中班的一次主题想象画活动中,教师要求幼儿画一个穿着漂亮裙子的小朋友,那么,穿漂亮裙子的小朋友就是这张画中的主要人物。有的幼儿只笼统地画出穿着漂亮裙子的小朋友,有的幼儿却进一步画出裙子上的花纹图案和头发上的装饰,这样,画面就表现得较丰富了。

　　与主题有关的其他事物表现得是否丰富,不能单纯地从画面中物体的数量来衡量,还要看画面中每一物体的具体内容表现得怎样。有的画虽然表现了不少东西,但每一具体事物画得不丰富,相互间的距离较大,物象画得较小,这仍不能算内容丰富。

　　第二,画面中所表现出的物体形状、线条、色彩等的变化程度,即画面的生动、复杂程度。儿童绘画是用简单的笔画表现事物,还是用较丰富的线条表现事物呢? 我们认为,在儿童有能力画出比较复杂的形状、线条、色彩时,就要尽量引导他们避免绘画的简单化,否则就会限制儿童的绘画表现力,有些孩子画得简单,却能滔滔不绝地讲述画的内容,这不应是教儿童绘画的目的。应该让儿童不仅想得多、说得多,而且要能画出来。当然,生动不等于乱画、多画,应有内容、有主题,画面还要有一定的协调性(这往往需要教师给予更多的技巧支持)。趣味性是指幼儿画的作品内容风趣活泼,画面常常是以简练的线条表现生动、有趣的内容。

案例九

　　一幅画中,一个小男孩手里拿着网子捕捉蝴蝶,他看见花丛中有一只美丽的蝴蝶,于是去捕,结果网子罩住的却是一个小姑娘。原来小姑娘头上扎的蝴蝶结被小男孩误认为是蝴蝶了。

　　点评:这幅画内容相当有童趣。对这类画,就不能以画面表现是否丰富来评析,而应以趣味性为品评的焦点。

四、幼儿美术作品中的认真、大胆与自信

　　认真、大胆和自信,是幼儿美术作品所反映出的良好个性品质,是通过美术教育而逐步建立的情感、意志和性格方面的积极特征。这种特征在幼儿的美术作品中是比较容易确认的。图1-22是一位5岁小朋友画的,内容不难看出是一位小朋友在跳绳,虽然造型歪歪扭扭,不成比例,但是,画面还是达到了"基本像",因而画面所表达的内容比较明确。不仅如此,更为重要的是这幅画还反映出作者的良好个性品质:认真、大胆和自信。认真,是指整个画面所反映出的尽心尽力的程度,线条稳实,不潦草、不飘浮,着色比较协调。在认真画画的前提下出现的线条的自然变化以及造型歪歪扭扭,更加强烈地透露出孩子天真烂漫的稚气。敢想敢画,生趣盎然,这就是大胆和自信。还有一种现象是:幼儿画得很认真,但不够大气,主要原因不是胆小,而是一种追求规整的作画习惯,如果能画得放开、自由些,画面自然会舒展大方,作品的表

图1-22　跳绳

现力就会更好,对这样的孩子,应多多鼓励,只要认真尽力画了就给予认可,帮助他们建立自信,其实这比画画本身更为重要。

不认真、不大胆、不自信的幼儿在美术作品中常常表现出线条轻浮,线、形、色都表现得凌乱、浮躁。其实画这一类画的孩子不是智力发展的问题,而是习惯不好。

五、幼儿美术作品中的个性与风格

用自己喜爱的一种绘画形式、风格来规范和要求所有的幼儿,这是极为错误的。因为这样做会造成幼儿的自卑感,使他们缺少信心,抑制幼儿主动、自发表达情感的欲望,形成机械、刻板的依赖心理。所以,在评析幼儿美术作品时千万不能仅使用一把尺子来衡量。要尊重幼儿的个性,了解幼儿的性格特点,因材施教,使每个幼儿都能在自己原有的基础上最大限度地发挥潜能。

因为幼儿的年龄、性别、民族、喜好以及生活环境、性格、气质、智力、能力等的不同,形成了幼儿自己的个性,表现在美术作品中就形成了截然不同的画风和效果。

图1-23、图1-24这两幅画是5岁幼儿画的瓶花,从画面效果分析,反映了两个孩子不同的个性特点:图1-23画的感觉是小心、仔细、文静;图1-24画得活泼、热情、粗犷有力。图1-25、图1-26这两幅作品是6岁幼儿画的公共汽车,第一幅画给人感觉大胆、粗犷、有力量,性格比较外向;第二幅画则感觉拘谨、细致。以上四幅画都能反映出各自作品内容的基本特点,各有特色,都是很出色的作品。从画面风格上讲,不同的个性表现了不同的风格,给人以不同的美感,一种是比较工整、秀丽的美,另一种是粗犷、有力量的美。

图1-23 瓶花

图1-24 瓶花

图1-25 公共汽车

图1-26 公共汽车

　　幼儿的个性千差万别，影响着幼儿的发展倾向，作为教师应包容各种不同的表现，帮助幼儿发展个性优势，顺其自然地推动他们向前发展，这同样是赏析幼儿美术作品不可忽视的重要方面。

六、幼儿美术作品中的想象力、创造力与表现欲望

　　综观幼儿的美术作品，最使我们激动兴奋的是幼儿大胆的想象力、奇特的创造力和无拘无束的表现欲望。幼儿根据观察，把感受到的信息形象，运用美术的工具材料创造出新形象，这种心理活动往往不受时空概念的限制，具有联想与幻想倾向，而积极的联想和幻想是创造的先导。因此，富于创造，就形成了幼儿美术作品独特的表现特点。图1-27是一位5岁多的女孩画自己早晨起床后洗漱的情景。四个眼球，大胆的想象，奇特而创造性地表现自己梳头时眼睛往右看、刷牙时眼睛朝左看的眼球运动过程，活灵活现，使我们联想到女孩那天真、活泼、自立的个性。

图1-27　刷牙

　　图1-28、图1-29、图1-30是三位4岁的小朋友画的手掌想象画。他们用小手做模具，对拓画出的手纹展开丰富的想象，创作出的形象生动，构思巧妙，充分表现出幼儿的丰富想象力和创造力。

　　总之，幼儿美术活动及作品赏析，要结合年龄看智力，结合习惯看表现力，结合兴趣看培养方式，以美术特有的艺术语言促进幼儿的发展为目的。幼儿用图形表现客观世界，反映他们的智慧，在认识方面，因幼儿的年龄与智力差异，所表现的美术作品，应该没有"对""错"而言，但是通过赏析幼儿美术作品，可以了解每个幼儿的许多方面，为幼儿自然出现的那些发展提供有力帮助，促进幼儿身心全面和谐发展。

图1-28　手掌

图1-29　手掌

图1-30　手掌

思考与练习

　　1. 简要解释关于人类艺术起源的几种学说。
　　2. 简述美术作品的分类及各自的特征。
　　3. 简要说明美术作品的基本构成。
　　4. 简述学前儿童美术的含义。
　　5. 简述美术与学前儿童成长的关系。
　　6. 为什么说学前儿童的美术作品标志着儿童个体发展的程度？

7. 为什么说美术是学前儿童学习、认识世界的另一种语言？

8. 为什么说美术是统合学前儿童个性与社会性，促进儿童身心健康和谐发展的有效途径？

9. 简述学前儿童涂鸦期的年龄范围、阶段含义、特征、指导建议。

10. 简述学前儿童象征期的年龄范围、阶段含义、特征、指导建议。

11. 简述学前儿童图式期的年龄范围、阶段含义、特征、指导建议。

第二章

学前儿童美术教育的目的、任务和指导原则

第一节　学前儿童美术教育的目的和任务

关于学前儿童美术教育的目的,我们将通过对工具论、本质论的介绍、对比,即对儿童发展与美术学科孰为重心的儿童美术教育目的论的思考,从教育的大前提,从具体的儿童美术活动中加以理解,确立学前儿童美术教育的根本目的:是借助美术学科,促进学前儿童的健康发展。其具体的任务是培养儿童对美术的兴趣,丰富实践经验、建立审美意识,促进学前儿童健全人格的形成。

一、工具论与本质论

关于儿童美术教育的目的,古今中外论述很多。20世纪以来,西方儿童美术教育界逐渐形成了两大理论派别——工具论与本质论。

工具论是以里德和罗恩菲尔德为代表的,他们认为:美术教育的目的是通过美术活动促进儿童个性的健全发展。里德在其著作《通过艺术的教育》中系统地阐述了他的美术教育思想。里德认为,艺术是可以帮助个人达到内心世界与外在社会秩序相和谐的途径,教育只有运用艺术,才能使人的心灵得到解放,达到自我实现的教育目的。美术教育应顺应儿童与生俱来的美术创作的潜能,进行顺应式的指导,使儿童能通过美术教育活动发挥潜能,让内在思想与感情得以表现,进而促进儿童的个性与社会的统整。与里德有相似观点的罗恩菲尔德则在他的名著《创造与心智成长》中系统地论述了儿童美术发展阶段的理论,认为保证儿童创造性成长,使之与成熟的心智合一,是美术教育的最高特权之一。美术教育应该按照儿童发展的阶段及年龄特征,为他们提供自我表现的机会,引起并维持儿童创作的动机,让他们自由自在地进行自我表现。总之,工具论者强调美术活动的教育功能,把美术视为对儿童实施教育的手段,借以达到培养人的教育目的。这种理论与我国古代的礼乐教育思想有相同之处,主张用艺术影响人的行为和人格,陶冶性情,净化心灵,使人的精神进入高尚的境界,从而造就健康和谐的人。

本质论是以艾斯纳和古力为代表的，强调以学科为中心，主张实现美术学科的自身价值。艾斯纳认为：美术教育的主要价值在于它对个人经验的独特贡献；儿童的美术能力不是自然成长的结果，而是通过教师设计的有益于儿童的课程的学习结果，这种课程包括美术史、美术批评、美术创作；良好的课程设计是美术教育收效的必备条件。因此，美术教育的目的在于帮助儿童了解美术在文化发展中的作用，发展他们的审美判断能力，使其创造具有美感和表现性的美术作品。古力和艾斯纳持相同的美术教育价值观，他们认为美术教育应通过教师的系统教学，使儿童了解各种美术原理和历史演变，产生对美术的反应，学习与运用美术概念，提高儿童的美术修养。

根据前面的叙述，工具论者提出的美术教育目的理论是以儿童为本位的目的论，将美术教育的目的定位在儿童的一般发展上，强调学前儿童美术教育顺应儿童的自然发展，主张儿童通过自发、自由的自我表现和创造来认识周围世界，发展自我，建构健全人格。这是工具论值得肯定的地方。但是，这种理论也有它的局限性，儿童在表现潜能时，往往容易陷入缺乏指导的境地，自由创造也难以实现。而本质论者提出的儿童美术的学习并非成长的自然结果，美术对儿童最重要的贡献是属于美术本质的，不应该剥夺儿童能够从美术中得到的东西。这种观点对于学前儿童美术教育也是非常重要的，但是，如果过分强调美术教育的系统性，势必限制了美术活动中儿童在创造力和自由的个性表现方面的发展，这是本质论的不足之处。

两种观点，各有利弊。学前儿童美术教育目的理论正在随着时代和社会发展的需要不断变化。在过去的时代，非此即彼的二元化论点盛行，而当今世界，人们更加倾向于多元化地去认识事物，海纳百川，博采众长。因此，我们应该积极地汲取不同理论的精华，剔除糟粕，创建新的理论观点，为现代学前儿童美术教育及其发展服务。

二、学前儿童美术教育及其目的

教育是有目的、有计划地对人身心施加影响并促进人向社会要求的方向发展的一种社会实践活动。简单说，教育就是培养人的活动。对0～6岁儿童所实施的有目的、有计划的影响活动，就是学前儿童教育。

教育囊括了各种不同的育人的内容、途径，而美术教育是针对教育的内容领域来谈的。教育要达到培养人的目的，它可以通过各种内容领域的教育来实现，如科学教育、艺术教育、社会教育、语言教育、健康教育都可以实现育人的目的。

学前儿童美术教育是学前儿童教育的一个分支，也是学前儿童美育的一个重要组成部分，应该说，它是借助美术这个学科来实现培养学前儿童的目的。

学前儿童美术教育可以有两种情况。

一是对单纯的、自然的儿童美术活动进行认识、指导，使之成为能够促进学前儿童健康和谐发展的活动。

案例一

孩子们在画草地的时候，虽然有感性认识，也有一些想法，但往往不知道怎么画才好，这时老师就指导孩子装饰草地，把大块的白纸用彩笔一笔一笔地画上草，少留空白，画满小草。

点评：老师的这种指导非常有效，孩子们很快学会这种办法，因为小草就是长短不一的小竖道道，容易画出来，难度不大，而且具有重复性，孩子们喜欢重复，并且还能够把这种方法迁移到其他内容上。画草地是自然的美术活动，类似内容的活动司空见惯。加上老师的指导以后，就不一样了。孩子们从不会画到会画，再到喜欢画，进而把这种办法用到画其他的东西上，这就是孩子们的进步，而这个进步，是老师指导的结果。在这里老师利用美术活动发展了儿童个人，达到培养儿童的目的，自然的美术活动就变成了美术教育活动。

二是从学前儿童教育需要出发，以美术为平台、手段，促进学前儿童健康和谐发展的活动。其中，有利用绘画、手工等美术操作方式，恰当地结合了儿童的游戏，使孩子们主动地利用美术手段解决问题，积累生活经验的学习；也有通过儿童在美术活动中发生的各种情状，在解决问题中教育、影响幼儿。这些活动也是一种学前儿童美术教育活动。

案例二

为了让小朋友学会盖被子，老师设计了"我给娃娃盖被子"的主题美术活动。活动的开始是老师利用毛绒玩具小鸭子引出的——小鸭子这几天没有到幼儿园来，是因为没有盖好被子着凉、发热了，为了早日来幼儿园，想让小朋友教它怎样盖被子。老师想知道班上所有的小朋友是不是都会自己盖被子，但是没有那么多的玩具，怎么办？引导孩子们想办法。孩子们想出自己画小娃娃，剪下来，并用带来的小手绢当被子给小娃娃盖上。

点评：这个美术教育活动的出发点是为了强化儿童的生活自理的经验，并不是基于美术上的某种要求而设计的。

上面的两个例子，分别从不同的角度让我们具体地看到了什么是学前儿童美术教育。无论是对学前儿童美术活动加进一定的指导，还是为实现其他教育任务专门设计美术活动，它们都能够达到促进儿童健康发展的目的，这也是学前儿童美术教育的根本目的。

三、学前儿童美术教育的任务

（一）使学前儿童喜爱美术活动，保持对美术活动的兴趣

兴趣是最好的老师。任何活动都要获得使儿童感兴趣的结果，儿童在活动之后不仅对活动本身感兴趣，还要把这种兴趣迁移到生活的其他方面，这才是成功的教育活动。因为，兴趣是一种可持续发展的动力，它能促使儿童积极主动地投身美术活动，这样美术活动才会对儿童产生影响，从而促进儿童发展。而且，孩子们喜欢美术活动比画得好更重要，画得好，只能说明眼下儿童的情况，而喜欢、有兴趣，则标志着儿童的未来。对于儿童来说着眼于长远才是教育应有的眼光。

美术教育能够达到让孩子们喜爱美术活动是最为基本的要求。当然，孩子们是否喜爱美术活动，最显著的标志是他们是否愿意参加各种美术活动。那么，孩子们对什么样的美术活动感兴趣呢？首先，由于学前儿童具有探索的欲望，他们总是对新奇的美术活动工具、材料、表现手法充满好奇，愿意尝试、接触它们。如果教师能够满足儿童的这种愿望，孩子们就会喜欢。其次，美术活动还要有儿童表达、操作的空间，对于某种材料、工具，孩子们总是愿意按照自己的愿望去操作，用自己的方式表达。这种自由的、宽松的环境是孩子们的最爱。最后，美术活动的生活化、游戏化，也是孩子们能够产生兴趣的重要方面。因为这个年龄阶段的孩子最喜欢游戏活动，让他们感到是在玩，他们就会放松、投入，这

样的美术活动孩子们最欢迎。因此，学前儿童美术教育应该是能够满足儿童的好奇、好动、好玩、好自主等特点的综合性活动。

（二）丰富学前儿童美术实践经验，建立初步的审美意识

审美意识简单来讲是一种审美价值观，是审美的判断与评价。它是审美能力的另一种表现形式，是同一事物的不同角度。审美意识是观念性的东西，而审美能力是一种心理的功能。审美意识和审美能力结合为一体，共同存在于具体的审美活动过程中。

审美意识的培养有它独特的规律，它不是可以依赖灌输或说教完成的，也不能使用强制的办法。那么，什么方式才是正确的呢？根据上述审美意识与审美能力共同存在于审美活动中的原理，必须把审美意识的培养与审美能力的提高结合起来，让儿童在具体的审美活动中，一边发展感受力、创造力、表现力与理解力，一边逐步形成良好的审美价值判断。这种培养使儿童的审美意识具有个体的、能动的、体验的特点，这样的审美意识才是真实的。因此，审美意识的教育不是束缚和压抑儿童的个性，而应该有利于儿童自觉追求审美价值，使他们的审美活动沿着健康的方向发展。

帮助儿童建立初步的审美意识，美术教育是一个非常重要的途径。加强儿童的美术实践活动，让儿童参与和接触尽量多的美术类型，欣赏古今中外美术作品，开阔儿童的审美视野，在满足个体美术活动需要的基础上，在学前儿童个体能动的美术创造和表现活动过程中，根据儿童实际需要对美术技能适当指导的情况下，帮助儿童积累更多的审美经验，由此形成的审美趣味范围和品位将得到扩大与提高。例如，法国的美术教学大纲在幼儿园阶段规定要有"为构造艺术作品所必需的各种实践。引导儿童观察、触摸、制作并完成：各种形状、物体和材料的视觉探索；各种色彩的视觉探索；完成'个人的美术馆'；手写、复写、印制、绘制、着色和拼贴，各种实践、塑造，在容器中显现一种颜料；分离、颠倒和提取各种元素的能力"。他们从幼儿园开始就注重学生对各种造型元素的认识，尝试各种媒介物的不同性能，为儿童更深刻地认识造型艺术打下了基础。可见，儿童的美术实践与对美术知识技能的探索在审美意识的形成中有着十分重要的地位。

（三）发挥美术的情感教育功能，促进学前儿童健全人格的形成

美术教育是美育的重要组成部分，它具有陶冶性情的功能。美术活动可以帮助儿童个性情感获得有序化释放。因为，学前儿童美术活动具有创造性，而这种创造性是在儿童情感冲动的情况下产生的，儿童在情感的驱使下，通过建构活动来满足他的情感需要。那么，这种个体情感的释放，在创造性表现中是自由的，没有其他的负担，因而美术活动帮助儿童进入个人情感活动的内部，促进了儿童的情感成长。也可以说，在美术活动中儿童的情感释放与情感升华是同时完成的，所以美术就起到了情感教育作用。

从发达国家美术教育的标准来看，特别强调要把美术学习从单纯的技能、技巧学习层面提高到美术文化学习的层面。通过美术文化的学习，加强儿童情感的体验和美术文化的滋润，加深对文化和历史的认识，加深对艺术的社会作用的认识，促进情感、态度、价值观的发展，真正起到培养儿童人文精神的作用，这是新世纪美术教育的一大特点。

在学前儿童美术教育活动中，应该允许学前儿童用自己喜欢的方式进行美术表现活动，使美术活动更适应儿童的能力和发展水平；让他们结合自己的生活进行创造性的美术活动，满足他们兴趣爱好的需要；给他们提供各种美术活动的工具与材料，任儿童自己去选择与运用。

总之，要营造一个宽松、舒适、自由、开放的环境，让儿童去创造、表现、想象、探索、发挥，从而实现情感调节，进而促进儿童健全人格的形成。

第二节　学前儿童美术教育的指导原则

通过本节的学习你可以建立一个既简单又实用的学前儿童美术活动原则，即无论是设计还是指导学前儿童美术活动，都应处理好以下几个因素的关系，即好玩、好看、贴近儿童生活、鼓励动手、尊重创造。好玩即游戏因素，好看即艺术因素，后面依次为生活因素、操作因素、创造因素。处理好学前儿童美术活动中的这些教育性因素，才能更好、更完整地实现学前儿童美术教育的目标，完成学前儿童美术教育的任务。

一、学前儿童美术教育的研究对象

由于美育是教育的分支，美术教育自然也成为美育的组成部分，从育的角度讲，教育、美育、美术教育三者是一致的，都是要培养人；但是，三者在层次上又有所不同，是三种不同层次的教育，有着三个不同的侧重点。教育侧重的是育人；美育侧重的是通过审美活动达到育人，对审美活动的研究应该是重点；而美术教育侧重的是借助美术活动完成育人，这里对美术活动的研究必然是重点。美术活动要更加具有育人的功能，必须研究美术活动开展的必备要素，进而要考虑这些要素的教育问题。当上述几层含义都能够比较恰当地被考虑到的时候，这才是完整意义上的美术教育。

当把美术教育放在教育、美育这样一个教育体系中来加以考虑时，它的研究重点已经与美育和教育有所不同了，即学前儿童美术教育应该直接研究儿童美术活动怎样才能具有教育性的问题，它的间接目的或潜台词才是怎样通过美术活动培养人。换句话说，在丰富多彩的美术形式的基础上，更要讲究教育策略。美术教育既不是简单的美术技巧的训练，也不是审美知识的灌输。美术教育应把美术与教育及其两者的关系处理好，具体讲，是在开展美术活动时尽量考虑教育因素，在教育儿童时一定要着眼于美术活动。可以说，离开了美术活动难以实现美术教育，离开了教育调控，美术活动不能发挥应有的价值。

因此，学前儿童美术活动与学前儿童教育活动的融合，是学前儿童美术教育必须要研究的问题。要找到两者的结合点，探寻两者结合的规律。

学前儿童美术活动有着自身的发展特点，在这里不再赘述。学前儿童的美术活动必然是学前儿童心理发展的反映；学前儿童教育活动是在了解儿童心理的特点的基础上设计并实施的，也必然符合儿童的心理发展水平。这样来看，两者都是活动，又都是发生在儿童身上的活动，肯定存在着共同的可结合的点。

我们可以通过探询、分析学前儿童美术活动中的教育性因素，从中发现一些可以用来对儿童进行教育的因素，充分地研究这些因素，让它们发挥作用。

那么，什么是美术活动中的教育性因素？

学前儿童的美术活动与他们的其他活动一样，带有明显的操作因素。他们热衷于触摸、摆弄各种工具、材料，乐于使用过程中的各种动作。所以，他们在进行美术活动时可以一个接一个地操作下去，画了一张又一张。他们捏泥，捏好一个之后会毁了再重新捏一个，循环重复那些动作。孩子们喜欢剪纸，他们会不停地剪，把他们会剪的、想剪的都做一遍，用他们自己的方式创造性地去制作。那么，美术活动中孩子们表现出来的操作因素，是通过美术活动进行教育的一个重要的可利用点。也可以说，操作因素是学前儿童美术活动中可利用的教育因素。因为，操作可以帮助儿童喜爱美术活动，满足他们活动、摆弄的欲望，提高儿童手部肌肉的功能，提高儿童眼、手、脑的协调能力。在美术活动中通过观察、实践、创造等手段来发展儿童的感知能力，这对培养他们全面发展是极为有利的，可为他们今后的发展奠定能力的基础。

　　学前儿童的美术活动还具有游戏因素。孩子们的绘画、手工都可以说是在玩。有的时候画画可以说成是玩颜色、玩彩笔；做手工可以说成是玩纸、玩泥等。如果把美术活动与游戏结合起来，孩子们的兴趣会倍增。儿童用纸折了小衣服，就可以再让他来给娃娃折一条小裤子。给娃娃做一身新衣服，他们会很高兴这样做。在这里我们会发现儿童不是为了创作美术作品，而是抱着一种游戏的心态，他们完全是在玩游戏。在指导儿童做泥工的时候，如果他们捏了茶壶，就可以引导他们——有了茶壶没有茶碗怎么喝茶呢？进而使儿童捏了茶碗。这样，老师一点一点地引导，孩子们还可能会捏放茶碗、茶壶的盘子，以及方桌、板凳等，然后可能就开始玩开茶馆的游戏了。这些就是学前儿童美术活动中的游戏因素，也是学前儿童美术活动中可利用的教育因素，因为，利用这个因素，可以满足儿童游戏的天性，使美术活动更加令儿童感兴趣，他们在感兴趣的活动中才能表现得更为主动积极，而且这样进行美术活动，是一种在玩中学习的方式，是符合儿童心理特点的学习方式。

　　学前儿童的美术活动还具有创造因素。即便是同一个主题，孩子们所画出来的内容和表现方法也各有不同。由于孩子们每个人的生活环境和背景不同，这必然要反映到他们的美术活动中来，特别是儿童的年龄比较小，对事物的认识幼稚，而自身本真的东西要多于后天的雕琢，所以，他们的美术活动及他们的作品，都表现出较多的原创性。例如：在让孩子们开展拓印活动时，虽然老师提供了许多工具——花样图章、硬币等让孩子拓印，有一个孩子偏偏想用自己的鞋底当拓印工具，他跑到水房，脱下鞋子，打湿鞋底，然后拿着鞋子回到活动室，把自己的鞋底拓印到白纸上，完成了他的拓印。从这个活动过程中，我们可以看到的是一种创造性的活动，他没有用老师提供的工具去开展拓印活动，而是按照自己的想法，自己找到工具，尝试拓印活动，表达他个人对拓印这个概念的理解，并且用这样一种独特的方式与他人交流，这就十分富有个性了。这种表现可能与审美要求有一定的距离，拓印出来的东西不是最好看、最美丽的，但是，它是独创的、与众不同的。而且，这种独创往往含有他个人对事物的特别的理解，这不正是艺术创作所需要、所追求的吗？

　　创造性的想象和探索不同的表现方法成为学前儿童美术活动的内容。因此，创造因素就成为学前儿童美术活动中的一个重要的教育因素。我们应该充分地运用美术活动的创造因素，让孩子们在美术活动中大胆而自由地表现他们对世界的认识，用他们自己的富有创造性的造型语汇，解决他们内心的矛盾冲突，使他们的想象力、创造力得到发挥，他们的情绪情感得到释放，思想观念得以表达，人格能够和谐发展。在这里我们可以比较清楚地认识到——学前儿童的美术活动绝不仅仅是单纯的技巧问题，对于学前儿童来讲，美术活动也是一种认识活动、思维活动，让孩子们的美术活动与思维、认识活动结合起来，效果会更好。

　　学前儿童的美术活动还具有生活因素。任何艺术的源泉都是生活，离开了现实生活，恐怕美术也就没有发展的出路了。孩子们的美术活动，无论是主题还是内容及方法都与他们的生活接触有着密切的关系。从美术表现形式上看，彩色水笔画、线描画、水墨画、纸版画、剪纸、折纸、泥工等都是我们常见的；从美术活动、作品所表现的内容上看，多与孩子们日常生活的各种活动、常见事物有关，也与孩子们经常产生的疑问、爱好、感受、想法等心理活动有关。例如，让小班的孩子做表现"鸡蛋面条"的主题手工时，老师给孩子提供了与主题相关的不同颜色的纸张、剪刀、双面胶带等，孩子们在老师的语言引导下，逐步地按照自己对主题的理解做出色美味香的"鸡蛋面条"。这个美术教育活动说明该主题是孩子们十分熟悉的内容，符合儿童的接受水平，容易引起孩子们制作的兴趣，强化了孩子们对现实生活的认识。在制作的方法上，老师引导孩子们"做"面条，然后放上一个鸡蛋，最后放自己喜欢的蔬菜等，以逐步制作、摆放、粘贴的方式，使孩子们能够按他们喜爱的形式把蔬菜、鸡蛋、面条粘在"锅"里，无论怎样摆放都没有错，做成的面就与盛在锅里的一样生动、直观，符合儿童的理解力和制作水平。由于在主题、制作等方面考虑了儿童的认识水平，孩子们活动起来就如真正的生活经历一样，没有任何心理负担，儿童就会更加喜爱美术活动，美术教育活动也能够帮助儿童更好地体会生活。

　　学前儿童美术活动的另一个重要因素是艺术因素。美术活动中最重要的是区别于其他活动的审美因素。美术本身是造型艺术,线条、色彩是最基本的造型手段,线条与色彩也就成为美术的主要因素。线条是可以变化多端的:线条可以有长短、粗细、曲直之分;线条可以有方向的变化;线条还可以把纸张分隔出不同的区域,等等。色彩一般是基本的三原色和由此调和出各种不同色调的间色,通常我们知道有赤、橙、黄、绿、青、蓝、紫七种颜色,这些不同色彩混合或交织在同一画面中,会使画面上的描绘对象产生明暗、深浅、大小的差别。由于美术是视觉艺术,美术因素所构成的造型、构图、色彩会通过人的视觉,对人的生理、心理产生刺激,引发人的情感和联想。这说明艺术作品中的线条与色彩具有丰富的表现力。

此外,以线条与色彩为基础,可以体现对称、均衡、节奏、韵律、变化、统一等构成规律。这些规律也是美术活动所不可缺少的。

上述这些要素可通过画面效果来引起人们的生理、心理上的变化,从而达到调节人的情感,陶冶人的性情,提高人的认识和修养的作用,对儿童和谐人格的发展意义重大。

由此可见,美术的基本因素使美术活动区别于其他活动,它是美术活动的本质体现。学前儿童美术教育活动也不能忽略美术中形式美的重要性,形式美既是美术活动的本质,又是审美教育的必经之路。离开形式美,美术活动就称不上是美术活动,也就不会有审美教育。所以,要充分发挥形式美的审美教育作用。

无论是为了保持学前儿童美术教育活动的艺术性,还是为了加强对儿童的审美教育,我们都要重视美术因素的运用。具体讲,就是要对学前儿童进行线条与色彩运用上的练习、感受、体验,教师要有意识地在美术教育活动中创造条件,提供各种不同的工具、材料、场景,通过对儿童美术创作活动的艺术性指导,使学前儿童的美术教育活动更具有审美效果。例如,图2-1是儿童画的金属链壶。

图2-1　金属链壶

让孩子们画线描画,如果在白纸上用黑笔、彩笔画,其审美效果不如用金色笔、银色笔在黑色卡纸上画好。在黑色卡纸上画出的金色和银色的线条,一是对比鲜明,二是更能够突出线条的特征,同时还能够增强画面的质感。画笔和卡纸的变化也给孩子们带来了绘画兴趣。这就是具有艺术性的指导,否则学前儿童美术教育活动的审美效果就会被削弱,这样的绘画过程和绘画作品可以唤起儿童更多的审美感觉和追求。

又如,小班孩子制作的手工“鸡蛋面条”(见图2-2),如果不是利用不同颜色的纸进行剪贴的话,简直不知道该怎样来表现这个主题。而老师给出的材料是灰蓝的纸锅、白纸做的鸡蛋清、鹅黄纸做的蛋黄,面条和蔬菜可以使用平时积攒的彩纸下脚料来做,孩子们在空的锅里进行添加。画面的构图与色彩给人以非常美好和温馨的审美感觉。从中我们体会到了艺术性与幼儿的可操作性的理想衔接。

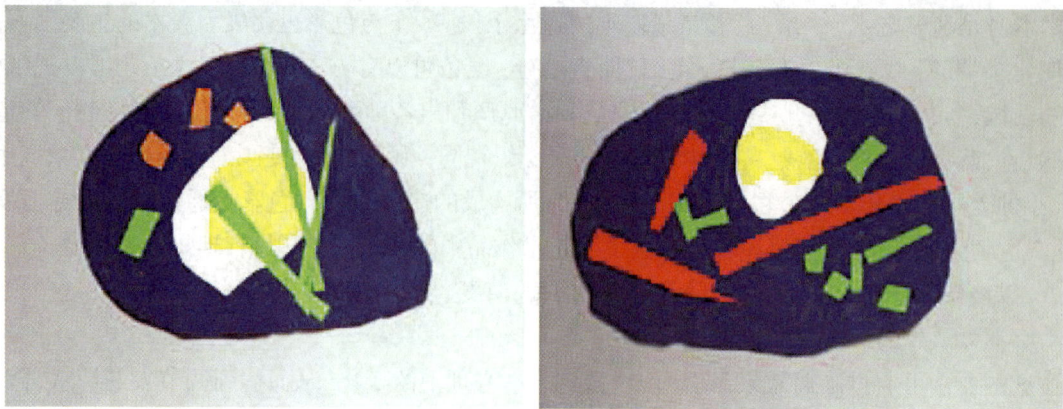

图2-2　剪贴画：鸡蛋面条

二、学前儿童美术教育的指导原则

怎样使学前儿童美术教育中的各种主要因素更符合教育原则，是我们要进一步研究的问题。

前面谈到了学前儿童美术活动中的可以利用的教育因素，要说明的是，教育因素与教育原则是不同的。教育因素是指美术活动中相关能够表现和促进儿童发展的东西，而教育原则是指怎样处理这些教育因素才能使它们发挥教育的功能。

在比较深入细致地对学前儿童美术中的操作因素、游戏因素、生活因素、创造因素及艺术因素进行分析研究的基础上，为有效地运用它们来设计并实施学前儿童喜爱的美术教育活动，特别要注意一个度的问题，使各种教育因素协调发挥作用，不可偏废。

具体分析应该有三方面的指导原则。

（一）恰当适度地处理操作因素与艺术因素的关系

在操作因素和艺术因素方面，应该注意的问题是——孩子们喜欢美术活动中对工具的操作，那么，是不是说孩子们可以随意操作而不必讲究操作方法呢？又应该怎样体现学前儿童美术活动的审美呢？

我们认为，学前儿童的美术教育肯定是要注重操作的，不能满足儿童操作需求，一味地要求儿童、强制规范儿童的动作是不切合实际的。强调儿童美术活动中的自由创造与表现固然重要，但是，如果只鼓励自由表现，没有表现方法的学习，儿童在美术创作时就会出现眼高手低的现象，严重影响他们的创作自信和表现质量。事实上，孩子在进行美术创造活动时，内心都会产生需要他人帮助的愿望，虽然儿童对此可能没有明确的表示，如果置儿童的需要于不顾，没有一定的指导，就是不负责任的放任，也会使儿童对操作失去兴趣。因此，要对儿童的操作进行方法上的指导，学习一些基本的简单的操作技能，为儿童自由的创造、表现奠定基础。

其实，孩子们学习基本技能也并不像成人想象的那么困难，他们学习某种表现手法，实质是在重复某种游戏动作，而这种动作是他们内部动力驱使的结果，他们会自发地喜欢做这些动作，特别是他们没有做过的动作，他们更愿意去做。在这种情况下，学习绘画技能是在满足学前儿童的心理需要，当学习成为他们需要的活动时，学习就没有多大困难了。

如图2-3是学前儿童的剪纸作品。

儿童进行剪纸活动，随便让孩子乱剪是不行的，要探索一些基本方法，而基本方法的学习其实也非常简单。剪纸可分为轮廓剪和折剪，学习折剪的时候，孩子要学会的是剪法——直线剪、弧线剪、斜线剪、镂空剪，实际上无论怎样剪，其剪的技能动作是一样的，不一样的是方向，只要会剪的技能，再加上方向就可以了；还要学习纸的折法——对边折（轴对称）、对角折（点对称），折的技能动作也不陌生，孩子们经常折

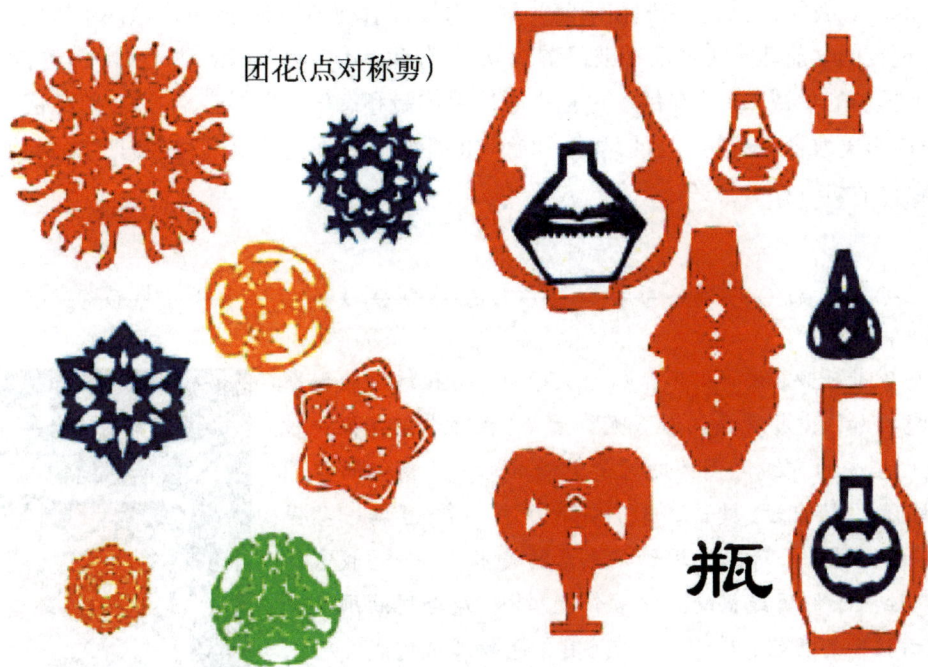

图2-3 团花(点对称剪)和瓶

衣服、折手帕、折纸等，早就熟悉了。可以说，折与剪的技能动作都十分简单，与儿童生活动作紧密相连，儿童学习起来没有太大的难度，这两个方面的办法都掌握了，就可以随心所欲地进行剪纸了，剪出来的作品既丰富又好看，效果非常神奇。

可见，只有经过指导的美术活动才具有审美性、艺术性，操作方法的指导对于儿童绘画活动的有效开展是多么重要。否则，孩子们无从下手，会对绘画感到困难，失去兴趣。经过指导，儿童会觉得绘画挺简单的，活动兴趣就上来了，实际活动的效果也的确不错，他们的作品恰好证明了这一点。

通过儿童的作品，我们发现这样教的结果并没有限制儿童的创造个性，因为他们的作品是不同的，这是他们自由创造的反映。

这说明正确地引导儿童探索为学前儿童进一步开展美术活动提供了条件而不是限制。如果某种学习限制儿童的创造表现，那么，这种教学就是错误的、不可取的。

这样，我们可以得到结论是：只有简单技能动作的教与学，才会有丰富的艺术创造与表现。要有指导地开展美术活动，而且指导必须得当。所谓得当有度的指导，就是要教给孩子一些最基本的操作，学习起来很简单，因为学习的是方法，不是内容，所以在此基础上，孩子们可以自由发挥。能够有方法地自由表现的学前儿童美术活动才是审美活动，才是真正本质意义上的美术活动。应该说，是指导把操作与艺术两个因素统一起来了。

此外，基本技法的学习还应该是因人而异的。有的孩子学习时间长一些，慢一些；有的孩子一点就明白，很快就入门了；有的孩子就愿意按照自己的意愿做，老师强求也不好。所以说，怎样引导孩子掌握基本技法要具体情况具体分析，切不可强迫孩子或"一刀切"。老师的引导绝对是必要的，但关键是引导的方法是否切合孩子的实际情况。不能因为引导方法的不当，而把引导都给否定了。当老师指导而孩子接受不了时，要立即停止指导，反思指导存在的问题，等待时机，以便重新进行指导。应该说，孩子们不接受老师的指导，是指导出问题了，而不是指导没有必要。可能是指导的内容不适合这个年龄的孩子，也可能是孩子不喜欢教师指导的方法，需要教师认真分析研究，找到对策。

（二）突出游戏因素和生活因素的地位

在游戏因素和生活因素这两个方面，特别注意的是没有生活因素与游戏因素的美术活动，不是真正的学前儿童美术活动。因此,要加强它们在学前儿童美术教育活动中的成分,突出这两个方面是会受到学前儿童欢迎的。现在的学前儿童美术活动缺乏游戏成分,欠生活化,使美术活动成为单纯的技巧训练,很难满足《纲要》上提出的重视"幼儿在活动过程中的情感体验和态度"的要求。其实,单纯依靠美术技巧的训练是不能完成审美教育任务的,况且,生活和游戏也都蕴藏着审美教育的因素,把生活与游戏融入美术活动中,美术教育活动的效果会更好。

案例三

有不少家长反映,孩子们不坚持每天刷牙,而且龋齿的现象很严重。怎样加强爱护牙齿的教育呢?于是,教师考虑寻找一种更适合幼儿接受的方式。因为受牙膏广告词——"我们的口号是:没有蛀牙!"的启示,就让孩子们从看广告入手,了解一些保护牙齿的知识,设计一节很贴近幼儿生活的美术课——"我家的漱口杯"。让孩子们用线描的方法装饰漱口杯,是否用油画棒涂色可以依据孩子的喜好;牙膏、牙刷则用各色美工纸完成。将漱口杯完成后用小剪刀沿边缘剪下,粘贴在黑色卡纸上,杯口不能粘住,这样,用各色美工纸剪成的牙膏、牙刷就可以自如地插入杯中了。

图2-4　我的漱口杯

点评：当这些作品全部展示在作业栏中时,孩子们异常兴奋,因为他们的作品是可以活动的。由家长的信息反馈得知,通过这次活动,许多孩子都能够坚持早晚刷牙,还监督家长的行为呢!

这个活动告诉我们,作为美术教师要善于从幼儿的日常生活中提炼绘画题材,再将美术的绘画语言与之有机地结合,从绘画形式到材料投放,还要依据孩子们的个人能力留有一定的发展空间,这样,教师讲起来轻松,孩子们做起来愉快。

因此,学前儿童的美术教育活动必须是综合的,融游戏、生活、美术为一体的,甚至是游戏、生活地位更为显著的美术活动。

(三)强调创造因素的作用

美术是儿童发展过程中自我表现的一种方式,在儿童的发展过程中,他们对世界有着独特的认识与理解,他们由于少有传统和经验的限制,所以能够在美术活动中运用自己的符号系统来反映生活印象,表达思想认识,宣泄情感体验。而他们自己的这种表达事物的符号系统或者说是事物的结构特征,是儿童自己的发明创造,是自己想象的结果。儿童时期是生命力勃发的时期,也是创造性发展最自由、最迅速的阶段。儿童自身的这种创造潜能,会随着年龄的增长、语言和推理在儿童生活中的出现和增加,渐渐地发生退化,那种天真自由的创造活动被束缚了。此外,更为重要的是,这些创造的背后隐藏着儿童认识、情感的发展,表面上看是一幅图画,实际上画里表现了儿童纯真的心灵、严肃的思考、强烈的欲求、情感的平衡。这些创造来源于儿童潜意识的表现,它的价值在于满足儿童的心理平衡,使儿童的人格健全发展。应该说,美术教育中的这种对想象力与创造力的开发是生命中的核心力量,创造是美术活动最重要的、最具有教育价值的因素,没有了学前儿童的这种创造与想象,学前儿童的美术将黯然失色,它在完善学前儿童心智方面的作用会消失。

例如,米兰·昆德拉在《生活在别处》一书中所写到的男主人公雅罗米尔童年时期所画的狗头人身的战士，在受到画家的表扬后，雅罗米尔陷入了一种由成人的赞扬所引起的极度迷惑中，他不知道自己该画什么，怕画错了得不到画家的表扬，而他又渴求这种表扬，所以为保持他在画家心目中的地位，他采取了一直画狗头人的方法，但画家并没有第二次表扬他，这使年幼的他陷入轻度抑郁，而作为成人的画家还算及时地发现了他的止步不前，从而对他加以引导，告诉他"只要画你想画的"，才使雅罗米尔一定程度上从"赞扬"这个问题上摆脱了出来。

这个例子说明，美术活动可以增强儿童心理活动的有意性，他们的美术活动也是有一定目的追求的。一个儿童在作画的时候，不一定是单纯的美术活动，他们可能是为了其他的目的而创作，比如为了赢得成人的赞扬和关注，或者是他的爱好和潜意识的显露，为探索某种方法与结果之间的关系。总之，绘画可以反映一个人的精神世界，他们把自己平时注意的对象和对生活的理解以形象的方式呈现出来，而且儿童在描绘的时候由于其机体与心理的稚嫩往往使作品呈现出奇特与夸张的样式。作为教师应该了解美术活动的这种特性，注重透过儿童的作品了解儿童内心世界，从而对儿童加以引导、启发与鼓励。那么，在儿童开展美术活动时，要多考虑美术之外的因素，如儿童的兴趣爱好、认知水平、心理需要与困惑等，正确地看待儿童自由表现，尊重儿童的带有个性色彩的创造行为，保护儿童的这种原创力，使美术活动能够发挥其促进人格协调平衡的教育功能，让儿童成为具有旺盛的生命活力、发达的创造欲望和健康和谐人格的人。

思考与练习

1. 简述美术教育本质论和工具论的核心含义。
2. 分别说明本质论和工具论的利弊所在。
3. 举例说明什么是学前儿童美术教育。
4. 学前儿童美术教育的根本目的是什么，为什么？
5. 学前儿童美术教育的基本任务有哪些？
6. 学前儿童美术教育的主要研究对象是什么？
7. 美术活动中存在哪些教育因素？分别说明其教育价值。
8. 学前儿童美术教育的指导原则有哪些？举例说明你是怎样理解这些指导原则的。
9. 观察一个完整的学前儿童美术教育活动，结合指导原则进行实录与分析。

学前儿童美术活动的内容与指导

第一节　学前儿童绘画活动的内容与指导

　　学前儿童美术活动的主要内容,包括绘画、手工、美术欣赏三大部分。这三种美术活动既相对独立、各具特色,又经常会在同一主题下交叉进行,是学前儿童美术学习与体验的三种重要活动形式。除此之外,由于幼儿园环境的视觉特性和可操作性,我们特别将幼儿园环境也纳入学前儿童美术活动的内容,作为其审美教育内容的组成部分。

　　绘画活动是幼儿园最为方便、常见的美术活动内容,通过本节的学习教师能尝试并掌握几种技法画的具体操作、设计,明确命题画、意愿画、装饰画的作用侧重,能根据不同内容题材的绘画活动,设计选择相应的教学方法。

　　绘画是一种视觉艺术、材料艺术、造型艺术,它是通过造型、色彩、构成等来塑造艺术形象的一种艺术形式。学前儿童绘画活动是幼儿园美术活动中最主要的活动形式。因为,绘画活动具有强烈的直观性和感染力,很容易为幼儿所接受,他们把自己对生活的认识与理解,描绘在平面纸张上。绘画活动对发展学前儿童的感知能力、观察力、记忆力、想象力、形象思维能力、独立创造力都有很大的帮助;同时,绘画活动还能丰富学前儿童的知识,让学前儿童掌握简单的绘画技能,培养学前儿童积极地观察生活,大胆地表现生活的良好习惯,并对学前儿童形成良好的个性心理品质和审美情趣有重要的影响。所以,绘画活动在整个幼儿园美术活动中占有十分重要的位置。幼儿园绘画活动从题材内容和形式上可分为命题画活动、意愿画活动、装饰画活动;从工具材料上和表现技法上,又可分为很多种,其中在幼儿园中经常进行的有折纸添画、棉签画、指点画、印章画、彩色水笔画、蜡笔画、油画棒画、蜡染画、水墨画、纸版画等。

一、按题材内容和形式划分所开展的绘画活动

(一)命题画活动(又称主题画活动)

　　命题画活动是由教师确定集体绘画的主题与要求,学前儿童按照绘画的主题与要求作画。命题画活

动是幼儿园绘画活动的一种重要绘画活动形式。

命题画的主要作用在于,帮助学前儿童感受、尝试、摸索绘画基本造型、设色(选色、涂色、配色等)与构图等艺术形式语言;并在体验基础上发展学前儿童对周围事物与现象的观察力,描绘表达事物的表现力和培养创造性想象。

在命题画中,教师的命题很重要。教师可以结合学前儿童周围的现实生活命题;选择符合学前儿童日常生活中见到的、听到的、熟悉的、有经验和有兴趣的,并在他们心目中留下深刻印象的,又有利于启发和创造的题材进行命题。如:"妈妈辛苦了""小兔乖乖""我的布娃娃"等。另外,在命题画活动中,完成基本命题后,应鼓励学前儿童联系主题进行有趣的想象与创作。

在幼儿园命题画活动中,根据内容的不同,习惯上将命题画活动分为物体画活动和情节画活动。

1. 物体画活动

(1) 物体画活动的含义及作用。

物体画活动是教师帮助学前儿童在充分了解、体会某一物体的形象、色彩、结构、性质等的基础上,以绘画方式对该物体进行表达、表现的一种绘画活动形式,如教幼儿画苹果、汽车、房子、小动物、小朋友等。

物体画活动的内容非常广泛,只要是学前儿童在日常生活中能接触到的、喜爱的、感兴趣的内容,都可以作为学前儿童物体画活动的内容。物体画活动是绘画活动的起点,教师需要让学前儿童认识体验绘画对象的特征,并支持学前儿童完成对这一对象的自我表达。所以,物体画活动对于发展学前儿童的感受力、观察力,提高学前儿童的运用绘画方式作出富有自我体验的表达有着非常重要的意义和作用。

(2) 物体画活动的指导。

第一,调动学前儿童体验的兴趣性和主动性。

在物体画活动中教师应选择适合于学前儿童的水平、贴近学前儿童生活经验的内容。但是,由于物体画活动主要是由教师确定主题,学前儿童事先并不知道画什么,一开始学画时往往处于一种被动的学习状态。所以,在进行物体画活动前,首先应该设计一些特别的、新奇的、能让学前儿童感兴趣的导入方式、方法,调动学前儿童主动感受,促进其表达兴趣、表现动机的生成,从而为下一步的活动打下基础。比如,采用故事、实物体验、游戏、儿歌、猜谜等导入形式来调动学前儿童学习物体画的兴趣性和主动性。

第二,引导学前儿童充分体验物体基本特征。

观察体验是绘画的基础,但是由于学前儿童的年龄特点,他们的观察体验往往具有很大的随意性,他们不会主动、有意地观察物体,即使是观察也非常粗略、笼统。所以,教师引导学前儿童观察体验的逻辑要清晰、有趣,语言要简练明确、生动形象。也就是说教师教学的重点在于,设计好引导性观察和体验的方式。以有目的、有顺序、有参与的方式,使儿童产生与体验物接触的兴趣和经历。

例如,画菠萝的活动,教师就可以通过以下几步来完成观察体验活动:

① 先将削好的菠萝块儿,放在小碗里并用纱布罩住碗口,再请小朋友们闻一闻小碗里散发出的是什么样的气味?

② 出示完整的菠萝,请小朋友们找一找刚才闻到的气味是从菠萝的什么地方散发出来的。

③ 请小朋友想一想,咱们怎么吃这个菠萝?

④ 当着小朋友们的面,现场表演削菠萝。

⑤ 把事先用盐水浸好的菠萝块儿,请小朋友们品尝。

在闻一闻、找一找、想一想、看一看、尝一尝的体验之后,每一个幼儿对菠萝都有了自己独特的亲身感受,再让小朋友们画菠萝,每个幼儿也就会作出基于自我体验的、有个性的形象表达。这样的作品才能真正体现幼儿的独特视角和幼儿的创作表达。

第三,通过成人经验的平行影响、伙伴间的互学、多层次的欣赏,提升学前儿童表现物体画的能力。

任何学习与尝试都需要平台的提供与物质资料等的启发。在幼儿绘画表达的过程中,成人可以和儿童一起观察、体验,也可以以自己的视角,尝试对绘画内容作出自己的表达表现。成人处于写实期,可能在造型、视角上均和幼儿有所不同,但是,也会在造型操作性等方面对幼儿产生引领和启发的作用,教师和儿童的平行操作活动也昭示了平等、沟通、互学和对话的重要意义。

幼儿间由于发展水平的不同、体验感受的不同,表达表现的方式、形象、内容也会有所区别,美术活动中彼此欣赏、尊重不同,互相通过借鉴模仿,丰富自己的表达方式,也是学习绘画表达的很好方式之一。

在各种类型与内容的美术表达表现上,无数艺术家都曾用自己的视角、自己的尝试,创作出了各具艺术特色的艺术性、欣赏性极高的作品。对这些作品的欣赏,也是丰富幼儿表达表现方法手段的可行方式之一。对于作品中的色彩、线条、形制的借鉴与模仿应出于幼儿的自发自觉,从而潜移默化地提升幼儿绘画表现的能力与艺术性。

第四,在幼儿物体画活动中,教师应为幼儿预设出自由创造的平台和空间。

艺术表达最为重要的一点,就是能自由地作出基于自主的表现与创造,这也是艺术活动的优势与灵魂。虽然在物体画活动中,绘画的主题内容基本上是由教师确定,但是对于每一次绘画活动,教师也都应该精心安排出一些方向与空间,放手留给幼儿去进行联想设计与创造,只有这样,孩子们才会在学习表达的同时也获得了自我创造性的满足。并且,潜移默化地将外在的影响与内在的自我愿望进行对话与融合,再通过得到成人与同伴的认可,更会增强自我与外界互动的信心,获得创造能力的锻炼与提升。

案例一

> 幼儿画玩具小熊时,教师结合实物,引导幼儿对小熊的外形进行了观察,并赋予玩具小熊独特的个性与生命力。再请幼儿为小熊设计衣服的颜色、图案,幼儿画好后,教师还请幼儿送礼物给小熊,幼儿自己画了很多好吃、好玩的东西送给小熊,如棒棒糖、冰淇淋、水果、小汽车、布娃娃……这期间经常是幼儿想画什么,但是不会画,于是教师耐心地帮他们回忆、描述、观察想画的事物,甚至向幼儿展示可能的画法,因为幼儿有强烈的绘画动机,所以会非常认真地体验学习。许多幼儿具有自身创意的绘画形象,也就顺畅地流淌于方寸之间了。这其中有思考、有互学、有创造。

第五,在物体画活动中采用多种技法和系列命题方式。

在物体画活动中,教师既要对所画事物进行事先分析、做好准备,又要能随机应变,在学前儿童的绘画活动中提供必要的技巧支持。为了增强学前儿童绘画的兴趣与信心,可以变换使用多种材料与技法,提高学前儿童物体画画面的表现效果,同时,掌握各种绘画媒介的基本性能和使用方法,还可以通过系列命题来提高学前儿童造型的新技巧。

2. 情节画活动

(1)情节画活动的含义及作用。

情节画活动是在物体画活动的基础上进行的,它是教师让学前儿童以个别物体与其他物体相配合,表达一定情节的绘画活动形式,如"美丽的家园""我爱幼儿园""动物园"等。

情节画是在物体画的基础上,进一步帮助学前儿童掌握如何表现物体形象,让学前儿童知道如何根据主题内容和表现的需要把有关联的各种形象恰当地安排到画面上,正确地表现出形象间的相互关系。情节画活动有助于提高学前儿童绘画的基本技能,对培养学前儿童绘画的目的性、计划性,培养学前儿童构图、布局的能力,促进学前儿童思维综合性和表达能力的发展,具有特别重要的意义。

(2)情节画活动的指导。

第一,引导学前儿童认真观察、感知周围的事物,以及事物之间的空间关系和相互的联系,为情节画学习打下基础。

由于学前儿童在掌握物体现实空间关系与画面空间关系上是不同步的，一般对画面中空间关系的表现要相对滞后。因此，教师要通过各种手段带领学前儿童观察、感知周围的事物，不仅要注意引导学前儿童观察个别物体的形状、颜色、结构、各部分的相应大小等，尤其要注意引导学前儿童观察、感知各物体在空间中的位置关系和相对大小关系。如主要形象与次要形象的大小比较，主要形象的位置关系，以及远处的物体看起来比近处的要小一些，有些物体被另一些物体遮挡时只能看到它们的一部分，等等，以帮助学前儿童提高对画面空间关系的认识。学前儿童是画其所知，在知觉内容上下了工夫，学前儿童的绘画表现自然就会丰富起来，为情节画学习打下基础。

第二，在进行情节画活动时，教师可借助分析和欣赏手段帮助幼儿理解、表现情节画构图布局特点的方法。

情节画活动和物体画活动是不同的，情节画活动更注重物体之间的空间搭配关系。因此，在进行情节画活动时，教师不仅要分析讲解如何表现单个形象，更重要的是讲解如何突出画面主题、组织画面、合理地构图、布局等。在此时，对一些适于幼儿理解的农民画、优秀儿童画、大师作品等的构图欣赏，可以帮助幼儿更好地掌握整体、局部的画面安排。引导学前儿童分析各形象间的相互关系，为他们安排好位置，通过画面色彩冷暖色对比、色彩表现，分区等来进行绘画；同时还可以通过与学前儿童进行对话、讨论，帮助学前儿童理解绘画主题，以帮助学前儿童提高情节画的表现能力。

第三，运用多样化的练习手段，发展学前儿童情节画的能力。

在幼儿园的情节画活动练习中，可以运用故事画、日记画、探索画、游戏画、练习画等，来练习发展情节画的表现能力。如在故事画中，教师通过讲故事的方式，先让学前儿童明了一些简单的情节，再引导学前儿童根据自己对故事的理解与记忆进行表现；在日记画中，可以让学前儿童根据自己所经历的、最深刻的事，用绘画形式将它们表现出来；在探索画中，要注意选择好让学前儿童感兴趣，又能够让学前儿童充分展示绘画才能的主题，让学前儿童进行探索式绘画；特别是添画，对初学情节画的学前儿童是一种最好的练习方法；游戏画，可以通过游戏的方式让学前儿童在绘画中充分体验游戏的快乐和愉快的心情，感受美好的情感，完成情节画的表现。

⭐ 一线实践　主题绘画活动的新策略

幼儿主题绘画是指幼儿根据主题，用绘画的形式自由地创作表达的活动。对幼儿来说，主题绘画为幼儿提供了自由表达的空间，因此是幼儿所喜爱的一种绘画形式。

（一）主题的来源

主题应顺应幼儿的兴趣和需要。例如，主题绘画"好妈妈的故事"主题就来源于我与幼儿的一次谈话。一天，一个小朋友说："老师，昨天我妈妈摔着了，是为了救我把腿都摔破了。"另一个也说："妈妈每次都送我去上唱歌课，还给我买酸奶。"幼儿因此而引发讲述自己的妈妈。我及时抓住这个契机，开展"好妈妈的故事"主题绘画活动。这样的主题是幼儿感兴趣的，也是幼儿的生活经验和亲身经历。

但是，不是所有的主题都来源于幼儿的兴趣和需求，有些主题教师可以根据教育目标而引发幼儿的兴趣需求。例如，参观农场后在我的引发下，幼儿兴致勃勃地讲述见闻感受，产生了"热闹的农场"主题绘画活动，但幼儿对农民辛苦劳动的场景却印象不深，因此我引导幼儿观看参观录像，观察农民劳动的场景，在观看中，激发了幼儿的表达愿望，"农民伯伯真辛苦"的主题画便产生了。这样的主题同样是建立在幼儿亲身经验基础上。

（二）建构经验

在主题绘画活动中，我十分注意与幼儿一起积累并调动幼儿与主题相关的生活经验和亲身经历。例如，主题绘画"好妈妈的故事"中，我们一起收集妈妈的照片，并开始谈论、介绍、绘画自己的妈妈，我及时地将幼儿的各种想法记录整理下来，共同布置在活动室中。这就更加激发了幼儿的兴趣，他们开始细致地观察自己的妈妈，从不同角度感受妈妈的爱，为主题绘画积累了相关的经验。

（三）产生故事

在主题绘画中，幼儿在自身经验基础上就有感受、就有抒发、就会自然而然地表现和创造。主题绘画活动随着相关活动的展开而展开，幼儿在更加细致的观察、了解的基础上从不同角度来表达、讲述并有了将故事绘画出来的愿望。

（四）提供支持

在鼓励幼儿表达的同时，我尽可能地给予支持，帮助他们将自己的想法表出来。如果幼儿在思路上出现问题，我耐心地用语言引导帮助他们理清思路，讲述好妈妈的故事。在材料上我也给予最大的支持，根据幼儿的水平，预想他们在绘画过程中可能会遇到的困难，准备不同层次的绘画辅助材料，如可拓印画的模板、人物动态拼图卡、各种动态的人物图片、简笔画书等物质支持。

（五）指导策略

在绘画过程中针对幼儿的不同水平给予支持。引导幼儿表达出自己的想法，帮助他们实现绘画愿望。

在指导过程中还应注意：教技能的方式是多样的，尽可能少地直接告诉幼儿。根据不同情况、不同水平，提供不同的教技能的方式。例如：

（1）提供参考资料，如实物、图书、卡片，幼儿按自己需要去学习，学习一种解决问题的方法。

（2）用形象的语言提示。

（3）用动作示意物体的轮廓。

（4）可在纸上画一个浅的轮廓让孩子描，给幼儿搭建一个台阶。

（六）作品的走向

主题画完成后的作品可以展览、装订成册、设计封面，有的还可以分门别类做成故事书。例如：《热闹的农场》《好妈妈的故事》《冬天的故事》《愉快的旅行》《我和好朋友》等故事书，它们成为幼儿十分喜欢阅读的"书籍"，同时更加激发了幼儿的创作热情。

当然主题绘画活动还有许多需要进一步研究的地方，许多时候，教师存在着重视技能训练、知识的灌输，而忽视幼儿创造性思维的发展等现象。摒弃传统的观念，体现新理念，这是对每一名幼儿教师的挑战。这需要幼儿教师的共同的实践，只有在不断的实践—反思—提升—再实践中才能使幼儿美术教育不断地前进发展。

（天津市和平区第三幼儿园　陈蔷老师）

（二）意愿画活动（又称自由画活动）

1. 意愿画活动的含义及作用

意愿画活动是幼儿根据自己的生活经验,由自己独立确定绘画主题和内容,运用所掌握的美术知识和技能,自由地表达自己情感、愿望的一种绘画活动形式。

意愿画活动强调学前儿童要通过自己的想象和思维来作画,它对学前儿童没有任何约束,只要求学前儿童对自己看到的、听到的、想到的内容大胆地进行加工组合,组成一张新的有一定情节的画面。因此,意愿画的学习,对发展学前儿童的想象力、创造力,培养学前儿童大胆、主动的表现能力,有着特殊的意义和作用。

图3-1　幼儿作品：老师带着我们在游戏

2. 意愿画活动的指导

第一,结合幼儿生活体验,运用启发、讨论等方式引起学前儿童的表达愿望。

意愿画活动的内容极其广泛,凡是学前儿童看到的、听到的、接触到的或是想到的事物、现象,都是他们作画的题材。由于学前儿童个人的兴趣、爱好、生活经验不同,他们在意愿画活动中,常常会拿不准什么是自己体验最深刻、最感兴趣的事物,会出现画着画着就改变了主意,不能定下自己所要表现的内容的情况。为此,教师应该在意愿画活动一开始就用富有情感的启发性语言、生动的讲述以及给学前儿童看图片、讲故事、欣赏优秀作品等形式,来激发学前儿童画意愿画的愿望,唤起学前儿童对过去知识经验的回忆,启发、帮助学前儿童通过积极思考,产生意愿画的表达内容与愿望。

第二,创造宽松的意愿画作画环境,按学前儿童不同能力帮助其大胆地进行意愿画活动。

由于意愿画活动是由幼儿自己出题目、自己确定画画内容,教师在学前儿童已确定绘画内容后,要给学前儿童提供一种轻松愉快、自由活泼的环境和气氛,了解每个学前儿童的能力,使学前儿童在一种全身心放松的环境和气氛中大胆自由地作画。因此,在指导学前儿童进行意愿画活动表现时,不能对学前儿童要求过死、过细,不要在学前儿童创作过程中打断他们的思路,不要将自己的意愿和想法强加给学前儿童,也不宜做过多的集体性示范讲解,这样才更能保证学前儿童自由、大胆地进行意愿画活动。

第三,关注学前儿童意愿画作品时,要尊重学前儿童的创造性与发展阶段。

学前儿童的意愿画主要强调的是他们创造力和想象力的发挥。对成人来说可能是极为有趣或很难理解的创造,但是从学前儿童的角度其实可能正是他们感性大于理性发展阶段的使然。学前儿童经过独立想象、思维创作了一幅作品以后,渴望得到教师的肯定和赞许,因而教师不能用自己的任何固定程式作为评价的标准,而应仔细地品味每个学前儿童的作品,体验他们的思想感情,理解他们画面的意图、思想,重点评价学前儿童在作品中大胆想象和大胆表现上的点滴进步,肯定他们的创造性,以正面评价为主,这样才能激励学前儿童进行意愿画活动的热情和兴趣。

第四,在意愿画活动中,要注意四个方面的问题。

一是学前儿童怕画不好或画不像,而不动脑筋,消极地重复模仿老师、别人或自己以前的作品,没有创新;二是老师由于怕学前儿童画不出来或画不好,对学前儿童交代要求时过分具体,使意愿画变成命题画;三是要求学前儿童画过去画过的形象内容,使意愿画又成了记忆画;四是有些老师认为意愿画教学最轻松,就是让学前儿童随意画,只要把幼儿组织起来,给他们一些工具,随他们自己去画就行了。其实,这几种想法和做法都是错误的,不是失去了教师在意愿画教学中应有的主导作用,就是过分强调了教师的主导地位。每一种情况久而久之会使学前儿童对意愿画失去兴趣，产生消极的情绪，绘画表现水平会下降，主题内容会贫乏，表现水平会下降。

总之，在意愿画活动中，除了强调让学前儿童"自己想自己画"以外，教师还是要合理地指导，虽然不作具体的、集体的要求，但要在关注、启发、支持学前儿童大胆想象、大胆表现上下更多的工夫。同时，意愿画活动要与命题画活动进行合理的穿插、配合，这样更有助于学前儿童表现技能的运用和创造兴趣的激发、保持、提高。

（三）装饰画活动（又称图案画活动）

1. 装饰画活动的含义及作用

装饰画活动是指学前儿童运用各种花纹、色彩在各种不同的生活用品的纸型上对称地、和谐地、有规则地进行美化、装饰的一种绘画活动形式。

装饰画活动属于工艺美术的一种，它突出的特点是花纹优美、色彩鲜明、构图对称均衡。所以，装饰画活动有助于发展学前儿童手部动作的准确性、灵活性，有助于提高学前儿童的审美能力和对装饰工艺的兴趣，有助于发展学前儿童创造性的美化生活的能力，以及认真、细致、有耐心、有条理的良好习惯和心理品质。

2. 装饰画活动的指导

第一，引导学前儿童观察、欣赏大自然和日常生活中美的花纹、图案和形式。

帮助学前儿童理解装饰画的概念，培养学前儿童形式美的经验和对装饰画活动的兴趣以及对装饰图案的审美能力。教师要在平时注意收集有关图案的资料，分门别类，加以整理。如收集自然界中的树叶、蝴蝶、贝壳等，日常生活中的毛巾、手帕、茶杯、花瓶、花布等，民间工艺品中的刺绣、瓷器、漆器、工艺帽子等。引导学前儿童感受欣赏它们的花纹变化、构成规律，引发学前儿童对装饰性形式的敏感、对装饰画活动的兴趣。

案例二

在装饰画活动中，学前儿童设计的图案比过去丰富了许多，但同种物品图案缺少变化。以装饰衣服为例，幼儿缺乏装饰经验，装饰花色单一。于是教师向他们提出问题：是所有的衣服都一样吗？并从孩子们日常穿着入手，一起观察，让他们比较，孩子们发现衣服有长有短，样式、颜色各不相同，面料、装饰花纹形状各异，"有的是用花朵装饰""有的用各种几何图形装饰""有的有花边儿"……当他们再次设计衣服的装饰花纹样时，就将自己的观察与体验表现在作品中，各种花纹、形状、颜色的衣服跃然纸上。

第二，帮助学前儿童掌握简单的装饰画技能。

由于装饰画的装饰性和规律性较强，教师在学前儿童对装饰画已有一定的感受和兴趣的基础上，可以帮助学前儿童掌握画装饰画的简单技能。

（1）帮助学前儿童掌握绘制简单花纹图案的技能。可以从点到线地开始，然后逐步由线到简单的几何图形，进而增加自然界的花、草、树木、鱼、虫、鸟、禽以及传统民族的花纹等。要由浅入深、由易到难、由简到繁地逐步增加内容和要求。

（2）帮助学前儿童掌握排列花纹和找位置的方法。花纹的排列主要有单独式、连续式、对称式、放射式等。单独式花纹可以让学前儿童自由表现；连续式主要是帮助学前儿童了解排列的秩序，认识相对位置上的花纹、色彩、大小、形状应当基本一致，可以让学前儿童先在长条纸上学习定位，找中点，然后找左、右对称点，最后在两点之间再找中点，以此连续类推，然后再在点上画简单花纹；对称式、放射式是当学前儿童掌握了在长条纸上连续排列和设计花纹后，再学习在正方形、圆形、长方形、椭圆形、菱形以及不规则图形和一些日常生活用品的外形上先找中心点，然后在对边、对角上画相对称的花纹，或由中心点向外伸展，画放射的花纹。

（3）帮助学前儿童掌握一些色彩的基本知识，培养他们使用色彩的能力。色彩是装饰画表现的重要组成部分，使用各种调配适当的色彩，使装饰画更协调、美丽。可先教幼儿认识基本色红、黄、蓝，再使幼儿知道颜色是会变的，红、黄、蓝可以调配出各种色彩。同时，还帮助学前儿童认识配色要鲜明、美观，在运用色彩时，不一定要按照某种花纹的本色涂色，可以让学前儿童根据自己的兴趣爱好选择，只要配得鲜艳、和谐、美观就行。

第三，充分运用各种材料和手段，在装饰画中更进一步培养学前儿童的想象力和创造力。

由于装饰画有较强的规律性和秩序性，教师很容易在活动中把注意力集中在装饰规律和技能的讲述和示范上，忽视了学前儿童想象力和创造力的培养，这也违背了学前儿童美术活动的根本目的。因此，教师应该在帮助学前儿童掌握装饰画简单技能的同时，充分利用各种自然材料和手段，允许学前儿童在掌握装饰方法和规律的基础上有发挥、有创造。

二、按工具材料和表现技法划分所开展的绘画活动

按工具材料和表现技法的不同来划分的学前儿童美术活动内容非常多，根据各个地方的不同特色，以及时代发展所涌现的新材料、新方法，在这里很难将它们一一列举，仅就一些常见、优秀的方法作简要的介绍。

折纸添画：将折好的折纸作品（形象），粘贴在另一张纸上，再添画自己喜欢的图形组成的画。

棉签画：用棉签蘸颜色来画的画。

指点画：用手指蘸颜色来画的画。

印章画：将一些自然物品（树叶、花等）和生活用品（瓶盖、橡皮、肥皂、土豆等）制作好的图形，蘸上颜色，再盖印在纸上的画。

彩色水笔画：用彩色水笔画出来的画。

蜡笔画：用蜡笔画出来的画。

油画棒：用油画棒颜料画出来的画。

彩色铅笔画：用彩色铅笔画出来的画。

蜡染：先用蜡笔或油画棒画出形象，再用水彩或水粉涂上底色所画的画。

水墨画（或彩墨画）：用毛笔蘸墨汁和颜料，将形象画在吸水性较强的生宣纸上，以笔法变化为主，发挥水墨、彩墨染的效果的画。

纸版画：在一张纸上先画形象的各部分，然后剪下来，又按其结构分别粘贴在另一张纸上，再用纱布包成的棉花球或小油滚滚上油墨，然后再将另一张白纸覆盖在上面，用力抽打或滚压，揭开白纸，纸版画就完成了。

水彩、水粉画：用水彩或水粉颜料来画的画。

喷洒印画：在一张白纸上铺盖上不同形状和形象的纸片或一些自然物品（树叶、花等）或生活用品（瓶盖、钥匙等），用小木棒头拨动蘸有颜色的牙刷毛，于是颜色就喷洒在纸面上，当颜色全部覆盖在纸面上后，轻轻拿开压在上面的纸片或物品，喷洒印画就制成了。

以上从各种工具材料和表现技法上来开展的绘画活动，能充分调动幼儿学画的兴趣，让幼儿感受各种工具、材料、技法的多样性、丰富性，只要教师积极认真地准备，多给幼儿提供工具、材料，幼儿就能

在对各种工具、材料、技能的体会和感受中发挥自身的想象力和创造力,画出丰富的绘画作品,得到美的陶冶。

★ 活动设计

好玩的对印画(中班)

活动目标 >>>

了解对称的特点,并利用这一特点进行绘画。

活动准备 >>>

水粉颜料,绘画纸。

活动过程 >>>

图3-2 对印画

1. 出示各种对称的动物或植物的图片,引导幼儿发现对称的特点。

2. 出示对印画的作品,启发幼儿展开讨论:怎么样才能让画面达到对称效果?

3. 教师示范制作对印画过程:将纸分成两半,在纸的一半刷上水粉颜料,在颜料没干的时候,将另一半对折印上去,打开后即完成。

4. 幼儿自由选择一种对称的动物或植物,进行对印画制作。

第二节 学前儿童手工活动的内容与指导

了解学前儿童手工活动,特别是泥工、纸工活动的基本内容、技巧。对各项内容进行学习、操作,通过实践体会手工活动的基本技巧,从而有针对性地设计教学活动,积累教法形式。

幼儿园手工活动是幼儿在教师引导下,利用各种材料进行的造型操作游戏。幼儿园手工活动的内容,主要包括泥工、纸工和利用各种其他材料进行的综合性手工活动。因为手工活动的游戏性与操作性都很强,作品既好玩又好看,既可以装点环境又可以作为幼儿的玩具,所以深受幼儿喜爱,并且在手工活动中幼儿的动手能力、操作协调能力、耐心细致和有序的工作习惯都会得到锻炼与培养。在具体的手工活动中,教师要注意材料、内容的选择既要适合幼儿的兴趣与水平,又能体现出美的形式。在对工具材料的使用上,要使幼儿能通过反复的操作熟悉它们的性能,正确掌握使用方法。

一、手工活动的内容

(一)泥工活动

从活动性质上说,幼儿园的泥工活动可分为:单纯的玩泥游戏即无主题自由塑造,有主题的泥工学习与表达。从简单的形体,到有情节的多个物体组合,都是贴近儿童生活、令儿童喜爱的内容。泥工活动初期儿童必须通过反复多次的玩泥游戏,才能逐渐熟悉泥工材料的塑造特点,在游戏中教师可选取儿童熟知的事物,通过示范、讲解等方式渗透简单的泥工技巧,和幼儿一同体验塑造的过程,当幼儿掌握了一些简单的塑造方法,他们就可以用泥塑的方式进行再现与创造了。

1. 泥工活动的工具材料

(1)泥工活动的材料。

幼儿园常用的泥工材料有橡皮泥、多彩泥、自制面泥、陶泥等,因为便于操作与保存而被广泛使用。也有些幼儿园根据自己的地方特色采用较为方便的泥工材料,如黄泥、黏土等,它们在塑造与操作的性能、技巧上都基本一致。

橡皮泥:一种人工合成的专供儿童使用的油性泥工材料,颜色丰富,易于造型。但是,在气温较低时会变干硬,气温较高时又会变得太软,教师要在儿童使用前对其进行加工,具体的方法是将橡皮泥放进塑料袋里扎紧,再放入热水或冷水中,来改变其太硬或太软的状态。另外,橡皮泥的油性较大,容易污染桌面和双手,所以在使用时还要注意做好保洁工作。

多彩泥:一种人工合成的专供儿童使用的泥工材料,颜色艳丽,色彩可以互相调和而生成新的颜色,特别适合儿童游戏操作。但是,因为它的水质特点,保存时需要喷水密封,不然会变得干硬而难于塑造。

自制面泥:我国民间的面泥捏塑工艺历史悠久,用面泥塑造的形象细腻、逼真。幼儿园教师可以自制面泥作为儿童泥工的材料。制作方法是:小麦面粉或糯米粉加水,加凡士林油和水粉色揉成软硬适中的面泥,为使颜色艳丽、柔韧性好,可以加适量的食盐,如果想反复多次使用,再加入适量的防腐剂。

陶泥:一般是用于专业塑造的泥工材料,泥质细腻柔软,可塑性极强,是最具专业特点的泥工材料,除了用于捏塑还可以拉胚制作陶罐。有条件的幼儿园可以让幼儿体验陶泥操作的乐趣。陶泥作品需要阴干,干透后的陶泥,还可以进行彩绘。有价值的作品可永久保留。

(2)泥工活动的工具。

如果没有专用的泥工教室,在幼儿进行泥工活动时可在桌面上铺一块塑胶板,以方便幼儿的塑造活动,不必为了保持桌面清洁而使操作受阻。泥工活动最基本的工具包括切割用的泥工刀、竹签或小木棍以及擦手的湿布。此外,还可为幼儿准备一些辅助材料,如牙签、线绳、纽扣、瓶盖、羽毛、小梳子等帮助幼儿完成连接、装饰、轧花等内容。

2. 泥工活动的基本技能

泥工活动的基本技能包括团圆、搓长、压扁、黏接、捏泥、抻拉、分泥等,可根据幼儿的年龄,由浅入深地设计有趣的泥工活动内容,在游戏的氛围中进行练习。

团圆:将泥放在两手的手心中间,双手加力均匀转动,将手中的泥团成圆球。

> 如"制作项链",可以和幼儿一起团制许多彩色的小圆球,团好后用小牙签串一个洞,待泥珠晾干后再把它们串起来,做一串美丽的项链。

搓长:将泥放在手心中,两手前后搓动,将泥搓成长条或圆柱体。

> 如"铺铁轨",教师为幼儿准备大小均匀的泥团,请幼儿做小工人,生产一条的枕木,教师来检查枕木的规格是否合格,并帮助幼儿完成"生产",利用辅助材料(长塑料软管)和幼儿完成铁轨的搭建,还可进一步开展火车的制作与游戏活动。

压扁：用手掌或工具（一般选用较平的积木或瓶盖）将搓成的长条或团成的圆球压成片状。

> 如"糕饼店"，教师为幼儿准备一些糕饼的图片和辅助的工具，和幼儿一同进行有趣的团压制作。

黏接：将塑造物体的两部分连接的技巧，一般有两种方法：一种是直接连接，可将需要黏接的两端塑成一边凸出另一边凹进，将两边插接后压紧；另一种是棒接，即用小木棍儿插接两端，压紧后完成的连接。

> 如"雪人"，它的头部就需要黏接完成。一般来讲，人物、拟人化的小动物的头部、篮子的提把、水杯的把手等都要使用黏接的技巧。

捏泥：用拇指、食指、中指的指尖互相配合，捏出细节部分的技巧。

> 如"包水饺"，饺子的边儿就是用手指尖的动作配合捏制而成的。另外，像小鸭子的嘴、小猫的耳朵等都是用捏的技巧来完成的。

抻拉：就是从一整块泥中，按物体的结构抻拉出各部分。

> 如"大象的鼻子""天鹅的头颈部"。

分泥：用目测的方法将大块的泥，按物体的比例分成若干小块来准备塑造的技巧。

> 如为塑造人物作准备，将一整块泥平均分成5块，其中的一块准备塑造头部，两块加起来准备塑造身子，另两块合在一起再分成一大一小两块泥，大块的分成两块准备塑造双腿、小块的分成两块准备塑造双臂。

⭐ 一线实践　小门把也精彩

扫码看视频

生活中到处都有立体造型的小设计，比如日常经常会映入我们眼帘的小门把、大门环（见图3-3、图3-4）。我们和老师家长一起认真地寻找和体会了它们的造型和作用，收集了许多形式各异的小门把。欣赏了解了各种样式和作用的小门把，还尝试了用泥工仿制纯铜门把（见图3-5～图3-7）。

图3-3　小门把　　　　　　　　　　　　　图3-4　大门环

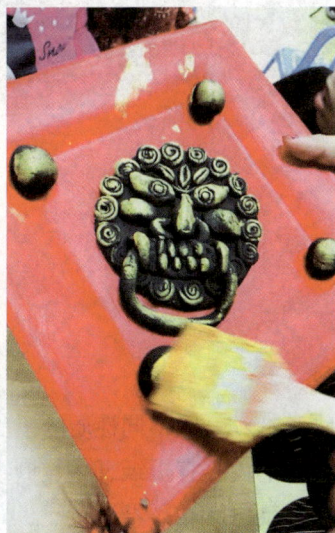

图3-5　泥工仿制纯铜门环

图3-6　用彩泥自己设计制作小门把

图3-7　自己制作彩色的小门和小门上的门把

（天津大学幼儿园　柳爽老师）

（二）纸工活动

幼儿园纸工活动是以不同性质的纸为材料进行的游戏造型活动。涉及撕、剪、折、粘、卷、拼、贴等多项技巧。经常开展的内容有折纸、剪纸、撕纸、粘贴、染纸，下文中将在操作技巧上给予简要说明。除此之外，还有许多纸工活动，如编纸、卷纸、纸雕等内容，教师可根据实际需要灵活开展。

1. 纸工活动的工具材料

幼儿手工活动的用纸范围很广，皱纹纸、宣纸、彩色卡纸、复印纸、瓦楞纸、包装纸，专供幼儿折纸用的手工纸、废旧画报、挂历、报纸……在使用中要根据不同的内容来选取适合的纸材。比如，剪纸需要较薄的纸，染纸要用吸水性强的纸，折纸则需要既薄又有韧性的纸。

纸工活动较常用的工具有剪刀、胶水（胶棒、双面胶）、颜料等。熟悉它们的使用技巧，是开展好纸工活动的基础。

2. 纸工活动基本技巧

（1）折纸手工。

折纸是一种传统的幼儿手工游戏，孩子们喜欢它，从中获得想象力、创造力等多方面心智的成长，还有助于树立几何及数理的观念，养成耐心、细致、按顺序工作的好习惯。折纸一般选用正方形的纸，也有的内容是用长方形或三角形纸来完成的，有单张纸折叠，也有多张纸的组合折叠。作为教师首先要学会分析折纸例图，学会看折纸的图示符号，还要了解折纸的基础型折法，知道它们的名称，能以简练、准确的语言、动作带领幼儿折纸。在折好基础型的基础上，可以更方便地进行进一步的折叠造型，经常使用的折纸基本型有：

● 对边折	● 集中一角折	● 双正方	● 双菱形
● 对角折	● 四角向中心折	● 双三角	● 双船

教师在折纸活动中，根据幼儿的年龄水平，可以采取步步领折、语言指示折或请幼儿看图示折等方法。因此根据所选教材，还要教幼儿学会看折纸的图示符号。折好的纸工内容还可以添画并制成漂亮的折纸粘贴画（见图3-8、图3-9）。

图3-8 幼儿创作折纸添画

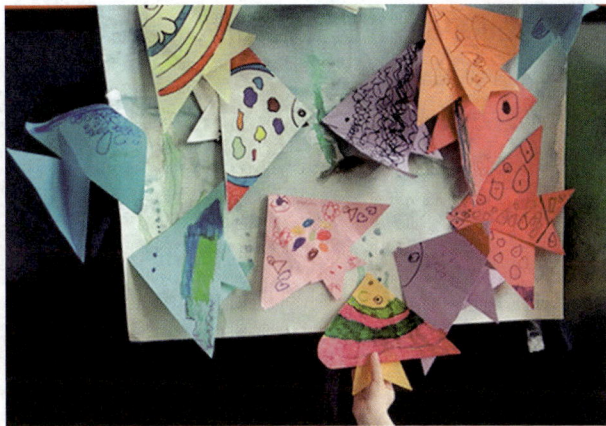

图3-9 幼儿折纸添画作品

（2）剪纸手工。

剪纸活动的技巧主要包括使用剪刀的技巧和折剪中的折叠技巧。幼儿需要反复多次练习，才能熟练使用剪刀，教师可以安排各种简单、有趣的内容，帮助幼儿逐渐掌握剪刀张、合的控制，动作协调地进行剪纸。例如，把剪刀当成小鱼，"小鱼张开大嘴巴，吃掉纸上的小虚线"就能较为形象地帮助幼儿练习剪纸的方法。

中大班可以通过折叠剪纸的方式增加剪纸的乐趣，增强剪纸的丰富性。可以进行对称折剪、圆形纹样的折剪、四角形纹样的折剪、三角形纹样的折剪、五角形纹样的折剪、六角形纹样的折剪、二方连续纹样的折剪、四方连续纹样的折剪，装饰节日环境时，还可以学习简单的节日拉花、彩篮等的折剪。

（3）撕纸手工。

撕纸活动对幼儿来说是一种比较放松有趣的手工活动，撕纸的形式一般有自由撕、按轮廓撕、焖线撕、折叠撕等。撕纸作品生动稚拙、粗放夸张，具有独特的美感。

撕纸技巧集中在双手指尖的配合，控制纸张向两个方向用力撕动。技巧的纯熟，有赖于多题材、经常性的练习与体验。

（4）拼贴纸工。

拼贴是幼儿将各种纸质材料用胶粘在纸面上，构成有质感画面的手工活动（见图3-10、图3-11）。幼儿拼贴常常出于兴趣，不太考虑构图，却往往有生动的效果，教师不必强求一律，应给幼儿尝试的空间。纸类拼贴涉及的技巧主要有选择构图、使用胶水（胶棒、双面胶）、粘贴步骤、保持画面清洁等。可粘贴的纸质材料范围很广，幼儿粘贴的主要材料是各种色彩、质地不同的纸类，如彩色皱纹纸团、彩色碎纸、废旧画铜版纸等等。

粘贴步骤一般为先拼摆，后粘贴。使幼儿能预先构图感知效果，合理而有目的地进行粘贴。为保持清洁可使用小棒等工具帮助涂胶，教师要示范、说明胶水的用量，为幼儿准备擦手用的湿毛巾。

（5）染纸手工。

染纸是利用吸水性强的纸，采用某种方式折叠后，用颜料点染或浸染，展开、干透，即形成富有装饰性的多彩纹样。染纸操作简便，纹样变化丰富，艺术性与可操作性高度统一。染纸一般选用毛

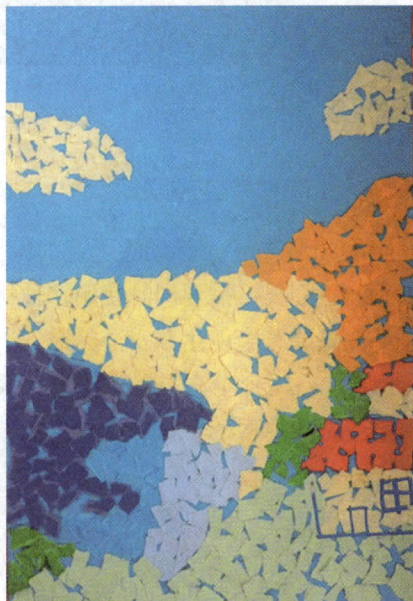

图3-10 撕纸拼贴纸工

边纸、生宣纸、高丽纸等吸水性较强的纸。颜料则最好选用透明水色、水彩笔颜料等水性、较浓艳的颜料（可以加水适量勾兑）。还要准备盛颜料的容器、点染用的毛笔和棉签、擦手用的湿布、纸巾、衬纸等。染纸手工制作的主要环节依次为：折叠、染色、打开和粘贴。

图3-11 剪纸拼贴纸工

折叠方式直接影响染后纹样的效果，不同的叠法可以染出放射、彩条、彩格、对称等许多纹样形式。幼儿可从简单的方式开始尝试，逐渐掌握规律，进行有目的的折染。染色时要用指尖捏住纸端，观察颜色的渗透，还可以进行色彩配比的试验，例如红、黄、蓝三色两两交叉浸染后，就会产生橙、绿、紫的色彩变化。还要控制好浸染色彩的湿度，如水分太大，可在容器上刮一刮，或用纸巾轻压，吸掉多余水分。由于水分大、纸又薄，打开时需要十分小心，教师要预先提醒，并帮助有困难的幼儿。

晾干后的染纸作品，既可以直接粘在衬纸上，也可以进行折纸、剪纸造型或作其他装饰用途（见图3-12，图3-13）。

图3-12 染纸、剪纸粘贴作品（一）

图3-13 染纸、剪纸粘贴作品（二）

（三）其他材料的手工活动

幼儿园的手工活动除上述的泥工、纸工活动，还包括许多利用其他材料进行的手工活动，经常是为了完成某一主题，需要同时使用多种材料和技法进行综合表现。涉及的材料多种多样，自然材料、生活废旧物品，只要符合卫生和安全标准，适合幼儿操作，都可以纳入幼儿的手工活动的材料范围。市场上的手工活动教材，内容丰富、技巧多样，教师可酌情选用，帮助幼儿提高创意与制作的能力，丰富他们表达、表现的手段，提升美感经验。如：

- 茶水扎染
- 卵石彩绘
- 纸盒玩具
- 麦秸秆编结
- 软陶制作
- 体验造纸

- 拼图玩具制作 　　　・画框制作 　　　・纸杯风车
- 毛线十字绣 　　　　・木偶制作 　　　・风筝
- 面具制作 　　　　　・纸盘装饰 　　　・玻璃瓶风铃

注：制作材料包括各种织物（布、毛线）、自然物（树叶、果皮、果壳、蛋壳），等等。

二、手工活动的指导

幼儿手工活动与绘画活动的指导有许多相似的地方,都要尊重儿童能力的发展,尊重幼儿的创造与表达,提供适合幼儿水平的表现技巧。幼儿手工活动又有其自身的一些特点,它更侧重于对材料性质的体验,对制作技巧与程序的学习,追求较为完整的作品形式。因此,在指导方式上应侧重以下五方面的考虑。

（一）准备精美有趣的范例,引起幼儿操作学习的动机

手工活动是通过对各种材料的加工,制作出具有美的形式的物品。在活动前,对精美范例的欣赏,能激发孩子们对制作活动的向往,对所要进行的操作结果产生明确的直观感受,在审美理想的感召下,在获得有趣玩具的目标下,幼儿会更加积极地投入手工活动。根据内容,范例可以是教师的制作,也可以是实物;可以是单一的范例,帮助幼儿完成模仿练习,也可以是不同类型的一组范例,开阔幼儿的思维,提供借鉴与选择的空间。

（二）提供练习的环境与时间,使幼儿充分体验工具材料的性能

生活在海边的人善于游泳,而生活在山上的人善于攀爬,其原因是海与山是他们生活的一部分,是时间与环境的造就。比如,幼儿开始用勺子的时候,经常握勺不稳,饭菜常常会泼洒,逐渐能自如地用勺将饭菜送入口中,其成功的最主要原因是每天对勺子的密切接触与使用。弹钢琴、骑自行车,任何技巧的掌握都是依赖于多多地练习,幼儿要熟练使用工具材料也必然要经过这样的途径。要搞好手工活动,在活动区中投放材料,给幼儿自由操作与练习的时间是非常重要的前提。

（三）教师清楚地讲解演示制作的基本技巧

手工活动,特别是折纸等需要有序进行的操作,教师的讲解示范十分重要。教师的示范速度要根据幼儿的反应来控制,对较难的环节要用幼儿能够理解的语言反复讲解,操作环节要让每个幼儿都能看得清楚明白,有些方法的重复可以请幼儿自己来尝试,再根据他们的问题进一步讲解演示,简练规范的讲解演示对幼儿的手工学习帮助很大,需要教师活动前进行完整的练习,新教师特别要体会语言讲解与演示操作的恰当结合。

（四）制作过程中耐心地帮助与支持

因为手工活动涉及许多技能、方法,所以在活动中幼儿需要更多的指导与帮助,特别是一些细节的处理对他们来说非常困难。这时教师的态度是十分重要的,需要对幼儿进行帮助,在小范围中帮助一名幼儿操作,周围的幼儿等于又体验了一次方法示范,对于难点教师应及时作出调整,降低要求,使多数幼儿能顺利地完成操作。

手工活动虽然遵循一定的方法与程序,但仍然是极富创意的美术活动,因此在活动中,对幼儿的操作也应给予空间与自由,对他们的尝试与创意应报以支持与赞美。

（五）妥善处理幼儿的手工作品

幼儿的手工作品如同幼儿一次"异地旅游"的"纪念"，对他们来说意义深刻，教师应妥善处理幼儿的作品，潜移默化幼儿对自我造物的态度，教师对其作品的重视、积累、应用，也正是对幼儿能力的一种肯定。处理的方式多种多样：作为玩教具使用、作为艺术品装点环境、作为礼物送给家人或客人……总之，要使幼儿的努力与创造，体现出相应的价值。对于一些活动区中，幼儿游戏性自由操作的作品、不需保留的作品（如泥工作品等），也要征得幼儿的同意，再将材料重新整理好待用，并且这项工作最好由幼儿自己来完成。

⭐ 一线实践　适于幼儿特点的美术活动：剪贴与线描

当幼儿还不会说话时，用笔在纸上轻轻一画，第一幅线描画就"诞生"了。这是后来能运用自如、流畅的线条绘画，表现情趣、表达感受的重要基础。受生理年龄的限制，幼儿眼、手、脑的协调能力差，使他们描绘的线条显得特别稚拙生动。

一般的线描画是指单纯用线组成的画，对于幼儿来说，如果进行单纯的线描绘画教学，容易引起他们的反感。黑、白、灰的装饰效果缺少鲜艳色彩的视觉刺激，会让幼儿产生审美疲劳，不利于教学。

（一）小班剪贴、线描活动

3岁左右的幼儿做事情单凭兴趣，注意力转移得快、随意性强。针对这个特点，我从剪纸活动入手，从孩子的兴趣、能力出发，设计了一系列的"剪刀游戏"：

（1）雪花飘啊飘：随意将废旧报纸剪成碎片，越小越好，制作小雪花，玩"雪花飘啊飘"的游戏。从中练习小剪刀的正确使用方法。

（2）彩条变魔术：将各色美工纸剪成长条，剪完一张后，摆起来，用图钉钉在展示栏中，随意转动，可做成"花朵""小鸟""飞机""扇子""炸薯条"等。练习随意剪直线。

（3）剪不断的花花纸：有控制地剪直线。从纸的一边向另一边剪，并不剪断，重复多次，做成"头发帘儿""门帘儿""小草""牙刷""鞋刷"等等。

（4）看谁剪得长：剪长条，剪好后，幼儿将纸条钉在同一"起跑线"上，比较长短。训练幼儿手眼协调，持久专注地剪纸。

（5）小蛇向前爬：分为逆时针和顺时针方向，螺旋线之间的距离有远有近。学习螺旋线的剪法，训练孩子手的控制能力。

（6）长长的彩带：将剪成长条的彩纸粘贴成环状，环环相套，装饰教室。练习胶水的正确使用方法。

（7）我的贴画书：将废旧的报纸、广告、书刊的图画剪下，粘贴在相同规格的纸上，装订成册，自制贴画小人书。

（8）香喷喷的鸡蛋面：用各色美工纸，纯白色的做蛋清、鹅黄色的做蛋黄，其他各色做面条、蔬菜，粘贴在灰蓝色的"锅"里，做出一锅"香喷喷的鸡蛋面"。这是剪、贴的综合练习。

幼儿通过剪贴活动对形状有了最基本的认识，能够用自己的话说出"长条形""方形""有角形""鸡蛋形"等，能够说出颜色的名称，比传统的教学方法，要求孩子剪出具体事物的形状，更容易被孩子接受，因为这是孩子们最直接的感受，也是最简单的。剪出的"碎片""长条"符合形式美的基本要素，即"点""线"，孩子们将这些点、线"拿"在手中拼拼摆摆，在粘贴的过程中体验线形构图的趣味。

这个过程之后，开始让孩子们接触线描画的知识了。教学主要以手工与绘画结合为主，在剪、贴的形状上增加一些点、线的描绘。

（二）中班剪贴、线描活动

中班幼儿已逐渐从尽情涂抹的涂鸦期过渡到能表达自己意愿的象征期，能画出一些概念化、符号化的人或物的形状。在课程的设计中，突出幼儿造型能力的培养。

一种是常见的直接用线表示的方法，另一种是用撕纸或剪贴的方法，直接做出人物、动物、植物造型。

引导幼儿从日常生活中寻找美的"图案"，培养孩子拥有一双发现美的眼睛。通过欣赏长颈鹿、老虎、豹子、斑马、斑点狗、树叶、热带鱼、冰花、年轮、空中俯摄的水纹等，学会自己设计漂亮的花纹。总结出图案的基本组合图形——点、线。

会用线条组合出不同的图形，如长方形、正方形、三角形、梯形、多边形、半圆形、圆形、鸡蛋形（椭圆形）、星星形、月亮形等。这些由孩子们自己总结出来的装饰元素，在作品中都得到了体现。

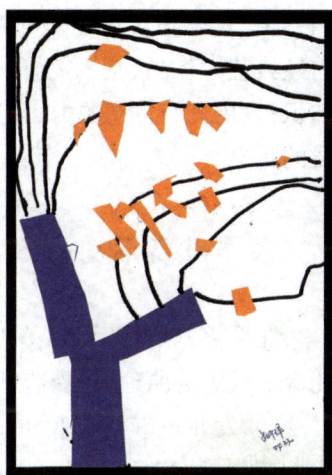

图3-14　迎春花

具体的活动设计，突出多变的主题和丰富的材料，动物、植物、人物、生活用品等都成为描绘的对象；单色笔、彩色笔、金银笔、美工纸、宣纸、砂纸、皱纹纸等穿插使用，通过不同主题、表现手法及材料的互补，丰富画面内容，利于幼儿自由创造。

（三）大班幼儿线描画活动

大班幼儿的生活经验较为丰富，感觉非常敏锐。因此，课程的设计从幼儿生活中提取丰富的绘画题材，使幼儿有了更多的表现空间。

在绘画技巧方面，有目的地引导幼儿用理性思维有效地组织画面。指导幼儿体会线描的起笔、运笔、转折、收笔的韵味，幼儿会比较轻松地掌握这种方法，并运用到作品中。有目的地组织点、线、面，表现出节奏感、秩序感，达到丰富而不繁杂、变化而不紊乱、生动而不散漫。引导孩子们在绘画活动中自己总结出一些形象的语言，如"点"聚在一起是在"开会"，"点"分开表示"散会"；线条的长短像运动员，有的跑得快、有的跑得慢等。

在色彩的指导上，我突出了对比色、"双胞胎"色（近似色）的运用，体现出色彩的协调与变化。对幼儿来说从近似色的学习开始，比较容易掌握。让幼儿分别在自己的油画棒中选取相近的颜色，一组一组地排列在一起，如红色系列、蓝色系列、绿色系列等，从中发现颜色变化的规律：每一组颜色都"长"得差不多，有的深一些，有的浅一些，摆在一起感觉"很舒服"，有点像"双胞胎""三胞胎""四胞胎"，所以只要说"双胞胎"色，孩子们都知道在近似色中寻找。学习对比色时，让幼儿从两组不同系列的颜色中，随意抽出两支油画棒，放在一起进行比较，"显眼儿""看得特别清楚"，这是孩子们的感受。这种色彩训练方法简单易行，幼儿在拼拼摆摆中学到了色彩搭配的知识，涂色时，对邻近图形有意识地选取不同色系的油画棒，同一图形中使用对比色、近似色，画面的色彩会更加协调、统一。

（河北省直机关第七幼儿园　张军老师）

第三节　学前儿童美术欣赏活动的内容与指导

希望通过理论学习，积累对每一欣赏活动的单项内容的经验，尝试设计不同类型的欣赏活动，可采取小组讨论与模拟活动的方式。从丰富自身对美术欣赏的经验出发，挖掘适合幼儿欣赏的方式与内容。

学前儿童美术欣赏活动是引导儿童感受美术作品、自然景物和周围环境中的美好，体验其形式美和内容美，增强审美情趣和审美能力的活动。它是儿童美术教育的重要组成部分。美术欣赏，让儿童从小与经典艺术作品、周围美好的事物直接对话，对形成儿童良好的艺术素养，开阔儿童的视野，丰富儿童的知识，发展儿童的想象力、创造力和语言表达能力，培养儿童的自信心和积极的情感态度等方面都具有重要的意义。

一、美术欣赏活动的内容

儿童美术欣赏活动是教师引导儿童欣赏和认识美术作品、自然景物及周围环境，了解对称、均衡、变化等形式美的原理，感受造型、色彩、构图等艺术手法及其情感表现，体验美术欣赏的快乐，从而丰富感性经验，激发儿童审美情趣的一种教育活动。儿童美术欣赏活动的内容主要有绘画、雕塑、建筑艺术、工艺美术、自然景物和环境布置的欣赏。儿童美术欣赏的组织形式有专题性欣赏和随机性欣赏两大类。究竟采取何种组织形式，还需要教师根据实际需要灵活处理和选定。

（一）绘画欣赏

绘画是利用线条、形体、色彩和构图等艺术手法在平面材料上描绘视觉的、空间的、静态形象的形体和神韵，来反映自然和社会生活、表达人们的思想情感、审美理想和社会理想的一种艺术。绘画的种类繁多，幼儿园的绘画欣赏大致有水墨画、油画、水粉画、版画、年画、儿童画等类型。无论何种类型的绘画，教师一般可以引导儿童从内容（画面的形象、情节和主题）和形式（线条、形体、色彩、构图等）两方面进行欣赏，然后启发儿童用语言、表情、动作表达自己的审美感受，调动儿童用多种感官来欣赏、感受和表达自己对美的向往、喜好和体验。

（二）雕塑欣赏

雕塑是用可雕刻材料（石头、木头）、可塑的黏土、可熔铸的金属等制作具有可视、可触摸的具体实体形象，以表达思想感情的一种艺术形式。它是造型艺术的一种。雕塑一般分圆雕和浮雕两类。圆雕是不附在任何背景上、具有独立主体的一种雕塑。360°的圆雕，如《说唱陶俑》，教师可引导儿童从四面八方进行欣赏；180°的圆雕，如《阿福》，教师可引导儿童从正面和侧面进行欣赏。浮雕，则是在平面上雕出凸起的形象的一种雕塑，比如，人民英雄纪念碑四周的各组群雕，教师应引导儿童从正面进行欣赏。

无论是圆雕还是浮雕，其基本特征是作品的实体性。教师在引导儿童欣赏时，应着重引导他们体验雕塑作品的形体所体现出来的充沛的生命力。例如，在《说唱陶俑》欣赏活动中，教师可引导儿童从说唱者的装束、姿态和表情上来体会说唱者所表现的生动情趣。

（三）工艺美术欣赏

工艺美术是指美化的日常生活用品，是与人们的物质生活和精神生活关系密切的一种美术形式。其显著特点是工艺与美术两者的有机融合，既有审美意义，又有实用意义。通常分为实用工艺美术（或日常工艺)和观赏工艺美术(或陈设工艺)两类。前者主要是指经过装饰加工的生活实用品,如染织工艺、陶瓷工艺、家具工艺等。后者则是指专供欣赏的陈设品,如牙雕、玉石雕、木雕、装饰挂件及装饰绘画等。

幼儿园工艺美术欣赏主要是一些与儿童生活有关的、生动有趣的工艺美术品,如丝巾、小花伞、糖纸、花瓶、花裙子等。对工艺美术品,应重点放在欣赏其造型美和服饰美,以及这些形式美所洋溢出的趣味、情调和生活气息上。

(四) 建筑艺术欣赏

建筑艺术是以建筑物的体形、内外空间、总体布局及装饰和色彩来表现一种美学意识的艺术。建筑艺术是一种实用和审美相结合的艺术。选择儿童建筑艺术欣赏的作品既要考虑代表优秀文化遗产,又要照顾儿童心理的感受能力。一般说来,要从欣赏那些他们喜欢的、较为熟悉的建筑物,如天安门、民居建筑等开始,再由近到远地欣赏他们能理解的建筑艺术,如埃及金字塔、悉尼歌剧院等。

在儿童欣赏建筑艺术时,首先引导儿童观看全貌,使他们知道欣赏的内容是什么,教师和儿童要站在一定的位置上,和建筑物保持一定的距离,给他们以整体感。然后再用提问的方法让儿童感受建筑物的造型、色彩和结构,从而说明对称、均衡、规律性和稳定性这些建筑物的特征。

(五) 自然景物欣赏

自然界的景物千姿百态,美不胜收。欣赏自然景物的活动是引导儿童开启自然美的门扉,发现美、创造美的钥匙。在儿童欣赏自然景物时,要重点引导儿童欣赏自然景物的形式美及其所蕴涵的生命力。例如,欣赏菊花,不仅要欣赏菊花千姿百态的美丽造型和多样的色彩,还要欣赏菊花迎风挺立、不惧严寒的优秀品质。

欣赏自然景物时,可采取边看边讲解和停步欣赏的方法。教师要用形象化的文学语言来描述景物的色彩、形态、特征,将儿童的注意力吸引到将要欣赏的内容上来。例如,欣赏春天的景色时,教师可以用诗的语言描绘:"春姑娘来了,风儿暖洋洋,草儿发新芽,大地穿上绿衣裳……"加深儿童对自然美的领会,从而把他们的思想感情带到优美的境界中去。然后,引导儿童从整体到局部再回到整体进行深入、细致、全面的欣赏。

(六) 环境欣赏

环境欣赏主要是针对人工创设的环境和装饰的欣赏。例如,幼儿园、家庭环境、社区环境、节日装饰等。幼儿园环境突出儿童情趣,家庭环境体现个性风格,社区环境反映地方风土人情,节日环境强调喜庆和热闹。教师在引导儿童进行欣赏时,应把重点放在整体色调、布局及所烘托的气氛上,体现特定环境展现的情趣,以及人类创设环境的智慧美。例如,中班"节日环境"欣赏活动中,教师要引导儿童通过对教室布置中鲜艳的色彩和各种挂件、彩带的欣赏来体验它们所表现的热闹、喜庆。

二、美术欣赏活动的指导

(一) 做好物质上的准备

欣赏活动的物质准备包括作品、呈现方式、活动材料的选择和准备。选择美术欣赏作品时应注意以下四方面。

1. 符合儿童年龄特点

教师应根据幼儿的兴趣、经验和接受能力,在众多的美术作品中认真比较和鉴别,选择符合儿童年龄特点的美术作品,作品的内容能为儿童所理解,作品的色彩、形象等必须为儿童所喜爱,同时还能拨动儿童的心弦,唤起他们淳朴的情感。还可以利用当前儿童美术片中的可爱形象,开展欣赏活动。

2. 具有一定的艺术性

为儿童选择的美术欣赏作品，原则上要选择名人名作或者社会上公认的、具有艺术魅力的作品。例如，徐悲鸿画的马、齐白石画的虾、韩美林画的小狗、吴冠中画的大海等作品，形象生动逼真，色彩鲜艳和谐，线条优美流畅，构图新颖别致，既有生活情趣，与儿童生活经验相吻合，又有利于培养幼儿的美感。

3. 形式新颖，内容丰富多彩

为儿童选择美术欣赏作品时，教师不要根据个人的欣赏趣味，而应充分考虑欣赏形式的多样性和内容的丰富性，安排各种具有挑战性的课题。不仅有中国的美术作品如工艺美术品、玩具、雕塑、建筑艺术等，而且还应该有外国的美术作品。只有这样，才能开阔儿童的眼界，丰富儿童的审美经验，激发儿童自由表现的想象力和创造力，增强儿童热爱生活的情感。

4. 注意欣赏作品的质量

作品的选择应注意复制品的印刷质量尽可能与原作接近，并且画幅尽可能大一些，以便让儿童能清楚地看到。

为了营造欣赏氛围，还可以用幻灯、实物投影仪、电视录像、背景音乐等方式呈现给儿童。在自然景物和环境布置的欣赏中，最好能让儿童身临其境，感受真实的环境氛围带来的自然体验。

活动材料的准备主要是教师提供的教具和学具，它是儿童欣赏活动互动的对象。这些材料是影响欣赏教育活动效果的非常重要的因素，应该合理、适宜、安全，有利于儿童审美能力的提高和艺术潜能的开发。

（二）做好相关知识经验的准备

教师不仅要加强自身的美术修养，充分了解作品产生的时代背景、作者要表达的思想情感及表现手法，还要了解儿童，具备儿童美术发展规律的理论知识和感性经验。在欣赏活动开展前，教师应设法帮助儿童扩展知识经验，有意识引导儿童了解作品所蕴涵的意义，深入领会作品特有的表现形式和内涵。例如，引导儿童欣赏花灯前，请家长带孩子逛灯会，帮助儿童感受花灯的外观造型、结构、色彩和图案的美，丰富儿童对传统节日的了解，积累有关花灯的表象，增强民族感情。

（三）认真研究活动目标和欣赏内容

认真研究活动目标和欣赏内容是欣赏活动是否能有效果的前提。活动目标的制定应充分考虑美术欣赏的总目标和年龄阶段目标，并把它们转化成活动目标。例如，大班"剪纸作品"欣赏活动的目标有三个：欣赏剪纸作品，知道它是中国传统的民间艺术之一；感受各种剪纸作品鲜艳的色彩、夸张的形象、虚实变化的构图，培养审美能力；感受剪纸作品所蕴涵的美好愿望，激发热爱民间艺术的情感。这一目标是大班年龄阶段目标的具体化，是根据剪纸作品这一内容所表达的审美价值来制定的。它的目标不是空洞的，有实实在在的内容，通过对剪纸作品的欣赏是可以达到的。

（四）采用多种方法、手段进行欣赏

学前儿童美术欣赏教学，不是单纯地让儿童看一看欣赏对象，而是要运用灵活多样的方法让儿童体验美感，在知识面、感受力、领悟力、想象力和创造力、语言表达能力等方面获得良好的发展。

1. 对话法

对话法是指在儿童美术欣赏活动中，教师、儿童、美术作品三者之间展开讨论、交流的一种方法。对话法是指导儿童美术欣赏的基本方法。它含有人际对话——教师与儿童袒露自己的感受和体验，尊重相互的观点和想法，在相互激活和交流中获得快乐；有儿童与艺术作品的对话——让儿童打开感官和心灵，直接面对人类历史优秀的艺术作品或大自然，真切地感受和体验，并学习用各种方式来表达；有自我对话——对内心的感受进行表述、反省。

在对话法的实施中,教师要明确对话双方的关系是平等的,教师不要强求儿童接受某一权威的结论或自己对美术作品的看法,而应尊重儿童对美术作品的感受,倡导儿童有自己的探索、思考。

运用对话法指导儿童进行欣赏时,教师自己首先学会与美术作品对话,找出作品的特点、欣赏的要点,然后将其转化为开放性的问题,如:这幅画上画着什么? ——引导儿童欣赏内容;你看了这幅画有什么感受? ——引导儿童进行主动的审美体验;你为什么会有这种感受? ——引导儿童从内容美和形式美(色彩和构图)两方面进行体验;你喜欢这幅画吗? 为什么? ——引导儿童理解作者的思想、感情和深刻内涵。少提一些"是不是?""是什么?""漂亮吗?"等问题。

在儿童与美术作品展开对话时,教师应当注意给儿童充分的独立欣赏时间,尽可能让儿童充分地感知,畅所欲言,自由、独立地发表自己的看法与体会。

2. 观察比较法

观察比较法是教师引导儿童观察、评价不同作品的表现手法、形式和风格的教学方法。进行美术欣赏时,可以就同一主题的不同表现手法引导儿童观察比较。例如,欣赏蒙克的蛋彩画和石版画作品《呐喊》,了解蛋彩画和石版画是两种不同的绘画形式,体验作品表达的紧张、害怕、恐惧的情感。也可以就同一画家不同的绘画作品引导儿童仔细观察,认真比较,找出差异。

例如,欣赏马蒂斯的《舞蹈》(见图3-15)(Ⅱ)和《音乐》(见图3-16),通过对画面色彩、线条及人物动态的比较分析,感受《舞蹈》(Ⅱ)所传达的热烈的情绪,通过对比欣赏,感受同一主题不同的表现手法的作品和不同主题表现手法相似的作品给人审美感受上的差异。还可以就不同画家的表现风格引导儿童比较分析。例如,在以前感知的基础上,请儿童欣赏不同画家的作品,使儿童感受每一个画家的主要风格和特点,初步把握这些画家的画作所传递的情感表现的特征。

图3-15　马蒂斯《舞蹈》(Ⅱ)　　　　图3-16　马蒂斯《音乐》

3. 讲解法

讲解法是教师用生动而具有启发性的语言对欣赏内容进行讲解。

教师的讲解应具体形象,激发儿童欣赏的兴趣,提高儿童欣赏的积极性,并有助于结合儿童自己已有的知识经验,对作品展开丰富的联想。例如,在欣赏齐白石的《群虾图》《桃》《蔬菜》等作品时,教师可根据画面内容,具体、生动地讲解或讲述一则关于画家的小故事,以引起儿童欣赏的积极性。

4. 体验法

体验法是指教师为儿童精心选择和设计与作品有关的环境、情境,让儿童在动手、动脑、动口的操作活动中,丰富自身感性经验,激发儿童审美主动性的一种方法。

体验法可用在专门的欣赏活动之前,可用在每次欣赏活动之中,也可用在每次欣赏活动结束后。例如,欣赏吴作人的《熊猫竹石图》(见图3-17)前,可带领儿童到动物园仔细观察熊猫的外形特征及简单动作,为欣赏活动积累感性经验;欣赏完《熊猫竹石图》后,可设计延伸活动,儿童通过自己的创作来感受作品的线条、色彩和造型,尝试用简单的色、线、形表达自己的情感。

（五）注重启发引导,欣赏要循序渐进

美术欣赏活动中,教师要能激发儿童积极参与审美活动的主动性,而不是让儿童在被动接受的过程中学习。因此,欣赏活动开始时,教师不要急于作讲解分析,因为教师的讲解容易造成儿童的思维定式。教师应通过提问题的方法,启发儿童回忆与作品主题有关的多方面知识和生活体验,使之感到亲切,产生共鸣,调动儿童的想象与情感,引导儿童展开与作品的互动。欣赏过程中,教师要引导和启发儿童去理解作品的内容和形式,表达对作品的感受。

例如,在欣赏凡·高作品《星夜》时(见图3-18),可以让儿童试验用波浪形、螺旋形的线条来画画,体验线条的运动和变化。在儿童欣赏、议论、评价的过程中,教师要恰到好处地整理一下大家的意见,以便儿童的认识更清楚、更准确、更完整。教师还要鼓励儿童根据自己对作品所获得信息的体验和理解,充分发挥想象力、创造力,发表自己的见解。教师在活动结束时,可以作较为综合性的、具有一定指导意义的总结,总结要简洁生动,帮助儿童加深印象,提高儿童的审美判断能力。

图3-17 吴作人《熊猫竹石图》

图3-18 凡·高《星夜》

⭐ **一线实践 美术欣赏活动:走近西洋艺术,对话大师**

扫码看视频

画家能用一双训练有素的眼睛来观察世界,他们能察觉到线条、颜色、质地、布局的微妙差别。视觉艺术的活动宗旨是培养儿童具有画家般的观察力和创造力。其中,在艺术感知上幼儿所掌握的关键能力是对不同艺术风格有敏锐的洞察力。比如,能区分抽象派、写实派、印象派绘画。因此,我借视觉艺术欣赏主题在大班开展了"走近西洋艺术,对话大师"的活动,并取得了惊喜的效果和初步经验。

（一）了解西洋艺术,合理选择欣赏内容

西洋绘画在形式语言上有多种表现手法,这就要求我们应从不同的角度去欣赏。西洋传统绘画多强调写实性,而现代派绘画则不以再现客观物象的外表真实为目的,或以单纯的点、线、面和色彩组合的图形表示形象,或以变形、夸张、怪诞的形象表现画家内心的情绪和对外部世界的看法。西洋绘画在题材内容上有不同的种类,在创作倾向上的不同而形成不同的派别。因此,我们的欣赏活动也要因主题内容的不同而选择不同派别的作品。

（二）给名画一个优美、动人的环境

果实丰硕的秋天,我们带幼儿参观了热带植物园,幼儿们对那里的一切产生了浓厚的兴趣,每天都

在兴致勃勃地回味着那里的一切。我抓住幼儿这一兴趣点，开展了丰富多彩的艺术活动，并引导幼儿采用不同的艺术形式去表达自己对热带雨林的情感。然而，微缩景观的局限使幼儿对真正的热带雨林产生了片面的印象，他们表现的也只是那几株高大的仙人掌、带花纹的海枣树罢了。为了让幼儿了解热带雨林的真正秘密，我搜集了有关热带雨林的资料，为幼儿编织了关于热带雨林的神秘传说和真实故事，使幼儿对热带雨林充满了憧憬和幻想。随后我便精心设计了一个欣赏活动——"对话卢梭，圆热带雨林之梦"，将具象派大师卢梭的作品引入幼儿的视线。

（三）要有目的、有计划地引导幼儿的欣赏活动

　　学龄前幼儿，随着其认识能力的发展，其欣赏的发展不仅与生理机能有关，而且受到其社会认识的制约。因此，在欣赏感知和理解等方面幼儿常常表现为：偏重内容而忽视形式，识别直观容易理解抽象难，判断作品的好坏会从色彩是否明快来区分。如看到一幅画，脱口而出的可能会是画中的动物或人物在干什么，很少有孩子谈到作品的象征意义。看到一幅抽象作品却很难理解它的含义，即使是受到启发，有时也很难自发地进行描述和讨论。当谈到对欣赏作品的褒贬时，每一个孩子都会从自己的爱憎出发，很难找到一个统一的标准。因此，幼儿欣赏活动必须是有目的、有计划地进行，并且有成人的教育和引导，这样才能使幼儿的欣赏经验系统化，达到能敏锐识别不同艺术作品风格的目的。

1. 对话凡·高之一——临摹《星夜》

　　大班幼儿在绘画上已对绘画物体的线条装饰感兴趣，在写生活动中他们已尝试画出物体身上的细致花纹，在创作绘画中他们也开始尝试用各种不同的花形、线条、形状进行装饰。

　　为了使幼儿了解画家能用不同的笔法表现世界的特点，我有计划地向幼儿推荐了印象派画家凡·高的《星夜》。当这幅震惊世人的名画出现在幼儿面前的时候，他们一下子为画中的星团争论起来："是月亮，为什么发出太阳般的光彩？是太阳，为什么会与星星一起出现？""那里的天气肯定不好，因为有龙卷风，那座高山上可能有巫婆，因为让人感到神秘和恐惧。"在老师巧妙的引导下，幼儿逐渐理解了画面的意境，感知了那色彩、线条所要表达的思想感情，描述了作品给自己带来的不同感受。接下来，孩子们兴致勃勃地临摹作画，那笔触、那色调无不带有大师的印迹（见图3-19）。

图3-19　星夜

2. 对话凡·高之二——《戴毡帽的自画像》

　　欣赏《星夜》之后，我为幼儿带来了两幅不同的人物肖像画，让孩子们按照凡·高的笔触去找出凡·高的作品，孩子们从分辨线条的粗细到比较色彩的差别，最后有80%的幼儿成功地找出了凡·高的大作，此时此刻孩子们已将粗犷的线条和金黄色看作了凡·高的象征。

3. 对话凡·高之三——创意《向日葵》

　　继前面两个欣赏活动之后，我又把第三幅凡·高的作品《向日葵》带进了教室，有过《星夜》的临摹经验，孩子们一致要求将《向日葵》画下来。我借机提出了创作的要求：请小朋友临摹画家的手笔，但要改变原作的颜色，看一看不同的色彩会给你带来什么不一样的感觉。在孩子们的创意下，五彩缤

图3-20 向日葵（一）

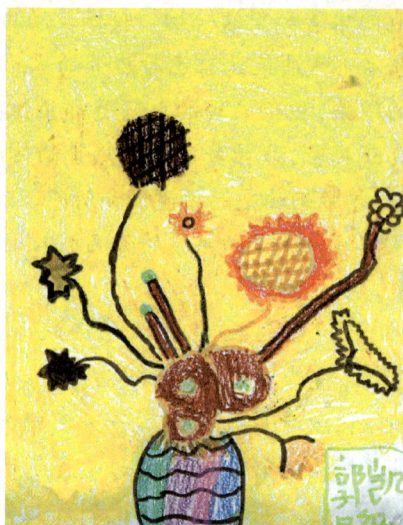

图3-21 向日葵（二）

纷的《向日葵》出现了，画里既有凡·高的笔痕又有孩子们的创意，此时的孩子们完全陶醉在改变原作的乐趣中了（见图3-20、图3-21）。

对话凡·高的活动结束了，孩子们记住了凡·高，同时也知道了印象派作品的典型特征，并且对印象派作品有了初步的鉴别能力。同时"对话大师"的系列活动使我认识到：西洋绘画虽然对中国观众而言大都生疏难懂，在教师的指点下幼儿可能更容易找到他们与大师的心灵感应，开拓幼儿广阔的视野，提高他们对美的敏感性，使他们对艺术产生兴趣。我会将名师名作引入对幼儿的潜移默化影响中，让名画激发他们的创作潜能，使他们迸发出自由表达的兴趣、愿望和能力。

（天津市河西区第一幼儿园　李文玲老师）

第四节　幼儿园环境创设的内容与指导

幼儿园环境是幼儿赖以活动的物质基础，是幼儿成长的重要园地，同时也是对学前儿童进行美育的重要内容与途径。它既包括物质环境也包括人文环境，并相互依存、相互作用。对环境的创设和利用，能有效地促进幼儿健康和谐地发展，幼儿通过与环境的互动，充分发挥其自主性，也必然会促进自身健康、能动地成长。

一、幼儿园环境创设的原则

环境对幼儿的发展起着不可低估的作用，其教育意义尤为重要，如何让环境更好地为幼儿发展服务，我们在环创过程中要遵循以下四个原则。

（一）审美性原则

教师对于幼儿成长的影响无处不在，教师的审美同样对幼儿有着潜移默化的影响。因此，幼儿教师应具备一些美术领域方面的理论，在环境创设时能够用审美的眼光来设计整个环境，体现审美价值。如，构图上要体现对称、平衡、变化、统一；色彩上要鲜明、协调，给人以美感。同时，在环创时要考虑到区域的功能性，如，睡眠室主体色调要给人安静温馨的感觉；活动室要考虑到实用性与装饰性结合，为幼儿的学习生活提供帮助；公共区域在设计上要考虑到给幼儿提供更多游戏空间，同时也要照顾到教师、家长等不同群体的需要（见图3-22）。

图3-22　环境装饰：美丽的大自然

（二）教育性原则

当今的幼儿教育强调空间环境要具有隐性的教育功能，它能通过内容、布局、形象潜移默化地影响幼儿的学习进程和行为习惯。由于幼儿年龄小，辨别力和控制力较差。针对这种情况，发挥环境的"隐性教师"作用，让环境暗示、提醒和指引幼儿遵守规则，引领幼儿在环境中学习和成长。如：引导小班幼儿有序喝水，可以在水桶前、水池边和孩子一起贴上一排"小脚印"，让幼儿在游戏情境中自然而然地养成有序的排队习惯；为了使区域活动有序进行，可以与幼儿一起商量每个区域可以容纳的人数，然后将每个区域的选区卡设置为固定数量，让孩子自己学会管理，有秩序地进入区域活动。公共区域楼梯上，左右两侧可以分别粘贴上下箭头，引导幼儿自然遵守上下楼靠右行的规则。活动室内外，凡是幼儿能接触到的每一寸空间的设计、布置，都能引发和实现幼儿与环境的相互作用，从而主动获取有益的经验。

（三）互动性原则

班级主题墙饰的创设是环境创设中不可缺少的一部分，主题墙饰是幼儿日常活动的呈现与积累。为了发挥主题墙饰与幼儿互动对话的作用，在班级主题墙饰的内容呈现方面应精心思考。除了考虑审美性，还要考虑到要有帮助幼儿梳理学习经验的价值。如：建构区的活动墙饰，以照片的形式记录着拼摆玩具的游戏过程及方法，为幼儿游戏提供支持（见图3-23）；配合主题活动"端午节"产生的墙饰"龙舟"中，以幼儿作品、照片及文字等形式结合，展示了幼儿学习和游戏的过程，真正发挥了主题墙的互动作用（见图3-24）。互动墙饰可采用情景式、线索式、动态式等形式多样的展示方式，配合照片、幼儿作品、图加文等表现形式，让主题墙饰生动而有趣，既展示了孩子们的学习过程，又为他们继续深入主题提供了支撑。

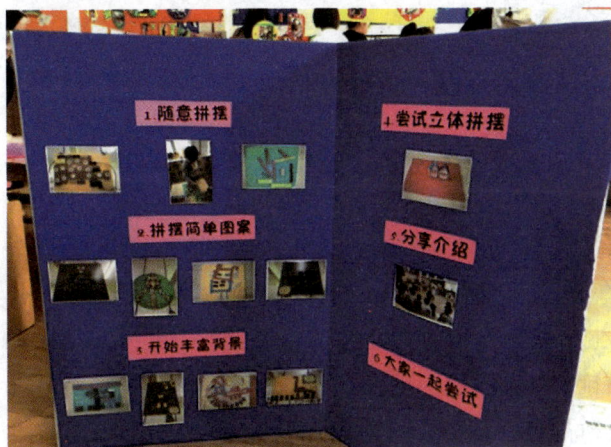

图3-23　主题互动墙（一）

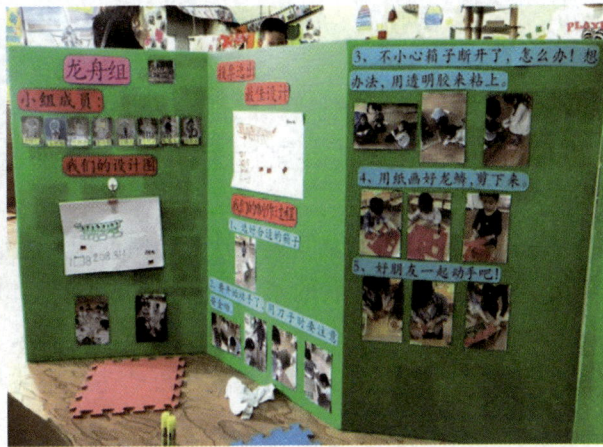

图3-24　主题互动墙（二）

（四）参与性原则

幼儿园环境创设的参与性不仅蕴涵在环境的美化、布置中，而且也蕴涵在环境创设的整个过程中，过去的环境创设中教师大多处于主导地位，幼儿几乎是依附于教师的思维和行为。而今，幼儿园的环境无论从内容来源、主题产生等多方面都生动、真实地体现了师幼之间平等的交流。幼儿园环境创设是教师与幼儿的合作，教师要引导幼儿以小主人的身份亲自参与创设过程，共同讨论主题，共同设计布置，真正发挥幼儿的主体性和参与意识。例如，大班"蒲团的奇妙之旅"活动中，幼儿对草编

图3-25　蒲团装饰活动

工艺品产生兴趣，在教师的引导下经历了欣赏工艺品、收集制作材料、制定装饰计划、蒲团装饰等几个环节后，设计装饰出精美的作品，共同协商、调整蒲团的摆放顺序，最后亲手将自己的作品装饰在幼儿园公共区域（见图3-25～图3-28）通过这样的活动，幼儿不仅真正参与到身边环境的创设中，同时也提高了协作能力和审美能力。

图3-26　幼儿装饰蒲团

图3-27　互相欣赏

图3-28　装饰环境

二、各年龄班环境创设要点

（一）为小班幼儿创设温馨舒适的环境

小班幼儿刚刚入园，心理上、生活习惯上、各方面能力上都处在适应阶段，因此在环境设计上要注意以下三点：

首先，在整体空间及间隔设计上要偏重营造温馨舒适、具有较强家庭氛围的环境，可多用帷幔、纱帘等装饰物；也可设计"我的家"的主题墙饰，将幼儿的全家福展示出来，让幼儿产生归属感，尽快度过分离焦虑期。其次，在区域环境设计上可设立娃娃家、生活操作区等突出基本生活技能训练的区域，发挥环境的隐性教育功能。最后，根据小班幼儿集中注意能力差、爱模仿的特点，在游戏材料的提供上可遵循"材料种类少、同类材料数量多"的原则，避免过多新奇材料给幼儿带来过多刺激，或因游戏材料缺乏引起的争抢。

（二）为中班幼儿创设互动交往的游戏环境

中班幼儿各方面能力有了明显的发展，尤其是与同伴交往的需求与能力迅速发展，这时期是创造性游戏发展的高峰期。因此，中班环境创设要突出童趣，可以创设各种角色游戏情景，如小发廊、小超市、小医院、小舞台等（见图3-29）。同时，中班幼儿需要更为丰富充实的活动区域，因此可以着重语言区、美工区、科学区、益智区、积木区、音乐区等区域的创设。同时，在区域环境创建中还要注意各个区域之间既要相对独立，又要便于区域间的交往与互动，做到"动静分开"，避免各区之间相互干扰（见图3-30）。区域材料方面，应鼓励中班幼儿参与，具体的游戏材料可以引导幼儿收集、准备。

图3-29　角色游戏区环境

图3-30　表演游戏区环境

（三）为大班幼儿创设合作探究的学习环境

大班幼儿有着强烈的求知欲，喜欢探索，同时合作意识、规则意识逐渐增强，喜欢阅读，创造欲强烈。因此大班环境创设应注重突出合作探究的学习氛围。首先，可以采用多种材料，以主题方式构建活动室的整体环境。如以"自行车""好玩的报纸""鞋子"等为主题的活动，利用链条、铁丝、齿轮、报纸、鞋子等废旧材料进行艺术加工，使环境既有艺术性又有教育性。其次，在区域设置与材料提供上，应注重具有探究功能的区域的开发，如加强科学区、益智区、自然角、美工区的材料投放，逐步减少游戏、娱乐的成分，同时材料提供上要与班级主题活动内容紧紧契合，让幼儿有深入探索主题的可能性。空间设置应有所增大，方便大班幼儿开展同伴间的合作游戏；同时可以增加区域环境中的功能墙饰，将幼儿游戏的过程、经验以图示的方式展示，引导幼儿自我管理、自我成长。

在学前教育备受关注的今天，关注幼儿、尊重幼儿已成为全社会、全人类的一项重要工程，所以幼儿园环境创设不仅仅是为了强调传统观念中的"美化、绿化、净化"的外观装饰与雕琢，也不再仅仅是为了展现教师的技能，而应以幼儿发展的需要为目的，紧扣幼儿园教育目标、教学内容，充分发挥孩子们的主体作用，让孩子学会学习，学会感知，让孩子们在参与中获得经验，掌握技能。教师要充分调动孩子参与的积极性，共同创设幼儿为之动容与之互动的环境，使环境对幼儿在认识、情感、审美等方面产生潜移默化的影响，让其融于孩子们成长的过程中。这样环境创设在幼儿教育中才具有了真正的价值和意义。

⭐ 一线实践：创设互动墙饰的实践与思考

墙饰是幼儿园环境的重要组成部分，它从最初的由教师独自布置，发展到幼儿参与创设，再到如今的互动墙饰，经历了一个漫长的发展过程，从一个侧面反映出我国幼教改革的发展历程。

互动墙饰是指墙饰的主题来源于幼儿的兴趣与需求，并与本班教育目标相结合；与幼儿的学习活动相呼应，是幼儿学习过程与结果的反映与记录，构成幼儿与墙饰、幼儿与幼儿、幼儿与教师间实质性的互动与交流。

互动墙饰的创设能够体现教师新的教育观和儿童观，使墙饰成为课程的一部分，让幼儿成为环境创设的主人。

（一）创设互动墙饰的前提是关注幼儿的行为和表现，与幼儿生活密切联系

日常生活中，每当我们仔细观察幼儿的活动、耐心倾听幼儿的谈话时，都会发现孩子们感兴趣的事物和焦点话题。教师要善于捕捉那些符合幼儿需求并与幼儿生活密切相关的内容，开展活动生成互动墙饰。

> **案例三**　○○○
>
> 　　随着天气变冷，孩子们穿的衣服越来越多。小班幼儿由于缺乏自理能力，如厕后只将裤子往上一提就算穿好了。我告诉他们不塞好衣服，露着小肚皮会着凉的。迪迪说："我肚皮上有个小眼睛，他最怕冷了。"听了他的话，许多小朋友都笑着说："我肚皮上也有个小眼睛。"孩子们的谈话使我灵机一动，借此话题"不露小肚皮"的活动自然生成了。于是，请来了大班的哥哥姐姐到班上，讲解和示范整理衣裤的步骤，一对一地进行指导。然后，将这些场景拍成照片布置在洗手间的墙饰上，还把穿衣的步骤编成儿歌和"照镜子"的游戏，用绘画和文字的形式呈现在墙饰中。小朋友们如厕后都主动地依照墙饰的提示整理自己的衣服。

在幼儿兴趣点上生成的墙饰备受孩子们的喜爱和关注。教师在注重墙饰教育价值的同时，也要注重墙饰的审美价值。教师可以和孩子们一起商量，制订美化墙饰的方案。以"不露小肚皮"的墙饰为例，幼儿提议画一列小火车，把他们向哥哥姐姐学穿衣的照片贴在每一节车厢上，使整个墙饰变得生动有趣。

（二）创设互动墙饰的关键是实现墙饰与幼儿的对话

墙饰能与幼儿对话是指墙壁成了孩子们表达情感、表现能力、获得发展的天地。因为那里有自己的照片、自己的作品、自己的想法，所以他们会站在墙饰前有时演讲或激烈讨论，这引发了幼儿与墙饰、幼儿与幼儿、幼儿与教师间实质性的互动与交流。在此过程中，不断创设问题情境是非常重要的环节。

> **案例四**　○○○
>
> 　　班级的墙饰上有一棵"问题树"，当谁遇到了问题时，就马上画下来，制成问题卡，挂在"问题树"上，请小朋友们一起来解决。孩子们将自己获得的答案用喜欢的形式记录下来，再反映在墙饰上。大家非常关注"问题树"上的问题，积极地通过多种渠道寻找答案，不断地与墙饰进行互动。

为了更好地实现墙饰与幼儿的对话,墙饰的布置应尽量低矮一些,符合幼儿的视线,这样孩子们可以随时与墙饰与同伴进行交流。

(三) 创设互动墙饰的策略是让墙饰具有不断深化的发展空间和清晰的内在发展脉络

互动墙饰的内容应反映幼儿从情感、感觉体验层面到认知层面,再到自觉行动这一完整的逐步深化的学习过程。教师应帮助幼儿提升其中的经验,使幼儿在原有经验之上获得更好的发展。

案例五

　　孩子们到了大班,出现了掉牙的现象。他们开始注意自己的牙齿和同伴的牙齿,还从科学区拿来小镜子仔细地观察。随着活动的开展,墙饰上展现了"我的牙齿""牙齿的种类""采访牙医""保护牙齿"几个逐渐深化的学习过程。幼儿从对换牙现象感兴趣,发展到主动了解与牙齿相关的常识,再到生活中如何刷牙,选择什么样的牙膏、牙刷。有的孩子还在家中和爸爸妈妈开展了"护牙竞赛",每天记录家庭成员的刷牙情况,以积分的形式给家人和自己评分。这样一来,刷牙成了孩子们自觉的行为,养成了爱牙、护牙的良好卫生习惯。孩子们采用绘画、照片、记录表格等形式将这些丰富的活动展现在墙饰上,记录了幼儿从兴趣到认知,最后落实到行动上一个渐进和发展的过程。

记录幼儿学习过程的方式是多种多样的。幼儿的主题画、活动时的照片、孩子们收集的图片资料、一些实物以及小制作等材料,都可以布置在墙饰上。它是孩子们表达内心世界的语言。教师要真实地记录孩子的这些想法,给予文字的记载,一起反映在墙饰中。

(四) 创设互动墙饰不容忽视的是家长资源

创设互动墙饰的参与者不仅仅是幼儿与教师,家长同样是互动墙饰的合作者。现在的家长越来越关注孩子的成长,具有参与教育活动的愿望和积极性。而且家长们从事着各种各样的工作,是我们教育的宝贵资源。

案例六

　　小班新生入园时,为了缓解幼儿的分离焦虑,教师鼓励幼儿带着自己心爱的玩具来幼儿园。墙饰上贴满了孩子们高高兴兴来幼儿园的照片。"我给玩具找个家"的活动,牵动了每一个幼儿和家长的心,孩子们和爸爸妈妈一起给玩具设计了漂亮的小房子,有的家长用废旧纸箱做成立体的小屋,上面还有门和窗。教师将这些小屋粘贴到了墙面上,孩子们可以随时打开小房子的门,把自己的玩具放在里面。看到孩子们玩得那么开心,家长们非常愿意参与班上的活动和环境创设。像这样的墙饰内容可以占据整个墙面,还可以和活动区、游戏区等环境进行整合。研究创设互动墙饰的过程中,幼儿在与环境、材料,与教师、同伴的互动中,不断地主动学习,获得发展,增强了自信心、表现力和交往能力。我也在其中深刻感受到与幼儿共同探索、共同学习、共同成长的乐趣。

（天津市和平区第四幼儿园　付莹老师）

思考与练习

1. 简述学前儿童美术活动包括哪几方面内容。

2. 简述按内容题材划分，学前儿童绘画活动的主要内容。

3. 简述学前儿童物体画活动的含义、作用及指导方法。

4. 简述学前儿童情节画活动的含义、作用及指导方法。

5. 简述学前儿童意愿画活动的含义、作用及指导方法。

6. 简述学前儿童装饰画活动的含义、作用及指导方法。

7. 简述学前儿童泥工活动的工具材料及基本技能。

8. 简述学前儿童纸工活动的主要内容及基本技能。

9. 简述学前儿童手工活动的指导方法。

10. 美术欣赏活动的主要方法有哪些？试举例加以说明。

11. 举例说明儿童美术欣赏活动指导时应注意的问题。

12. 请选择绘画、雕塑、工艺美术、建筑艺术、自然景物、环境欣赏中的一个主题，设计某一年龄班的欣赏活动，并进行片段试教，分析实践效果。

13. 幼儿园环境装饰设计要遵循哪些原则？

14. 根据某一主题，设计幼儿园一面墙的装饰内容，绘出效果图，并注明所使用的装饰材料与技巧。

第四章

学前儿童美术活动的设计与实施

学习目标

- 掌握学前儿童美术教学活动设计的基本结构。
- 明确影响学前儿童美术活动效果的主要因素。

第一节　学前儿童美术活动的一般环节

通过本节的学习,掌握学前儿童美术活动的基本组织、设计结构,并能按照此结构将所设计的学前儿童美术活动,撰写成一份较为清晰、完整的教学活动方案。

在学前儿童美术活动的设计与实施之初,必须要明确我们的美术活动无论在形式、内容上如何选择和架构,活动开展的实质一定要和国家颁布的《纲要》和《指南》中艺术领域的相关要求相吻合、相对应。请大家首先要深入学习与体会,并作为我们艺术领域教育活动设计与实施的重要指导与依据。

特别是《指南》中,艺术领域从"感受与欣赏""表现与创作"两大方面的梳理与表述,向大家呈现的正是幼儿美术活动设计与实施的两大关键性问题。而《指南》的字里行间也都向我们渗透了设计与实施美术活动中,幼儿教师所应具备的适宜行为与态度。通过仔细地研读、学习,大家应该将这些指南性的文字化作自己自然的教育思想与行为、态度。

在此为了更好地帮助大家理解与记忆,我们可以共同尝试着将《指南》中教师的具体行为和幼儿行为加以呈现和整理,从而坚定教师艺术教育的立场原则,清晰教师艺术教育的行为方式。在《指南》中,幼儿的具体行为多从目标中体现,教师的行为多从教育建议中表述。

根据表4-1中所总结的教师和幼儿行为,我们进一步合并整理出在美术活动中,教师和幼儿的具体行为要点如下:

教师:

➤ 提供、营造感受美的条件、机会,倾听、交流对美的感受。

➤ 持尊重、鼓励、欣赏、支持的态度,开展共同完成的表达、表现操作活动。

➤ 不用成人标准评价,不过多干预,以多种方式展示幼儿作品。

幼儿:

➤ 乐于感知美好事物,尝试基于自我体验的表达。

➤ 有用各种绘画、手工等方式进行美术表达表现的机会。

➤ 在被尊重、认可、欣赏、帮助中,发展自我,培养兴趣。

据此,我们将进一步学习,如何将这些行为要求渗透转化为可操作的、更加明确具体的活动方案。

表4-1　《3～6岁儿童学习与发展指南》艺术领域中教师与幼儿行为表述

教 师 行 为	幼 儿 行 为
和幼儿一起感受、发现、欣赏 经常带幼儿参观…… 与幼儿一起讨论交流 引导……表达　支持……收集 一起图画、手工……装饰和美化环境 带幼儿观看或共同参与 理解和尊重、倾听、回应和鼓励 提供……支持…… 一起绘画、制作……分享 营造……赞赏……不过多干预 具体帮助(需要时)、了解、领会 不用成人标准评价、展示……作品	喜欢观看、欣赏、关注…… 乐于收集……向别人介绍 乐于观看…… 专心观看、有模仿和参观的愿望 欣赏时……产生相应的联想和情绪反应 ……表达自己的理解 分享交流美感体验 经常涂涂画画、粘粘贴贴,并乐在其中 经常用绘画、捏泥、手工制作等表现…… 能用多种工具材料或不同手法表达表现 艺术活动中……相互配合、独立表现

儿童美术活动就如同美术本身一样,有着多姿多彩的内容与形式,把它放到一种设计模式中并非最合理的选择,但是为使初学者能较明确、全面地掌握儿童美术活动过程的设计方法,这里将常识性地向大家介绍学前儿童美术活动过程的一般环节,即选择内容、制定目标、活动准备、过程提示、效果分析与反思五个环节,它们既是儿童美术教学活动的设计环节,同时也是一份完整的教学方案所应涉及的五大方面。

一、选择内容

幼儿美术教学的内容,体现在教案中是课题的名称,体现在过程中是整个美术活动所要围绕的主题内容。它的来源方式并非唯一。可以说,如同计划经济与市场经济的相互调节与补充一样,它的来源既有教师的选择,也有从儿童的各项活动中派生,在儿童的需要中生成。

教师选择的内容,首先应该是来自自然、生活、艺术品中的富于美感的事物,其次要注意所选内容的科学性与合理性。做到内容有趣,贴近幼儿生活;在技巧上符合本班幼儿需要与接受水平;注意内容的投放契合当前季节与时事,不同内容之间知识技能的连贯性。由教师选择的内容,特别须注意在施教的方式上要多动脑筋,以吸引幼儿主动热情地参与,激发他们的创作热情。

在儿童需要中生成的内容,因为儿童有较强的需求与体验,往往是孩子们较有热情地去学习与完成的。由于内容并非教师预先准备,对大多数教师来说,较大的困难往往是如何提供完成此内容的技巧支持。生成的内容灵活多样,教师应放松心态、降低位置,和幼儿一同探索、学习造型表达的方式与技巧,以多种方式帮助鼓励幼儿将需要转化为适合他们技巧水平的内容。这往往是一件十分有创意的工作,几乎是和儿童一起面对、一起思考、一起尝试的过程,也将一同体验探求过程与结果带来的乐趣。

二、制定目标

针对每一具体的美术活动内容,教师都要制定明确的目标。预定的目标使教师能有效地设计教学环节,检验教学效果,增强教学的有意性,避免盲目性,并能在不断积累中提高教学质量。

关于目标制定的主要依据:

(1)《纲要》《指南》中关于幼儿艺术教育领域的目标。

(2)各年龄班幼儿美术能力的发展水平,特别是本班幼儿的身心能力与发展水平。

（3）从美术学科的内容特点出发,本次美术活动在审美、感知、表现方式上的具体目标。

也就是说,在制订一次具体的美术活动目标时,教师首先要从本班幼儿美术能力发展的实际水平与需求出发,并将《纲要》《指南》中的大目标作为依据,同时深入细致地分析所选择活动内容的特点。在此基础上,对这次活动能使幼儿哪些方面获得成长,能激发幼儿怎样的审美心理与心理情绪体验,培养怎样的修养、态度、行为、习惯,作出较为全面合理的预计。目标可以从审美感受与体验的重点,行为、修养、习惯、态度的培养,表达表现创作的方式等几方面来进行表述。根据具体的内容,每一次活动可能综合以上各项指标,也可能会侧重于某几个目标的达成,在制订时要根据具体的活动灵活取舍与兼顾。在活动中也可以根据实际需要作合理的调整与变通。要懂得目标是预定的,而幼儿的活动是生动鲜活的,要解决好目标与实际状况的矛盾,不要拘泥于一时、一事、一技、一幅和短时效果,要着眼于幼儿的发展,注重幼儿整体的成长。

《纲要》中关于幼儿艺术教育领域的目标:
（1）能初步感受并喜爱环境、生活和艺术中的美。
（2）喜欢参加艺术活动,并能大胆地表现自己的情感和体验。
（3）能用自己喜欢的方式进行艺术表现活动。

三、活动准备

活动准备包括经验准备与物质准备。经验准备即幼儿完成此项内容所需具备的经验,包括认知、操作、心理、情感等多方面的准备。只有在具备一定经验水平的情况下,才能支持幼儿愉快、顺利地完成新的学习,即将教学内容设计在幼儿的最近发展区内。物质准备即完成此次美术活动所需要的各种物质材料,包括教师使用的材料（教具）和幼儿操作的材料（学具）,应按组按量具体充分地做好准备。

★ 活动设计

美术欣赏活动：大碗岛的星期天（大班）

活动目标 >>>

1. 感受画面情景带来的美感,以作品主题唤起幼儿假日生活体验。
2. 知道作品及作者,了解油画中点彩绘画的方法。
3. 初步尝试点彩绘画。

活动准备 >>>

经验准备：有游园、郊游、游泳等在公共场所活动的经历。

物质准备：教具——画幅大小、清晰度等都适宜幼儿欣赏的"大碗岛的星期天"（可用实物投影仪）,
　　　　　背景音乐、音响设备,小礼帽,礼服,拐杖,烟斗,玩具小狗（体验画中情景的道具）。
　　　　　学具——调好的红、黄、蓝水粉色（每桌两份）,画纸,水粉笔（与幼儿人数相当）。

四、过程提示

过程提示实际上是根据活动内容与目标,对此次美术活动过程进行的具体设计,通过设计来有效地实施美术教育。其中涵盖整个活动的主要环节及顺序,一般由导入与体验、幼儿操作与教师指导、展示与欣赏等几大环节组成。某一内容的活动设计,有时在一次活动中就可完成,有时则由几个系列活动组成。对有经验的教师来说,过程提示可能仅仅是一份简单的列表,而对新教师来说,则必须详细写明每个环节所采取的教学方式、方法,特别是具体的启发性提问与要求,只有这样才能保证活动的顺利进行。其中启发性提问最好使用直接引语进行表述。此外,在过程提示之后可以预计活动的延伸,当然也可根据活动内容自然生成或缺省。

★ 活动设计

扫码看视频

综合美术活动:有趣的色彩(中班)

活动目标 >>>

1. 欣赏幼儿园中的各种美丽的色彩,表达自己的喜爱缘由。
2. 能选择与实物相吻合的色彩,均匀地涂色。
3. 体验并表述自己对色彩构成的画面感觉。

活动准备 >>>

经验准备:能正确识别颜色,知道名称。

物质准备:教具——大图画纸一张,胶棒。

学具——5厘米见方的正方形白卡纸若干(幼儿使用),彩色笔。

活动过程 >>>

一、导入与体验

带领幼儿在幼儿园中欣赏各种物品的色彩,尝试说出名称。

"小朋友谁能说出这个转椅是什么颜色?"

"看了这么多幼儿园里的东西,你最喜欢哪件物品的颜色?为什么?"

二、幼儿操作与教师指导

1. 请幼儿将自己喜欢的物品颜色,以平涂的方式绘制在卡纸上。

"小朋友们刚才欣赏了这么多美丽的颜色,有滑梯上的鲜红色,有木栅栏的浅棕色,有转椅上的淡绿色……现在就请你们把自己看到的喜欢的颜色涂在这张白色的小卡片上。注意每张卡纸上只涂一种颜色,颜色要涂得均匀。"

2. 注意可多选多涂,涂好后可以直接在教师准备好的底纸上选位置进行粘贴。

三、展示与欣赏

1. 教师和幼儿一起将平涂好的卡纸拼贴在大图画纸上,组成一幅色彩构成的图画,请幼儿欣赏。

"小朋友们,看到这幅五颜六色的图画,你们有什么感觉(教师可以先表达自己的感受)?你想到了什么?"

2. 根据画面色彩给人的感受,请幼儿给这幅画起个名字。

3.将这幅画装饰装裱,形成有特色的墙饰。

活动延伸 >>>

1.欣赏成人色彩构成的图画。

2.尝试其他主题的色彩构成。也可剪贴废旧画报,作无主题色彩构成。

五、效果分析与反思

效果分析与反思是在教学方案的最后预留的一项内容,是在活动后对活动实施效果进行的分析与反思;用以检验活动设计的科学性、合理性,记录在活动中随机出现的、有价值的案例,从而积累教学经验,作为今后教育实践的依据,有效促进教师教育能力的增长。

效果分析实际上也是对幼儿美术活动进行评价的过程。对幼儿美术活动的评价一般分为两个方面:一方面是对幼儿美术能力发展状况的评价,另一方面是对美术活动效果的评价。前者是针对幼儿的美术能力、表现、作品的评价,目的是通过评价了解幼儿,从而有效地帮助幼儿成长;后者则是针对教师的美术活动设计、组织、效果的评价,目的是通过评价,梳理教学脉络,分析成功点与不足的原因,为更好地开展幼儿美术活动服务。

幼儿的美术作品是生动的,幼儿的美术活动是动态的,它们是各种复杂因素的糅合,虽然可以从评价的目的出发,有针对性地设定几个评价的参考点,但是仅用几个固定的硬性指标作为评价的基础,给出的结论也必然意义有限,真正有效的评价必须在具体的环境中,以幼儿的年龄、生活、思想和感情为背景,综合灵活地进行,才能真正有效地促进教师、幼儿的共同成长。当我们从动态的角度出发,无论是幼儿的作品,还是一次美术活动,都会带给教师丰富多元的启示。

第二节 影响学前儿童美术活动效果的重要因素

影响学前儿童美术活动效果的因素是多元且复杂的,这些因素都是与儿童情感、经历、心理、生理等密切相关的。教师利用好这些因素,确实会提升儿童美术活动的参与热情、表现效果,本节仅仅基于有限的实践,介绍了其中的一些因素。本节的学习促使教师们一方面要关注这些因素,另一方面还要善于去挖掘其他相关的因素。

一、刺激儿童美术表达的兴奋性

儿童美术活动与成人美术活动最大的区别,就是成人会因为对艺术本身的追求,而通过意志努力来控制自己,从目标出发,坚持完成创作。儿童的美术活动则具有更多的游戏成分,因为不够好玩,他们可能从一开始就对画什么缺乏兴趣,或中途放弃完成作品的努力。如果这样,美术活动就失去了教育影响儿童的先机。因此,刺激儿童美术表达的兴奋性,使美术活动像游戏一样有趣,能吸引儿童热情地参与,是教师们必须充分认识到的,是影响学前儿童美术活动动机与效果的主要因素。在每一次美术活动设计中,教师都要考虑如何刺激儿童的思维与兴趣,激发他们使用材料表达、表现的热情。用什么样的方式来刺激儿童的思维,以带动表达的兴奋性呢?

深刻的体验——仔细地观看、触摸后的感觉、有特色的气味或好吃的味道……

难以言表的心情——开心、幸福、烦恼、忧伤、恐惧……

有趣的经历——远足见闻、生日聚会、游园历险……

美术材料——浓浓的色彩、灵巧的剪刀、花纸、彩泥、双面胶……

画作为了谁——妈妈的节日、爸爸的生日、小班的妹妹、没有房子的小兔子……

精美的范例——大师的创作、有趣的工艺品、教师或伙伴的作品……

喜欢的内容——动画片中的形象、喜爱的人物、动物、食物……

以上的提示仅供参考,当你面对真实的儿童和他们的生活时,找到适当的刺激内容会更容易。每一次活动都应从刺激儿童找到明确的表达表现的动力入手,这将是教师开展好美术活动的开端。

案例一

愉 快 的 刺 激

1937—1945年间,日本的小林宗作先生创立了一所叫做巴学园的学校,这是发生在他们的课堂上的真实故事。巴学园的课程里每周有两次音乐涂鸦课,这也是孩子们非常喜欢的课程。

在大礼堂里,每人手拿一支粉笔。大家在礼堂的地板上各据一方,采取最舒服的姿势:有的在地板上打滚,有的跪坐着……校长弹起钢琴,孩子们和着老师琴声的节奏,在礼堂的地板上写出音符、画出图画。宽敞的礼堂可以让孩子们随意地画,想画多大就多大。白色的粉笔在浅浅的茶色地板上涂画,感觉真是好极了。上课结束后,大家齐心协力把地板上的粉笔画擦掉。巴学园的孩子从来不在外面的墙上乱涂乱画,因为他们在课堂里已经尽情享受了涂鸦的乐趣,而且,他们知道了收拾干净是一件多么不容易的事。

点评: 这个案例集中反映了各种令儿童感到愉快的条件刺激对儿童作画热情的影响,其中刺激儿童表达表现欲望的东西不止一项,请大家尝试找一找,标记在书上,并记住它、学习它。

案例二

美 丽 的 范 例

图4-1 同心圆

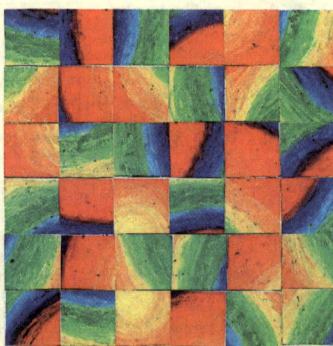
图4-2 图4-1的剪拼

这张纸的两面分别画有同心圆和方格,图4-2是图4-1的剪拼作品,你想画一张同样美丽的抽象画吗?知道它是怎样制成的吗?你可以用不同的颜色来涂画。

点评:这是一张足以吸引儿童眼球的有趣的图画,抽象、好玩、易操作,会激发幼儿以极大的热情投入绘制活动中,他们将会为了实现目标努力地"工作"。

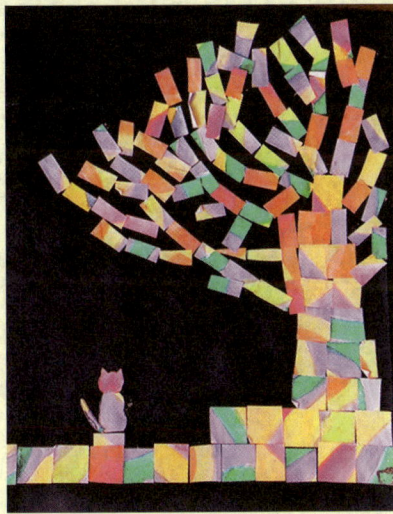

图4-3 剪拼与延伸创作

将原画涂色后,打散重构,既可以做成抽象的拼贴画,也可以剪拼出具象的作品。画面色彩更丰富,更具有艺术创意的形式美,审美提升亦蕴含其中。

案例三

有关系的图画

图4-4 剪拼重组

仔细看一看,图4-4和图4-5上下或左右相接后都能重新组成一张完整的画。好玩吗?想不想也来玩一玩?这两张图画是儿童的作品,他们投入了极大的热情,而且又"玩"出了新花样,连名字都得两幅画对起来才完整。

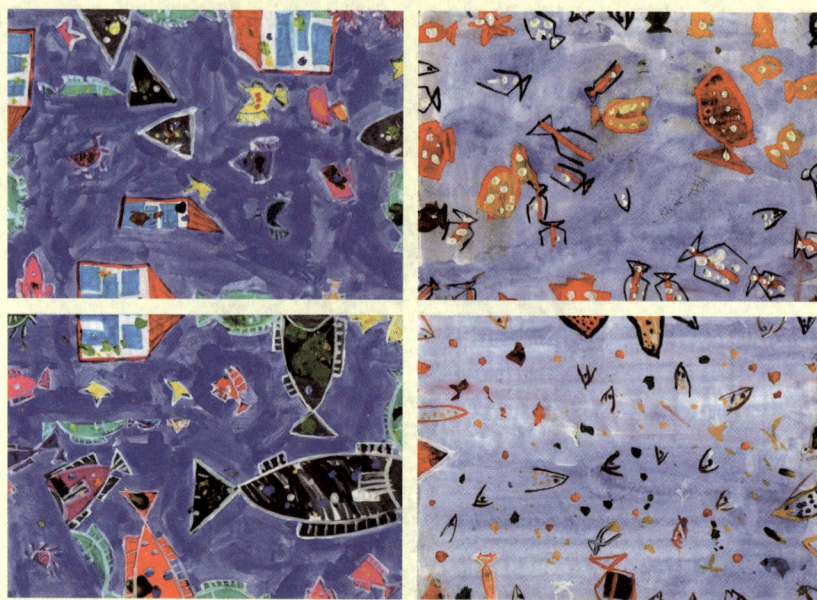

图4-5　剪拼重组

上颜色前，画右边这组画的儿童发愁地说："老师，我已经不知道哪条对哪条了！"教师说："没关系，它们自己会知道的，你就放心上色好了！"

点评： 教师的画太好玩了，儿童的创作更有趣，图4-4中，一边的鱼能对另一张纸上四边的鱼，有的鱼头还能和另一张纸中的鱼身上对上，这样的刺激你喜欢吗？你能想出更有趣的画法吗？

二、切身体验与思考

艺术表达和创意最重要的前提之一，就是要有深刻具体的感性经验，绚丽与夸张的想象、创造也离不开现实蓝本。许多富有感受性的儿童画都是因为他们对某一事物真切的体验而达成。在美术活动中幼儿对所描绘事物的体验越深刻，创作的动机越强烈，表达也越丰富、富于创意。

案例四

有一天，妈妈看到小伟在十分认真地画一张图画，过去一看，画面上有一个圆圆的太阳，奇怪的是太阳的两只眼睛，一只睁得圆圆的是金黄色的，另一只眯成一条缝是五彩的。妈妈很奇怪，于是问小伟："太阳的眼睛为什么画成这样？"小伟得意地说："妈妈，您一定没好好看过太阳吧！"妈妈心想，太阳天天挂在天上，我怎么会没看过呢！小伟接着说："妈妈，我今天仔细地看过太阳，太阳可好玩了，睁大眼睛看它时，它是金黄色的，可是眯起眼睛看它时，它就是五颜六色的啦！就像画上画的一样。"妈妈恍然大悟，自己还真是没有这样看过太阳。

点评： 这样一张关于太阳的画是富于体验、表达丰富的儿童画。对事物的体验方式既可以是直接的也可以是间接的，像案例中的小伟就是在直接的体验中进行了自己的表达。还有的小朋友没有仔细地看过太阳，但是通过看画册或教师的画，也能画出又圆又红的太阳，但因为并非是真切的自我体验，所以从表达的个性与生动性上来说都不如小伟的太阳。

因此，教师要尽可能多为幼儿提供感性接触事物，运用各种感觉、多角度、个性化体验事物的机会，并在此基础上生动积极地表达。当然对幼儿亲身经历的一些内容以美术活动方式来进行记录与表达，也正是体验基础上的表达，也会产生较为生动的内容。

对某一事物的经验，有时并非亲身的经历，而是在听说中获得，但是只要有了足够的思考，表达也并不困难。图4-6就是一幅有趣的画，作画的幼儿说："太阳、月亮手拉手，太阳可以凉快点，月亮可以暖和点。"幼儿以

图4-6 手拉手

自己对太阳和月亮的经验，作出了思考与表达，充分展现了儿童的善良与纯真。我们要理解美术对幼儿来说是一种语言，语言是用来表达思维和感受的，对事物欠缺思维与感受也就无从表达，或致使表达困难、生涩。想看到幼儿画出生动有趣的图画，就要帮助幼儿去充分感受，引导幼儿思考，才能让最鲜活生动的事物与思考凝结在他们的画中。

三、适合儿童水平的美术技巧

在幼儿美术活动中常常听到幼儿说："我不会画这个。""我画不出来！""老师你帮我画吧！"遇到这种情况，教师一般会积极地鼓励儿童，帮他建立表达的自信。然而，大家会发现仅仅通过鼓励还是很难让幼儿大胆、愉快地动笔。排除上述幼儿可能是缺乏体验的原因，最经常的原因就是幼儿遇到了绘画技巧上的困难，这时教师如能提供一种从简单到复杂的技巧阶梯，和幼儿一同探索美术语言特有的结构，将幼儿一步一步带到形象的终点，或是和幼儿一同寻找适合的表达技巧，使幼儿获得心理上的安全感，乐于自己尝试与绘画，并从中体会学习的乐趣。所以，教师在组织幼儿美术活动时要根据教学的内容搭好美术技巧的阶梯，使儿童能愉快、顺利地"学说"美术语言，积累绘画的形象素材，建立表达的信心。

其实，当幼儿想要表达某一内容出现困难时，正是教授幼儿绘画技巧的好时机。但是，幼儿提出的需求教师不一定都会画，或者教师给的"形象符号"幼儿不一定能接受。此时，教师就要提供机会让幼儿自己去体验（观看—接触—感受），再把感受转化为二维的视觉图像，对幼儿来说这不仅是对单一物体的描摹，而且是学习了绘画的方法。当然，有时教师还可借助环境、资料（幼儿园里的书）或直接的演示来帮助孩子，但要理解，你教幼儿的形式正体现着某种习得绘画技巧的具体方法。在教学活动前和幼儿活动中，教师要针对幼儿可能会遇到的美术技巧问题，及时地分析教材内容，降低难度，简化方法，搭建适合幼儿技巧水平的阶梯。

四、儿童对美术材料的驾驭能力

近年来随着经济技术的发展和快速的信息交流，美术材料与技法成为美术创作的新方向。学前儿童的美术创作也加入了许多新材料、新技法的成分，应该说它为儿童的美术活动注进了新鲜血液，也丰富了儿童美术的创造性表达。因此，在儿童美术活动中为激发幼儿创造力，以多种美术材料促进表达、表现的趋势已成为主流。在这里特别提醒大家的是，儿童美术活动中多种材料与技法的使用应基于儿童对它们的熟悉与掌握，否则必然会干扰儿童的美术创作。

案例五

一次音乐欣赏活动中，教师与孩子们共同欣赏《花儿与蝴蝶》主题曲，之后分组以各种形式来

表达对主题"花儿与蝴蝶"的体验与感受。有的听音乐自由地舞蹈,有的用彩纸制作头饰……有一组幼儿用水粉色作架上绘画,开始他们在音乐的感召下画了蝴蝶和小花,但是由于颜色调得太稀,颜料顺着纸向下流淌,画面也模糊了,于是这一组小朋友很难再进行和主题有关的绘画表现,并开始对着流淌的颜色说笑。

案例六

在一次对春游活动的讲述后,孩子们学习了一首关于春天的诗,之后教师给孩子们准备了各种画材,请他们以美术方式把对春天的认识与感受表达出来。用水彩笔组的小朋友很自如地画出了春天的小树、花和人物;折纸组的小朋友也折出了郁金香、蔷薇、百合组成了春天的花园;只有用毛笔组的小朋友,一会儿涮笔、一会儿舔笔,在开始将近10分钟的时间里纸上还什么也没画,只有一个孩子的纸上有一个墨点,这时,教师来到这组并用红颜色画了一朵小花,于是小朋友们也都纷纷开始画小花。到活动结束时,这一组小朋友的画纸上关于春天的内容很少。

案例讨论:分析以上两个案例中问题产生的原因,并思考对策。

美术是幼儿自我表现的一种手段,和语言一样,它体现了幼儿自由、真实与生动的表达,因此常常被应用于幼儿的各项活动中。而以上两个案例主要体现了幼儿对某一工具材料的使用缺乏经验,导致不能把它当作"媒介"来自由表现想要表达的主题内容。这两个案例会促使教师思考多种多样的工具材料在使用中的问题。儿童对所使用的材料是否了解,是否熟练,能达到使用它、控制它,使之受命于表达表现的目的是选取它来作为表达"媒介"的重要因素。否则仅是表面热闹,很难有真正的艺术表现产生。

那么,如何将可操作的材料上升为可运用的媒介,正是我们下面要讨论的问题。

五、重复练习的重要性

儿童喜欢听故事,而且经常会不厌其烦地反复听同一内容。美术活动也是一样,有些儿童因为对某些内容的了解与表达的熟练,也会经常重复这种表达,当得到赞美时,这一表达就更会成为他们经常重复的动机。我们应该利用这一点帮助儿童学习美术技巧,制造重复与练习的机会,让儿童在不断地重复与练习中将可操作的材料变为可熟练运用的媒介,将学到的表达技巧不断完善与发展。这既是儿童所喜爱的,也是美术能力成长的必要方式。

重复练习的方式应该灵活有趣,每一次重复可作适当的变化与调整,年龄越小越应设计更多的游戏的成分,而年龄稍大的儿童则可以集体制作、作品展示等目标诱导他们。

案例七

涂圆练习

以圆圈绘制的方法画出各种内容的重复练习(小班)。还可以此方式涂出所能想到的多种内容,简单有趣,重复练习了握笔、涂圆(如图4-7)。

图4-7　重复涂圆

　　在这里仅向大家阐述了影响学前儿童美术活动动机与效果的几个最关键的因素——刺激的方式、体验的深刻性、适当的美术技巧、对材料的驾驭、重复的意义。其实影响学前儿童美术活动效果的因素是多方面的，比如教师与儿童的关系、儿童的身心状态、活动的人数、操作的环境氛围等，要想成功开展儿童美术活动，所有这些都需要教师给予充分的考虑。

思考与练习

1. 简析学前儿童美术活动内容的来源与特点。
2. 制定一次学前儿童美术活动目标，要考虑哪些相关的因素？
3. 如何做好学前儿童美术活动的准备？
4. 我们一般从哪两方面对幼儿美术活动进行分析与评价？
5. 如何在美术活动中刺激儿童表达的兴奋性？
6. 练习设计主题为"苹果"的命题画美术活动，重点完成如何将这一主题丰富地呈现，使幼儿对苹果产生深刻具体的体验，然后在此基础上完成绘画表现。

第五章

学前儿童美术活动内容操作与实训

- 初步尝试幼儿园具体美术活动内容的操作,进而体会活动操作的过程、特点、难点、物质准备等真实细节。
- 亲身感受幼儿美术教育理论转化为实践在操作层面的基础历程。

　　为便于学生积累学前儿童美术教育的专业实践内容,在设计和实施幼儿美术活动中,具有更丰富的素材和操作层面的基础经验,同时培养学生对学前儿童美术活动的兴趣与能力,我们将为大家介绍一些富有趣味并兼具审美性和操作性的美术活动,它们都是适合幼儿完成的具体活动,常常综合了绘画、手工和欣赏的全部内容。相信大家在自己动手后,都会对所操作内容产生最生动最真实的感受,它们会成为你设计实施学前儿童美术活动的基础和灵感,也会让你更能理解儿童操作中可能会遇到的各种情况,理解他们,更好地支持他们,实施好幼儿美术教育活动。

　　每一个活动,大家既可以完整地复制尝试,更可以在材料或技法上获得启发,重新选择主题和内容,创造性地加以操作和体验,完成属于自己的艺术创作。

一、操作参考

● 宇宙星空

(1)准备画纸、画材。

(2)丙烯颜色渐变涂色。

(3)用超轻彩泥揉捏带有花纹的星球。

(4)添加金银粉等装饰物。

(5)用敲打笔杆的方式制作白色星星效果。

(6)绘制宇宙飞船。

(7)粘贴完成。

图5-1　宇宙星空材料

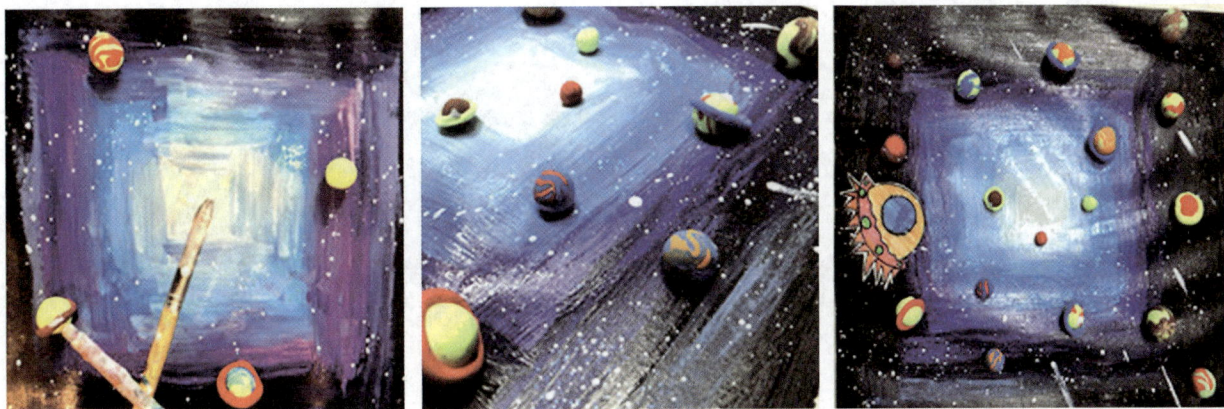

图5-2　宇宙星空完成图

● 水拓画

（1）准备水拓画工具和材料。

（2）注色并创作花纹。

（3）白纸拓印。

图5-3　水拓画

（4）用梳子创作花纹。

（5）纸卷拓印。

（6）石头拓印。

（7）环保牛皮纸袋拓印。

（8）枫叶拓印。

（9）空白扇面拓印。

图5-4 拓印作品

● 石膏板埃及壁画

（1）选择安全材料自制石膏板：石膏粉倒入托盘用水溶解，干后凝结成石膏板。

（2）参考埃及壁画图案，雕刻石膏板，着色并完成。

● 哥特式玻璃

（1）用油性记号笔在透明PVC塑料板上绘制图案。

（2）用彩色油性记号笔填涂颜色。

（3）用褶皱锡箔纸衬托，更加突出彩色玻璃般的画面效果。

● 创意版画

（1）在海绵纸上画出图画，并重复用力形成凹印。

（2）画面上刷上版画颜色，或水粉色。

（3）将拷贝纸盖在画面上，用滚刷反复滚压。

（4）还可以尝试宣纸、图画纸一版多次印制，感受不同效果，或彩色分次套印效果。

（天津大学幼儿园 乔瑀老师供稿）

图5-5 石膏板埃及壁画

图5-6 哥特式玻璃

图5-7 创意版画

二、实践活动参考

向大师致敬系列活动——米罗抽象画

胡安·米罗（Joan Miró，1893～1983）是西班牙画家、雕塑家、陶艺家、版画家。同时，他也是超现实主义的代表人物，与毕加索、达利齐名"20世纪超现实主义绘画大师"。

对于国人来说，米罗的画有个特殊的地方，就是那个神秘的"米"字。这的确是一个巧合，但可不是米罗的中文签名。这个类似"米"字的符号，其实代表着星星。1939年，米罗开始创作他知名的"星座"系列作品，在那些画里有许多像星星的小圆点，还有很多细细的线把这些星星连在一起，组成了一个星星的网，因此人们称米罗为"星星画家"。从此以后，"米"字便成为米罗的"注册商标"，在他后来的许多作品里都可以找到"米"字符号，尤其是他的雕塑作品经常用"米"字作为签名，有些甚至故意藏在不起眼的角落里（见图5-8）。

图5-8 米罗抽象画

《哈里昆的狂欢》（见图5-9）创作于1924～1925年，是米罗第一幅超现实主义的作品：在一个奇特的空间中举行着狂热的集会，似乎有人带着颇为风雅的胡子，叼着长杆的烟斗，忧伤地凝视着观者，各种各样的快活野兽、小动物、有机物围绕着他。这些没有什么特别象征意义的组合，反而充分地描绘了一种辉煌的梦幻景象。

《犬吠月》（见图5-10）的构图简单，充分凸显狗心中的愿望：借由一架天梯爬上明月。此种表现手法将物体心中的愿望具体化出来，更增添一分姿色。看似儿童画般单纯的绘画，实际上描绘了意象十足的画面，该作品在1943年被评为世界十大抽象画之一。

图5-9 《哈里昆的狂欢》

图5-10 《犬吠月》

图5-11 幼儿创作抽象画

孩子们在欣赏大师作品后，议论纷纷，各有自己的想法见解。看，孩子们的作品来了，不同的笔触，不同的想象，不同的表达。

（天津市和平区第四幼儿园 周密、杨冬老师）

● 大手拉小手——共庆中秋活动

中秋节也叫月饼节，在农历八月十五，正是桂花飘香收获的金秋时节。我们小三班的宝宝们迎来了在幼儿园里的第一个节日……

老师给我们讲了绘本《伊伊，中秋节快乐》，我们认真地听故事，故事里的小伊伊和我们一样，喜欢去幼儿园。故事里吃团圆饭的都有谁呢？别看我们刚进幼儿园，回答起问题来可勇敢了！这是我们喜爱的故事（见图5-12）。

我们还邀请了爸爸妈妈一起来幼儿园过节，中班的哥哥姐姐还给我们表演了童话剧《嫦娥奔月》，送来了他们制作的礼物——月亮贺卡（见图5-13～图5-15）。

扫码看视频

图5-12 绘本《伊伊，中秋节快乐》创作画

图5-13 彩泥制作月饼和折纸小兔

图5-14 大手拉小手——和爸爸妈妈一起做漂亮的中秋图画

图5-15 老师送给我们的礼物

（天津市和平区第四幼儿园 周密、杨冬老师）

● 走近中国水墨画

中国的水墨画造形概括、笔墨简练、变化丰富、趣味性强，符合幼儿的思维特点，有利于幼儿大胆挥洒，表达自己的情感和想象。所以，幼儿园水墨画是从兴趣入手，夯实基础，循序渐进，引导幼儿发现、感受和表现生活中的美，培养他们的审美情趣，促进他们兴趣、情感、意志、创造性思维等心理品质的和谐发展。这是我们的水墨画工具大合影！

（1）认识作画的工具：中国画主要讲究的是用笔和用墨，所以先让幼儿熟悉和认识作画的工具（见图5-16）。

（2）执笔和用水：为了让幼儿迅速地掌握执笔姿势，我们特别编了朗朗上口的歌谣："老大老二和老三，合伙捏在笔中间，小四和小五，从里往外顶，转一转、晃一晃，外面眼睛里面空。"老师边示范边讲解，孩子经过反复练习逐步掌握（见图5-17）。

（3）读画：幼儿学习新画之前要培养他们的读画习惯，读画就是理解作品，包括构图、笔墨等（见图5-18）。

（4）幼儿创作：每一幅好的作品都有着强大的感染力，当孩子们看到好的作品时往往会发出"哇，真好看"的声音，这是他们心中产生了创作画的向往（见图5-19）。

图5-16 认识中国画作画工具

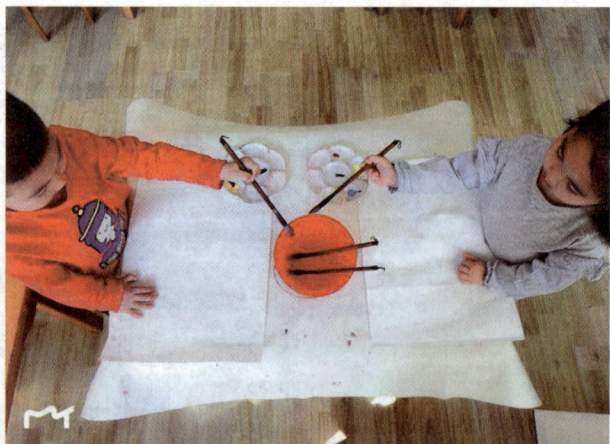

图5-17 学习执笔和用水

图5-18　一起来读画

图5-19　一起来创作

　　水墨画是中国画的一种,它有很强的民族特点,初学很容易,比较简单。步骤一,墨色画房子;步骤二,赭石色画蘑菇;步骤三,花青加藤黄色,画草。通过我们的水墨画教学,幼儿近距离地感知中国的传统美术文化,接受中国传统文化的熏陶与浸染(见图5-20,图5-21)。

图5-20　自由创作水墨画

图5-21　我们的作品

(天津市武清区第三幼儿园　段瑞霞老师)

思考与练习

1.综合各种幼儿园美术技法,完成一组幼儿美术创造性活动设计与制作。

2.选择一个具体的美术活动内容,进行活动方案设计,在幼儿园完成实施。据此撰写一篇教学实践体会。

下 篇

音乐教育

学前儿童音乐教育概论

- 了解音乐的本质、基本特征及其功能。
- 了解学前儿童音乐的特点及儿童音乐能力的发展。

学前儿童音乐教育是一门研究学前儿童音乐心理发展,音乐学习的特点、规律以及如何对学前儿童实施音乐教育的学科。它是从音乐领域来研究儿童的教育问题,那么,对于"什么是音乐? 音乐的本质及功能又是什么? 为什么要学习音乐? 怎样把儿童带入音乐的世界? 音乐与学前儿童音乐有什么联系?"等问题的了解就十分必要了。

第一节 音 乐

一、音乐的本质

人类社会从什么时候开始有音乐,已无法考证。但人类在一些概念还没有形成以前,就已经用声音来表达自己的情感了。随着人类的交往与社会发展的深入,人类逐渐创造了语言。这样人类既能够用语言讲述自己的思想,同时又能够把内心的感受通过音乐表达出来。因此,也有人认为最初的音乐是一种语言,而语言则是音乐的变形。而后,随着历史的发展,又逐渐完成了音乐和语言的分化。由此可见,音乐是人类历史上最古老的艺术形式之一,是人类文化发展历史进程中的必然产物,也是一种社会文化现象。

"音乐"一词英文为"music",它的词根是从希腊神话中掌管着文学、艺术的缪斯(Muse)演化而来的。从词义关系中不难发现,古希腊人认为音乐同"真""美"有着直接的关系。那么,究竟什么是音乐? 音乐是通过有组织的音响运动,创造音乐形象,表现感情思想,反映社会生活的艺术形式。艺术是人类社会生活在艺术家头脑中形象的反映,无论怎样的艺术现象,都能从现实生活中找到其根源。音乐是生活的一部分,也是艺术的组成部分之一,自然要体现出艺术的特性,所以说,音乐是对社会生活的反映。当然这种对社会生活的反映,绝不是对现实生活中一些声音的自然模仿,也不是对现实生活的直白描述,而是由音乐作家将现实生活中所有的有关音乐素材进行加工、提炼、整理,然后再把个人对社会生活的理解、思考、态度、体验等进行艺术概括,并通过一定的音响形式表现出来。因此我们说,音乐是社会生活的主观反映,是一种社会审美生活的主观反映。

二、音乐的基本特征

音乐是艺术的一种,作为音乐艺术,它与其他艺术的表现手段和表现方式不同,有着自己的特征。

(一)音乐是音响的艺术

如果我们欣赏英国的文学作品,必须要懂英语,不然很难直接理解它的内涵,而音乐可以直接跳过语言的藩篱,直接欣赏,这就是音乐与其他艺术的不同之处。它是以音响的形式来引起人的情感共鸣,达到其审美作用的。音乐是由声音构成,以声音为物质材料的。这种声音不是生活中杂乱无章的各种音响的随意堆砌,也不是单个的音,而是人们从自然界中选择概括出来的,具有高低、长短、强弱、音色等特性的乐音,并按照一定的关系构成了有机的乐音体系。而且,这些乐音构成的音乐作品有着严密的组织和逻辑关系,它们通过其旋律的起伏、和声的张弛、音色的变化等直接表达人的瞬息万变的情感状态,并且包含着丰富的内涵。

(二)音乐是听觉的艺术

由于音乐是声音的艺术,而人们又是用听觉来感知声音的,所以音乐是听觉的艺术。旋律是由声音的高低、长短、快慢、强弱等要素组成的,而它必须通过人们听觉的感知,才可能使人获得音乐的感受。在人类长期的进化中,最为重要的器官都留在头部,在头部中的所有器官只有耳朵和鼻子是一直处于开放状态的,人们可以用耳朵来欣赏音乐,用鼻子来呼吸空气,可见音乐和空气是人类的基本需求。各种音乐活动都离不开听觉,如唱歌、舞蹈、音乐欣赏、音乐游戏、打击乐等,都是来自听觉的。音乐的听觉能力是形成各种音乐能力的前提和基础,倘若失去了听觉感知的能力,也就失去了感受音乐的条件,那么音乐艺术便失去了存在的意义。因此,声音的听觉感知是音乐艺术的特性之一。

(三)音乐是时间的艺术

音乐是在时间进程中运动着的时间艺术,具有流动性。绘画作品在时间中凝固不变,而音乐则在时间中变化起伏,它必须在时间中展开和完成,在时间中整个作品按一定的构思出现各个部分,使人获得连续不断的音乐形象,直到最后才提供整个形象,激起听者情感上的共鸣与联想,并使听者的情感体验不断积累和深化。如果没有声音运动的时间,也就没有音乐的存在了。

(四)音乐是情感的艺术

音乐是通过声音来抒发人们对客观事物的各种愿望和情感的,借声传情是音乐艺术的特殊手段。古希腊先哲亚里士多德曾说,音乐是直接模仿灵魂的情感或状态的,所以当一个人听到模仿某种性格情感的音乐时,就会受到同样的情感影响。音乐通过有组织的乐音,经过艺术加工而创作出来的,用以反映生活、表达思想感情的艺术形象是十分具体感人的。例如,小调的色彩、下行的旋律、缓慢的节奏、低沉的音区等可以体现悲伤沉重的情绪;而大调的色彩、明快的节奏、跳跃的旋律,再加上透明的音色,则表现了欢快明朗的情绪。应当看到,音乐在表现外部景观时却是十分模糊的,它不能具体地刻画一个景物,只能象征性地暗喻,通过感情的抒发和表达来打动人、感染人。也正因为音乐具有以情动人、以情感人的艺术魅力,才被人们称之为情感的艺术。

(五)音乐是表演的艺术

音乐是对人类社会生活的主观反映,但这种反映不是直接的、再现性的,而是间接的、表现性的。因为音乐是以声音为物质材料,诉诸听觉的艺术,与其他艺术表现形式不同。画家能够逼真地描绘出物体的外形,文学家能够把五彩缤纷的大千世界通过文字符号描写出来,而且这些都可以直接供人们欣赏。而音乐不同,它所表现的是人对外部世界主观感受的心灵折光,音乐作品必须通过演唱、演奏等二度创作才能完成,才能把乐谱上的作品变成活生生的音乐艺术品供人们欣赏,才能为听众所感受,所以说音乐又是一种表演的艺术。如果离开了表演,谱面上的音乐作品就无法转化为流动的音响,自然也就失去了存在的意义,所以表演也在相当程度上体现和决定着音乐的艺术价值,这种价值直接与表演者的技巧、修养水平相关。由此可见,表演对音乐的表现起着举足轻重的作用。

三、音乐的功能

音乐的功能,是指音乐在人类社会生活中所起的作用。音乐作为一门古老的艺术,它在社会生活中所起的作用是多方面的,人们对它的社会功能的认识也在不断地深化,随着时代的发展,人们对音乐的社会功能的认识也会有新的发展和变化。

(一) 音乐的教育功能

我国古代的教育,常将"礼乐"并称,以此概括我国古代教育的内涵。"礼教"相当于现代的"德育","乐教"相当于现代的"美育",当然"乐"还显示我国古代的"美育"最初是以音乐教育为主体的。可见,音乐教育在我国古代教育中曾经有过重要的地位。

我国古代伟大的思想家、教育家孔子传承了古代的乐教思想,提倡礼乐并重,并认为最终只有经过"乐"才能达到人格完成的境界,所以他提出了"兴于诗、立于礼、成于乐"的教育思想。古代西方哲学家柏拉图在他的论著《理想国》中指出,正确的教育体系应包括两个基本内容——音乐和体育,其中音乐会训练思想,而体育会训练身体。柏拉图还强调了两者的平衡,他认为"只有按照恰当的比例融汇音乐和体育,并将其融合到儿童的灵魂中去,才能培养出正确的人"。亚里士多德也认为,音乐有净化、教育、精神享受等作用。我国近代教育家梁启超、蔡元培、陶行知等也都曾一再强调音乐教育的重要性,并对深化音乐教育改革,推动我国国民音乐教育的发展,产生了积极而深远的影响。

虽然古今中外的许多教育家、思想家对音乐都阐述过各自不同的理论,但有一个观点是趋于一致的,那就是:音乐可以教育人。音乐的教育功能具体可以体现在以下两个方面。

1. 陶冶情操,净化心灵

因为历史原因,在基础教育领域一直将艺术教育归类为德育范畴,所以包括音乐教育在内的艺术教育,始终没有得到应有的重视。音乐不应是学前儿童特长,更不应是少数孩子的奢侈品。音乐作为人类生活中不可缺少的精神食粮,它可以陶冶人的情操和品格,净化人的心灵。

任何艺术,都是表现人类情感的,而音乐作为最具有情感的艺术,在培养人的高尚情感及审美趣味方面自然起着别的艺术所不可替代的作用。它以鲜明、生动的音乐形象,感染着每个人,使人的心灵在潜移默化中得到美的净化和陶冶。在《指南》中就明确提出,每一个幼儿心中都有一颗美的种子。幼儿艺术领域的学习关键在于充分创造条件和机会,在大自然和社会文化生活中萌发幼儿对美的感受和体验,丰富其想象力和创造力,引导幼儿用心灵去感受和发现美,用自己的方式去表现和创造美。由此可见,审美功能是学前儿童音乐教育的最为重要的价值之所在。因为人类认识世界的方式不仅有理性的分析,还必须有感性的认识。学前儿童音乐教育不是培养音乐家的教育,而是培养千千万万具有感性素质的,能够欣赏、理解和感受音乐的普通人。

2. 启迪智慧,诱发灵感

法国作家雨果曾说,数学、语文和音乐是打开智慧大门的三把钥匙。中国古代传统教育中的"六艺"为"礼、乐、射、御、书、数"。由此可见,无论是东方还是西方都认可了音乐的价值,因为它能诱发人的灵感,促进思维的发展。我们知道,人的大脑被分为左右两个半球,人们通常习惯把左半球(即左脑)

称为"语言脑"，把右半球（即右脑）称为"音乐脑"，动听优美的音乐，不仅能够活化右脑，而且能够调节、平衡、连接左右大脑的功能，促使智力敏捷，发挥创造才能。没有任何艺术形式能像音乐一样激发人无穷的想象力，而想象力正是一切创造力的基础。每当爱因斯坦研究问题遇到困难时，他就把自己关起来演奏音乐，他常在音乐中重新获得灵感。正是音乐使他的情感从理性的桎梏中释放出来，使他的思路从逻辑的束缚中解放出来，重新获得创造力。由此可见，音乐能诱发出人们心中潜在的巨大力量和智慧火花。

（二）音乐的其他社会功能

1. 保健功能

优美的音乐可以促进人的身心健康发展，还可以医治人的疾病。我国古代名医朱震亨说："乐者，亦为药也。"马克思也说："一种美好的心情，比十帖良药更能解除生理上的疲惫和痛楚。"那些健康优美的乐曲，能给人以轻松愉快的审美享受，有消除疲劳、调节精神的功效。此外，音乐还有某些医疗作用。比如，利用美妙的音乐来调节人的情绪，进而调节生理节律以达到治疗疾病、增进健康是完全有可能的。音乐中不同的旋律、节奏、调式刺激人的听觉器官，能对肌体产生兴奋、镇静、止痛、降压等生理疗效和治疗作用。随着现代医学、生理学研究的不断深入和发展，用音乐疗法来医治各类慢性病、精神病、孤独症，训练智力障碍者和自闭症患者等已日趋普遍。

2. 娱乐功能

音乐具有娱乐功能，特别是那些健康优美的音乐有助于听者产生高尚的快乐感和满足感，人们在欣赏和享受这些美妙音乐的过程中，情感得以升华，心灵得以净化，身心得以愉悦和休息，进而会情不自禁地陶醉在音乐之声当中。一些歌唱家、钢琴家、指挥家比从事其他职业的同龄人显得要年轻一些，原因是多方面的，但其中有一点应该明确，那就是因为他们每天浸润在音乐艺术之中，从中获得了精神的享受和愉悦，德国哲学家尼采写道："每次在听了一晚上音乐之后，一个充满决断的见解和突发想法的早晨就会来到。"可见，音乐对他们有一种移情的作用。

除此之外，音乐还具有其他一些实用功能，如商业广告功能、风俗礼仪功能，而且还在传递信息、鼓舞士气等人类生活领域中起过相当重要的作用。概括起来，音乐的社会功能是多方面的，但又是有机联系、相互渗透的。随着社会的进一步发展，人类对音乐的潜在功能的研究和利用渐渐渗入更多的领域，如音乐胎教、音乐强化学习、音乐刺激动植物生长、音乐提高运动员的训练成绩等。当然，要真正把这些功能转化为卓有成效的价值，任务还是很艰巨的，它的真正实施，必须有赖于音乐教育。

第二节　学前儿童音乐

一、学前儿童音乐及其特点

叶圣陶先生曾说过，音乐是世界的语言。可见，音乐是一种人人都能理解、不需要翻译、可直接交流思想情感，并能产生共鸣的"世界语"。对于音乐的喜爱是不分年龄段的，每个人都需要音乐，每个人都有接受音乐文化的愿望和权利，只是成人和孩子对音乐的理解不同罢了。对成人而言，音乐是高雅的艺术，是人类智慧的结晶，是艺术的再创造，它会使人联想到交响乐、贝多芬、维也纳新年音乐会、歌剧、流行歌手、通俗音乐等。对于儿童，特别是学前儿童而言，音乐的含义就不同了。学前儿童音乐，指的是在尊重音乐艺术的特殊性和儿童接受音乐的规律性的前提下进行的音乐艺术活动，它反映了学前儿童对音乐的感受、理解、表现和创造，也表现了学前儿童对周围世界的认识和情感，具体包括歌唱活动、律动舞蹈、音乐欣赏活动、音乐游戏活动、节奏乐活动等。

在音乐活动中，孩子们的身心自始至终都处在愉快欢乐的状态中，这不仅是因为孩子天生的好动性在音乐活动中得到满足，从而获得快乐；更主要的是因为音乐艺术本身的那种愉悦性和感染性发挥的作用，那些孩子们熟悉和喜爱的音乐活动的内容和形式给他们带来了愉快的情绪。所以游戏的方式对学前儿童是最佳方式。对儿童来说，音乐游戏只具有娱乐价值，而对教师来说，音乐游戏就有了学习的意义。

一部优秀的音乐作品，可以给孩子们带来无限的遐想和喜悦，他们无论是在倾听一个故事，还是欣赏一段乐曲，常常会被作品中所描绘的感人的形象、生动的情境、激烈的矛盾冲突所感染，而产生情感上的共鸣，他们总是情不自禁地陶醉在故事或乐曲所描绘的情境中，从中领略大自然流水淙淙、鸟语花香、野蜂飞舞等美妙动人的场景。

音乐艺术的愉悦性、感染性特点在学前儿童的音乐活动中体现得尤为突出，这些特点是吸引孩子们积极参与音乐活动的重要原因之一。利用这一特点引导孩子们在玩中学，在乐中学，把音乐教育寓于愉快的音乐感受和音乐表现之中，学得愉快，学有所得。同时，引导孩子们在愉快、活泼、富有艺术特色的教育活动中受教育，把教育寓于欢乐的音乐活动之中，以"乐"作为对孩子们进行教育的有效手段，以促进幼儿性格活泼开朗，身心健康，精神饱满，德、智、体、美等方面同时受到教育，这又是学前儿童音乐教育性的特点体现。

当然，这种教育性的影响，往往不像语言说教表现得那样直截了当，也不会立竿见影，而是需要经过一个循序渐进的，不断熏陶、感染、渗透的潜移默化的过程，像雨露般点点滴滴渗透到儿童的内心情感、心灵深处，进而引起震撼。

音乐不仅是一门听觉艺术，而且还是一门极富个性的艺术。每一位作曲家对作品内容的表达，每一位表演者对作品内容的理解和表现，每一位欣赏者对作品内容的感受都是不同的，这正是音乐艺术个体性特点的体现。

幼儿是成长发展中的个体，音乐又是其个体发展的一种表现，在音乐活动中自然会表现出素质能力上的差异。我们在教孩子音乐的时候，往往会遇到这样的现象：有的孩子很快就能学会，有的孩子却很困难，其实这是很正常的。正如世界上没有两片相同的树叶一样，每个孩子的认知、情感、个性发展、能力都是不同的，因为他们对外部世界的认识和体验不同，表达自己情绪和情感的方式自然也不同，即使是上百个孩子在一起聆听同一首音乐作品，每个孩子的心理活动和听觉感受也会各不相同，因此要求孩子的音乐接受能力都一样也是不现实的。由此可见，儿童音乐在一定程度上反映着学前儿童的认知、情感和个性发展的状况，同时对其发展也有一定的促进作用。

二、学前儿童音乐能力的发展

所谓音乐能力，是指个体从事音乐实践活动的本领。它包括从事演唱、演奏、音乐欣赏、音乐创作等方面活动的本领。具体来说，音乐能力主要包括两个方面的含义：感受音乐美的能力和表达音乐美的能力。

音乐的感受力，是指对音乐作品所反映的情绪和思想感情的体验能力。它是通过听觉分辨乐音的高低、长短、强弱、音色、和声等有规律运动过程的特征，进而感知、领会、想象、思考音乐艺术形象和内容，在感情上引起共鸣的能力。音乐的感受力主要是听觉感受，它包括力度、速度、节奏、节拍、旋律、音色等方面的感知内容。

其中节奏占有很重要的地位。因为节奏是音乐的灵魂，是音乐的生命，节奏可以脱离旋律而独立存在，而旋律则不能脱离节奏独立存在。节奏也是音乐的基础，更是儿童音乐、舞蹈和语言活动的"呼吸"和生命线。节奏在生活中大量存在，比如呼吸、心跳与语言。所以，学前儿童节奏活动，一定要结合语言和动作进行。

音乐的表现力，是指在音乐感受能力的基础上把自己对音乐的理解和感受通过自己的声音或动作表达出来的能力。音乐的创作能力是音乐表现力中的一个很重要的方面。成年人可以依赖自己对音乐较完整的听觉表象，将所要表达的音乐通过符号谱写出来，但对于学前儿童而言，他们受心理发展水平和认知能力的制约，不可能像成人那样去表达自己的感受，他们只能用声音或动作来表达他们对音乐那种独特的理解和创作。如当孩子们听到连贯、悠扬的音乐时，他们会很自然地去模仿鸟飞、鱼游等动作；当他们听到激昂向上、力度较强的音乐时，他们会用跺脚、迈大步或用自己创造的相应的大幅度动作来表现音乐的高扬和欢腾气氛。音乐的表现力和创造力在一定程度上可以说是合二为一的。

音乐的感受力和音乐的表现力，都是音乐的基本能力，它是一种人人都具有的、在音乐活动中能够得到激发、挖掘和发展的能力，它和语言一样是一种独立的能力结构，有它自己独特的规律。当然，它和其他所有的能力一样，也会表现出明显的个体差异，这主要是因为参与音乐活动的每个个体的大脑生理机制不同，所处的生活环境、音乐环境不同，个体认知发展水平不同所带来的差异。

（一）0～3岁儿童音乐能力的发展

据有关资料表明，婴儿在母体中就一直会听到母亲心跳的节奏，所以音乐教育是从0岁开始的。婴儿出生后对音响就能产生反应，两个月左右的婴儿能区别一般的铃声或门声，有了高低音的反应。4～5个月的孩子开始对音乐的音响表现出某种程度的反应和记忆力了，听觉和运动发生了联系，听见声音时能将头转向声源方向，而且对于摇动手鼓发出的声音感兴趣，能够听音乐的声响，对柔和的音乐表示愉快，对较强的声响表示不快。在7个月左右可能会模仿些简单的节奏；9个月时会辨别一些不同的旋律了；11个月左右已能跟着节奏鲜明的音乐自发地手舞足蹈起来，同时会出现咿咿呀呀的独白语言。当然，1岁左右的孩子对音乐的听觉感知和反应还是比较缓慢的，或说是不太精细，随着年龄的增长，他们对外界环境中的各种声音和音乐的反应、听辨能力等才有了进一步的发展。能准确地分清声源，能区分环境中的许多声音，并喜欢模仿发出这些声音，如看见汽车就会发出"嘀嘀"的声音，看见钟表就会发出"滴答、滴答"的声音；看见一些小动物，也会模仿它们的叫声，"叽叽叽、呷呷呷、喵喵喵、汪汪汪"。幼儿就是在一遍遍反复发出某些感兴趣、熟悉的声音的过程中，加强了对这些声音的听觉感知和记忆。

1岁半时，孩子们开始学唱部分旋律了，努力地尝试跟着成人一起唱歌曲的曲调，当然不是完整地唱，而是唱出其中的某一句或某个小节；2岁时就会学唱较完整的旋律了；发展较快的2～3岁的孩子能更多地模仿一首歌曲中较长的片段，或短小的歌曲，一般孩子也开始尝试着随音乐做出拍手、点头、晃动手臂、走步等相应的节奏反应了。虽然有的孩子动作是零碎、不合拍的，但它为孩子们以后的乐器学习和节奏能力的发展打下了一个良好的基础，同时也显示了他们音乐感受能力和音乐表现能力的萌芽。有人还发现，3岁左右的孩子在学习歌曲的过程中，时常会出现这样的现象：对一首新的歌曲，往往会在听了几天以后，慢慢地变成记忆，输入大脑，直到突然有一天他们自己开始歌唱。而在他们开始张口歌唱之前，歌曲已经被积累、潜伏在记忆里很长时间了，需要选择合适的力度、速度和音量的儿童歌曲，反复地播放。总之，在这个阶段最为重要的就是为儿童创造适当的音乐的环境。由此可见，3岁左右的孩子，他们歌唱能力的发展与他们的音乐感受、听辨能力的发展是紧密相关的。所以，我们想提示一下，对这一年龄段的孩子进行歌唱教学时，可以先考虑从歌曲的欣赏感知入手。

（二）3～6岁儿童音乐能力的发展

随着儿童年龄的增长，集体音乐活动和亲身体验机会的增加，使儿童的音乐能力有了进一步的发展。

3～4岁的幼儿，初步有了想把歌曲唱好的愿望，知道要记住歌词，并能够记住一些歌词。对音乐作品所表现出来的情绪有所反应，能够做到难度较低的歌唱与动作的结合。如在摇篮曲音乐的伴随下，有的幼儿就能做出抱、拍娃娃睡觉的动作，而有的孩子则没有反应，动作表现也比较单一。

4～5岁的幼儿，对音乐的感受能力明显增强了，能借助于一些词汇来描述自己对音乐情绪的体验，如"雄壮有力的""优美抒情的""欢快活泼的"等，分辨音乐性质的能力也有了一定的发展。音乐感受力提高的同时,幼儿的歌唱能力也有所发展,这表现在幼儿听音、辨音能力的提高,对嗓音控制力的增强,进而能较为准确地演唱一首歌曲,并用动作表现出来,有了一定的想象力。

5～6岁的幼儿,感受音乐和表现音乐的能力有了更进一步的发展,多数孩子能准确地唱一些简单的歌曲了。随着语言的发展,幼儿能记住更多更长的歌词,在音准方面进步尤为突出。对音乐的表现手段,如力度、速度、节奏等控制得也比较准确了,动作表现也更加丰富了,表现出他们不仅对动作本身感兴趣,而且对用动作来反映音乐的兴趣更大了。动作的协调性也大大增加,而且还能以象征的方式来表现,有了更加丰富的想象和一定的创编能力。

以上是对学前儿童音乐能力发展概况的简析。事实上,对于学前儿童音乐能力的发展起直接作用的是教育,即学前儿童的音乐教育。当然,学前儿童音乐能力的形成、音乐教育的成功,不可能是一蹴而就的,而是在一个一个的音乐教育活动中,通过音乐教学,一点一滴地培养起来的。如果教师能有意识、有目的地安排培养和教育的计划,踏实、认真地组织好每一次音乐教育活动,关心、照顾班上每一个儿童,使他们都能在原有的基础上得到发展,就一定能使音乐教育促进幼儿发展落到实处。

思考与练习

1. 用自己的语言和例子来说明什么是音乐的本质。
2. 音乐具有哪些基本特征?
3. 根据你目前所掌握的知识,谈论一下你对音乐功能的看法。
4. 根据自己的认识和体验,谈谈你对学前儿童音乐及其特点的理解。
5. 如何理解音乐能力?
6. 0～3岁儿童音乐能力的发展情况是怎样的?
7. 3～6岁儿童音乐能力的发展情况又是怎样的?
8. 尝试在音乐教学活动的过程中,有意识地观察一下本班幼儿的音乐能力发展水平。
9. 了解幼儿的音乐能力发展水平,对我们选择教材、设计教法、组织幼儿园的音乐教学活动有什么意义和作用?

学前儿童音乐教育的作用和任务

音乐是反映现实生活和表达人们思想感情的一门艺术，音乐有它特殊的艺术表现手段。学前儿童音乐是反映0～6岁儿童的生活和表达他们思想感情的艺术，因为在这个阶段，儿童主要是以感性认识为主的，音乐则是他们认识世界的方式之一。它反映了儿童对音乐的感受、体验、表现及创造。学前儿童音乐教育是以儿童音乐为学习内容的教育实践活动。它是儿童音乐学与学前儿童教育学相互交融的产物，是一门实践性很强的学科。它是根据学前儿童生理和心理发展的特点对儿童实施音乐教育的。我们不能把学前儿童音乐教育理解成只是对儿童进行音乐知识的灌输和音乐技能的培养，理解成是纯艺术性的音乐教育，但是儿童学习一定的音乐知识和技能，使学前儿童能够比较顺利地进行音乐实践活动是十分必要的。因此，只有把儿童音乐和对儿童进行教育两个方面有机结合起来，使儿童获得全面和谐的发展，这才是学前儿童音乐教育的根本目的。学前儿童音乐教育既要遵循儿童学习音乐的过程，按照儿童心理发展的特点对儿童进行音乐基本知识、技能的教育和熏陶，更要以全面发展教育为中心，通过音乐的手段、音乐教育的途径促进儿童在身体、智力、情感、个性、社会性等方面的和谐发展，是一种以音乐为手段来进行的人的基本素质教育。

第一节　学前儿童音乐教育的作用

热爱音乐是儿童的天性。我国著名儿童教育家陈鹤琴先生就提出过"儿童生活音乐化"的思想，他认为，天真活泼的儿童对音乐有着天然的亲近和向往，儿童音乐应伴随着儿童的生活和成长。当代的苏联著名教育家苏霍姆林斯基曾说：童年就如同不可缺少的游戏和童话一样，也不可缺少音乐。被人们称为"幼儿园之父"的福禄培尔在他所建的幼儿园中，也将音乐作为有力的教育手段。西方古代学者柏拉图、亚里士多德也都曾一再指出：音乐对人的性格形成有着极大的影响，特别是在净化、美化人的心灵世界方面，有着不可取代的特殊作用。陈鹤琴老先生还曾经指出："音乐可以陶冶人的性格和情感，可以鼓舞人的进取精神，应该为幼儿创设良好的音乐环境，培养幼儿对音乐的兴趣，发展幼儿的音乐才能。"古今中外许多的哲学家、科学家、政治家、教育家对学前儿童音乐教育的重要性和必要性都有过十分精辟的论述。随着科学技术的发展,人们对大脑的研究在逐步深化,使音乐在学前儿童生理上、心理上所起的作用进一步得到了科学证明。哈佛大学教授加德纳的多元智能研究认为,人类具有八种智力潜能,其中发展儿童的音乐智能是很重要的。因为每个人在诞生前就伴随着母亲的心跳声一起生活,并且与自己的心跳和呼吸节律及更精妙的新陈代谢和脑电波活动节奏共存。由于人类与生俱来就拥有音乐的天赋,因此每个人都能够发展这种才能,在儿童早期,特别是4~6岁处于声音和音调敏感性发展的关键期,音乐能力的发展具有决定性的作用①。这些新的认识还会随着历史不断地前进、科学不断地发展而更加深刻和全面。人们愈来愈清楚地认识到,学前儿童音乐教育不仅能培养儿童的音乐能力、审美能力,而且它对增进儿童大脑功能,促进儿童心理的发展、身体的健康等都有不可低估的作用。

一、对儿童进行美育的重要手段

音乐从属于美的范畴,音乐教育是美育的组成部分。美育是培养人对自然界、社会生活、文艺作品的正确的审美观点,也是培养人感受美、鉴赏美和创造美的能力的一种教育活动。音乐教育以审美为核心,主要作用于儿童的情感世界。音乐活动的基本价值在于通过以聆听音乐、表现音乐和音乐游戏活动为主的审美活动,使学生充分体验蕴涵于音乐音响形式中的美和丰富的情感,为音乐所表达的真善美理想境界所吸引、所陶醉,与之产生强烈的情感共鸣,使音乐艺术净化心灵、陶冶情操、启迪智慧、情智互补的作用和功能得到有效的发挥,以利于儿童养成健康、高尚的审美情趣和积极乐观的生活态度,为其终身热爱音乐、热爱艺术、热爱生活打下良好基础。

学前儿童音乐教育是一种审美过程,是一种通过音乐活动提高儿童认识美、体验美、创造美的能力的过程。因为儿童在每唱一首歌曲,每弹一首乐曲,每跳一段舞蹈时,在每一次音乐活动中,都能得到美的感受和美的教育。例如:在教幼儿孔雀舞时,幼儿跟着老师一起做孔雀昂着头走路的动作,做孔雀开屏的动作,体验到身体线条带来的美感;让幼儿欣赏《铃儿响叮当》时,幼儿感受到用不同的乐器、不同的节奏、不同的旋律弹出优美动听的乐曲,给幼儿带来美的感受。

二、有利于开发儿童右脑,增进全脑功能

人的大脑分左右两个半球。现代脑科学家通过大量实验研究发现:大脑两半球的功能并不相同,有一定的分工。左半球主要掌管语言学习、数字理解、概念构成、时间连续性的感受以及分析性思维活动等,有人把它叫做"数字脑";右半球则主要掌管音乐、图形感知、面孔识别、空间知觉、距离判断以及综合性思维活动等,有人把它叫做"音乐脑"。大脑两半球的功能虽有所不同,但它们并不是相互割裂的,整个大脑只有在两个半球共同活动中才能更好地发挥其整体功能。但有些传统的教育只重视读书、识字、做计算,忽视音乐、美术等艺术教育,致使学前儿童大脑右半球的潜力不能得到应有的开发,影响整个大脑功能的最优发挥。左右脑的同时发育,可以促进全脑发展。

学前时期是大脑发育最快的时期。因为在这个时期,脑的外观形态和重量都处于变化之中,大脑皮层也正处于发育之中,需要新颖鲜明的信息刺激以开发智力。在这一阶段,儿童若能经常进行音乐活动,大脑右半球得到良好发展,整个大脑也就能在左右两个半球的紧密合作下增进其功能。因此,学前儿童音乐教育对儿童全脑的发展是十分重要的。

(一) 创造性发展价值

创造是艺术乃至整个社会历史发展的根本动力,创造的基础就是在相同中找到不同,在不同中找到相

---

① 梁志燊.哈佛多元智能——婴幼儿音乐智能开发训练［M］.国际文化出版公司,2003:3.

同,是艺术教育功能和价值的重要体现。音乐创造因其强烈而清晰的个性特征而充满魅力。在音乐活动之中,生动活泼的音乐欣赏、表现和创造活动,能够激活儿童的表现欲望和创造冲动,在主动参与中展现他们的个性和创造才能,使儿童的想象力和创造性思维得到充分发挥。

在创造过程中,不必要求形成一个很好的结果或音乐作品,重点在于创造的过程。例如:让儿童用自己创造的方式去表现音乐,为学会的儿歌改编歌词等。

(二)社会交往价值

儿童音乐活动在许多情况下是群体性的活动,如齐唱、齐奏、合唱、合奏、重唱、重奏以及歌舞表演等,这种相互配合的群体音乐活动,同时也是一种以音乐为纽带进行的人际交流,它有助于养成儿童共同参与的群体意识和相互尊重的合作精神。例如在歌唱中不仅要培养儿童自己歌唱,还要培养儿童倾听的意识。

合作不是天生就有,需要后天的培养。在合作中不仅能够提高儿童的音乐水准,更能够培养人人平等的意识,个人力量有限,需要人与人相互尊重与合作。换言之,合作的过程就是合作精神培养的过程。成功的音乐教育不仅在幼儿园的活动中,而且也应在家庭环境、社区环境甚至是社会的大环境中进行,对班级、学校和社会音乐活动的积极参与,将使儿童的群体意识、合作精神和实践能力等得到锻炼和发展。

例如,很多儿童音乐活动都是以圆圈形式开始的,这样的队伍形态其背后的依据就是每个人都是平等的,每个人都是这个圆圈中不可或缺的组成部分,每个人的表现都很重要。

三、使儿童身心得到健康发展

(一)促进儿童情感的发展

儿童音乐活动最终的目的不是特长或技能的训练,而是通过音乐培养人、塑造人。最为重要的就是音乐活动能够满足儿童的精神性成长,这种教育是一种非功利性的,并且以活动的发展过程为最终目的,并非结果导向的。其中情感体验是主要的,其他方面认识性的、知识性的收获都是次要的。音乐能够直接而又强烈地影响人的感情,瞬间抵达人类的心灵深处。适合儿童的音乐作品,儿童喜欢的音乐活动所产生的强烈情感之影响,甚至会成为儿童终生的精神财富。这种影响与塑造不是一次性能够完成的,要多次反复地进行,在"润物细无声"中完成儿童情感体验。多参加音乐活动,儿童的积极情感一定会丰富起来。

(二)促进儿童听觉能力的发展

学前儿童时期是人生中听觉能力发展最迅速的时期。音乐是声音的艺术,是听觉的艺术,儿童时期学习音乐并进行听觉训练是十分必要的。儿童在学习音乐时,不断地学习分辨声音的高低、长短、强弱,不断地学习分辨声音的音色、音质等,使听觉敏锐程度提高。因此,音乐作为教育手段对儿童听觉能力的发展有极大的促进作用。

(三)促进儿童语言能力的发展

一首好的歌曲同样是一首好的诗歌。儿童在学习唱歌的同时也扩大了词汇的积累。同时,语言也是文化的界碑,反映了一个地区一个民族的风土人情、生活习惯。音乐和语言最大的共同点都是以节奏作为基础,同样具有高低、强弱、快慢、音色变化等因素,经常让儿童听音乐,对提高学前儿童的节奏感是十分有益的。

(四)促进儿童注意、观察、记忆能力的发展

音乐是时间艺术,它会随着时间的流逝而流逝。所以,在音乐活动中,儿童为了学会唱歌,必须注意倾听音乐,为学会舞蹈动作或乐器演奏,必须注意倾听和记住与动作或演奏有关的音乐的特点等。在这些活动中,儿童的注意力、观察力、记忆力都能得到发展。

（五）促进儿童个性的发展

个性主要包括需要、动机、兴趣、理想、信念和世界观等，个性有着极大的个体差异。音乐不仅是通过音响来反映人们思想感情的艺术，而且也是极富个性的艺术。一度创作中每一个作曲家对作品内容的表述，二度创作中每一个表演者对作品内容的表现，三度创作中每一个欣赏者对作品内容的理解和感受，都是独特的。在音乐活动中，即使上百个儿童在一起聆听同一首乐曲，每个儿童的心理活动和听觉感受也是各不相同的。正是因为音乐本身具有个体性的特点，所以教师应该明确，音乐活动中没有标准答案，教师提供的只能是多种可能性中的一个。应鼓励儿童个性的发展，使得学前儿童音乐教育在唤醒儿童的主体意识、促进儿童的个性发展上发挥独特的教育作用。

（六）促进儿童的社会性发展

学前儿童的社会性是在与周围人群的交往中发展起来的。音乐的重要功能之一，就是提供人际交往的机会，满足人的交往需要。成人与儿童、儿童与儿童之间的音乐交往，如合唱、合奏、集体舞等，使儿童体会到与人合作和与人共享的快乐。在音乐活动中，学前儿童与人交往的需要和信心也得到了不断的加强。

（七）增进儿童身体健康

唱歌能使肺脏、发声器官进行活动。律动、舞蹈、音乐游戏等能使儿童的身体得到锻炼，动作更加协调。但更重要的是音乐活动能给儿童带来愉快情绪。愉快的情绪能使血液中增加有利于健康的化学物质。优美的音乐能提高儿童神经细胞的兴奋性，促进血液循环，加强新陈代谢，增进儿童身体健康。

学前儿童音乐教育在陶冶儿童情操、发展儿童智力、促进儿童身心健康方面起到了重要作用。我们应不失时机地充分利用学前时期对儿童进行音乐教育，不仅仅是为了提高儿童音乐能力，更重要的是促进儿童全面和谐地发展。

第二节　学前儿童音乐教育的任务

根据《纲要》中幼儿艺术教育目标、内容与要求、指导要点，幼儿音乐教育的具体任务可归纳为四个方面。

一、激发学前儿童对音乐的兴趣和爱好

儿童音乐教育不是为了培养小演奏家、小舞蹈家和小歌唱家的教育，而是为了培养儿童对音乐的兴趣和爱好，通过感受与欣赏音乐，使儿童萌发美感，通过具体的音乐活动使儿童的认知、情感、智力、技能得到健康发展。兴趣是学习的动力，但兴趣不是与生俱来的，它是在一定的社会生活和教育影响下发展起来的。尽管儿童天性喜爱音乐，但对这种兴趣爱好仍要注意培养，使之得到发展。由于儿童有意识控制自己行为的能力较差，所以他们学习的积极性受兴趣的直接支配。教师应根据儿童学习的特点，使儿童对音乐活动抱有积极的态度，并使这种兴趣得以巩固、保留，以至成为终生的一种需要。所以，激发儿童对音乐的兴趣和爱好就成为对儿童进行音乐教育的首要任务。

激发学前儿童对音乐的兴趣，首先要遵循儿童的生理与心理特点，选用合适的音乐活动内容，采取生动活泼的指导形式，培养和发展儿童对音乐的兴趣。如在音乐的伴奏下，教师带儿童做动手、动脚、动口等一些活泼有趣的游戏活动。其次在音乐活动中，应加强师幼之间的情感交流，创造一种平等、宽松、和谐的气氛，以此来激发儿童对音乐活动的兴趣。比如在活动中教师可扮演老母鸡、鸭妈妈、兔奶奶等角色，和儿

童一起表演,把他们带入音乐作品的情境中去,提高儿童参加音乐活动的兴趣。除此以外,在音乐活动中教师富有表情的演唱、演奏和使用漂亮的玩教具等,都将大大提高儿童学习音乐的兴趣。

二、重视学前儿童音乐能力的培养

促进学前儿童音乐素质的发展是学前儿童音乐教育的重要目标之一。其中,音乐能力的发展是音乐素质发展的一个重要方面,它包含音乐感受力、表现力和创作力等,是多种音乐能力的综合。音乐能力人人具有,大多数儿童不是不具备音乐能力,而是由于在他最容易接受音乐训练的年龄缺少"耳朵"和"心灵"的训练,从而丧失了天生的音乐能力。所以说,重视儿童音乐能力的培养是学前儿童音乐教育的一个核心问题。

为了有效地提高儿童的音乐能力,帮助他们形成初步的音乐概念,为他们进一步接受良好的音乐教育打下坚实的基础,教师应指导儿童在歌唱活动、韵律活动、欣赏活动、音乐游戏活动、节奏乐活动中,对音乐的旋律、节奏、速度、力度、结构形式等音乐表现手段有所感受,并能将音乐作品表达和表演出来,甚至加以创作。这种能力的培养还需要让儿童勤动口、勤动手、勤动脑、勤表演。

三、注意发挥音乐的教育作用

幼儿园教育的总体目标是对幼儿实施德、智、体、美诸方面全面发展教育。根据幼儿的年龄特点,运用音乐艺术对幼儿进行教育,最易收到良好效果。音乐艺术不是靠直接的说理,而是以生动感人的艺术形象激励人的情感,给人以启示,发挥其感染教育作用,使儿童从小对周围世界能有正确的认识,有一定的社交能力,对自己有充分的自信心,有责任感,有毅力,有克服困难的勇气,有助人为乐和集体主义精神等。音乐教育可以净化儿童的心灵,陶冶儿童的情操,培养儿童高尚的道德品质。教师要充分发挥音乐艺术教育的优势来促进幼儿的全面发展。

四、面向全体儿童,提倡艺术学科的综合

正如前文所述,学前教育阶段音乐课的任务,不是为了培养音乐的专门人才,而应面向全体儿童,使每一个儿童都能够有机会接触音乐、感受音乐和表现音乐。尽可能地使他们的音乐潜能得到开发,并使他们从中感受到美和快乐。音乐并不是少数人的奢侈品或工艺品,也不是音乐专业工作者的私家传承,而应该是每一个儿童生活的一部分,音乐活动的全部内容应以儿童为主体,师生互动,将儿童对音乐的感受和音乐活动的参与放在重要的位置。

众所周知,在艺术出现的初始阶段,艺术都呈现出歌、舞、乐三者合一的状态。儿童也属于生命的初始状态,针对儿童来说,综合性的艺术形式更加合适。因为基础教育的学科划分,所以音乐活动与其他艺术领域相互隔绝,相对遥远。音乐活动的综合包括音乐与其他艺术领域之间的综合,例如,音乐与舞蹈、戏剧、影视、美术等姊妹艺术的综合;音乐与艺术之外的其他学科的综合,可以实施同主题不同艺术领域的灵活转换。在实施中,应综合把握音乐的特点,通过具体的音乐材料构建起与其他艺术门类及其他学科的联系。

思考与练习

1. 谈谈对学前儿童音乐教育的理解。
2. 学前儿童音乐教育对促进儿童全面发展有什么作用?
3. 学前儿童音乐教育的具体任务是什么?

第三章

学前儿童音乐教育的内容与方法

- 明确幼儿音乐教育的基本内容。
- 掌握幼儿音乐教育的基本方法。

音乐教育是在学前儿童参与音乐实践活动中进行的,音乐教育的内容是实现学前儿童音乐教育目标的重要中间环节,对促进幼儿的全面发展起着重要的作用,其主要内容包括歌唱、韵律活动、音乐欣赏活动、音乐游戏、节奏乐等方面。

本章将在各节分别介绍音乐教育的主要内容以及相应的指导方法。

第一节 歌唱活动

歌唱是人类表达、交流思想感情的最自然的方式之一,也是儿童表达自己思想的一种方法。它能使儿童得到美的熏陶与感染,丰富儿童的情感体验,陶冶儿童的情操,启迪儿童的心智,完善儿童的品格,是学前儿童音乐教育活动中的一个重要领域。

一、学前儿童歌唱能力的发展

(一)歌词方面

从胎儿降生到4个月,偶尔能发出一些"咕咕""咯咯""唉依"等咿咿呀呀的学语声和试图通过自己的动作去制造一些有趣的声音。6～9个月的婴儿随着身体的生长和不断地练习发出各种声音,他们的声音逐渐地呈现出唱歌的特征。到了1岁半,孩子便开始准备正式学唱,歌唱和说话正在逐步从噪音游戏中分化出来。2岁以后,儿童开始逐步完整地唱一些短小的歌曲或歌曲片断,但由于他们对歌词含义的理解十分有限,听辨和发出语音的能力也较弱,所以发音错误的情况十分普遍。

3～4岁的儿童已经能够较完整地掌握比较简短的句子或较长歌曲中的相对完整的片段,但在歌词含义的理解方面仍会遇到困难,如会在唱歌时将不熟悉或记不住的字词省略掉;会发音错误或将不熟悉的歌词用他们所熟悉的语音代替。

4～5岁的儿童掌握歌词的能力有了进一步的提高，一般都能比较完整、准确地再现熟悉的歌曲中的歌词，唱错字、发错音的情况相对较少。

5～6岁的儿童随着语言能力的进一步发展，能记住更长、更复杂的歌词，对词义的理解能力也进一步提高，在歌词的发音、咬字吐字方面表现得更趋完善。

（二）音域方面

2岁以前的儿童因为很少有人能够完整地唱歌，所以还谈不上音域发展问题。2岁以后的儿童一般可以唱出3～4个音域约在c^1～g^1范围之内的音，以后又逐渐发展到能唱音域稍宽的歌曲。

3～4岁儿童歌唱的音域一般为c^1～a^1（即C调的1～6），其中唱起来最舒服、最轻松的是在d^1～g^1（即C调的2～5），但个别儿童的音域发展有所偏差，音域偏窄的3岁儿童仅能唱出3个音左右。

4～5岁儿童歌唱的音域较以前有了扩展，一般可以达到c^1～b^1（即C调的1～7），但是表现在具体的歌曲及个别的儿童身上仍有很大的差异。在5岁前没有太大的必要纠结儿童的音准问题。

5～6岁儿童歌唱的音域基本上可以达到c^1～c^2（即C调的1～i），个别儿童甚至更宽。由于学前儿童的音域发展存在着个体差异，所以在幼儿园的集体音乐教育活动中，应着重注意帮助儿童唱好c^1～c^2这个音域范围内的音。

（三）旋律方面

3岁以前儿童的歌唱一般被称为"近似歌唱"，即他们的音准较差，所唱出的旋律只是大致接近原来曲调的旋律。

3～4岁的儿童在旋律的感知方面存在着明显的差异性和不精确性，最明显的表现就是"走音"现象。有部分儿童往往唱歌如同"说歌"，特别是在没有乐器伴奏的情况下，或是在独立歌唱时，走调、没调的情况更为严重。

4～5岁的儿童对旋律的感知、再认能力已逐步提高，对音准的把握能力有了一定的进步。一般在乐器或在成人的带领下，大多数儿童都能基本唱准旋律适宜的歌曲。

5～6岁儿童的旋律感发展，特别是音准方面的进步很大，他们不仅能够比较准确地唱出旋律的音高递进，而且对级进音、三度跳音或音域范围内的四五度跳音也不会感到太大的困难。

（四）节奏方面

节奏是儿童音乐活动的重点部分。3岁以前儿童的歌唱已经初步显现出了节奏的意识，但这种意识还很模糊，而且大多数与歌词中的节奏有关，在学习儿童歌曲之前可以先将歌词按照节奏进行朗读。无论是朗读环节还是歌唱环节都应配合简单的动作。

3～4岁儿童所唱的歌曲，节奏比较简单，多由四分音符、八分音符、二分音符所构成。这种节奏与儿童自身的生理活动（心跳、呼吸等）和身体动作（走步、跑步等）相一致，因此这一年龄阶段的儿童基本上能做到比较合拍地歌唱。

4～5岁的儿童不仅掌握了四分音符、八分音符的歌曲节奏，还能够比较准确地再现二分音符的节奏，甚至带切分音的节奏。

5～6岁的儿童已能够演唱旋律和节奏更为多样化的歌曲，不但能准确地表现$\frac{2}{4}$拍和$\frac{4}{4}$拍的歌曲节奏，同时对三拍子歌曲的节奏及弱起节奏也有了一定的理解和掌握，而且能够较好地掌握带附点音和切分音节奏歌曲的演唱。

（五）呼吸方面

3岁以前的儿童肺活量很小，呼吸比较短促，往往一句歌词没有唱完就要换气，个别儿童甚至会一字一换气,一字一顿地歌唱。

3～4岁的儿童,能够逐步学会使用较长的气息,而且常常会根据自己使用气息的情况来换气,因此有的儿童常会因为换气而中断句子或中断词义。一字一换气、一字一顿地歌唱的情况逐步消失。

4～5岁的儿童对气息的控制能力有了进一步提高,一般都能够在教师的指导下学会按乐句和情绪的要求换气,任意中断句子、中断词义的换气现象有明显的改进。对前奏、间奏已有所注意。

5～6岁的儿童对气息的控制能力较中班又有了进一步的提高,能够按乐曲的情绪要求较自然地换气。

（六）协调一致方面

3岁以前的儿童因为缺乏协调一致的意识和能力,所以他们在与成人共同唱歌时,多数都是成人有意识地与他们相一致。

在集体歌唱时,3岁的儿童还不会相互配合,到了3岁后期,儿童基本上能与集体相一致,能在集体歌唱时同时开始和结束,初步体会到集体歌唱活动中协调一致的快乐。

4～5岁的儿童在唱歌时协调能力有所提高,能懂得在速度、力度等方面与集体协调一致,并能协调地进行分唱、齐唱等。

5～6岁儿童歌唱协调能力大大加强,不仅能够在速度、力度等方面与集体协调一致,在音色方面也能够做到与集体协调一致。对各种演唱形式产生兴趣,创造性歌唱表现意识明显增强。

总之,随着儿童年龄的增长及歌唱活动经验的不断积累,他们对歌唱活动的积极态度和初步的兴趣爱好逐渐地得到巩固,歌唱的技能进一步得到发展。了解儿童歌唱能力的发展,有助于我们选择歌唱教材及指导歌唱活动过程,使我们更好地做到因材施教,促进儿童健康发展。

二、学前儿童歌唱技能的培养

唱歌是一种需要学习才能掌握的技能。在幼儿园应逐步使儿童掌握以下最基本的、最简单的唱歌技能。

（一）姿势

正确的歌唱姿势是指唱歌时,应保持身体和头部的正直、放松;两臂自然下垂或放在腿上;两眼平视,两肩放松;口型保持长圆形,嘴唇的动作要求自然。

（二）呼吸

歌唱中正确的呼吸方法应该是自然地吸气,均匀地用气,并尽量在呼吸时一次吸入足够的气息并保持住,然后在演唱时根据乐句和表情的需要慢慢地、有节制地运气。另外,在呼吸的时候还应注意不抬头、不耸肩、不发出很大的吸气声,一般不在乐句的中间随便换气,必须按照一定的乐句规律来换气。

（三）发声

音质优美是唱歌的基本要求,应从小培养儿童习惯于用自然的声音唱歌,即在讲话的基础上放松地唱出高高低低、长长短短不同的音。具体方法是下巴放松,嘴巴自然张开,培养儿童用自然的声音唱歌,不大声喊叫,也不过分地克制音量。

不同性质的歌曲,唱时应用不同的声音。进行曲风格的歌曲,可用坚定有力、响亮而神气的声音来演唱;抒情曲、摇篮曲风格的歌曲,可用连贯的、轻柔的声音来演唱;舞曲风格的、较活泼的歌曲,应用轻松、跳跃而带弹性的声音来演唱。

（四）咬字吐字

唱歌和说话一样需要咬字吐字清楚，才能表情达意。由于学前儿童对歌词的听辨、理解、记忆的能力有限，所以常常会唱错字、发错音或咬字不准确，因此应教会儿童正确的发声方法，唱准歌词、节奏和旋律。

（五）音准

音准是幼儿园歌唱教学的难点。造成儿童唱歌音不准的原因是多方面的：一方面由于儿童的听觉分化能力比较差，还难以分辨歌曲中音的高低；另一方面儿童发声器官的协调、控制能力还比较差；再者，学前儿童歌唱时的呼吸支持能力、歌唱的注意力以及过分紧张的情绪都可能是造成儿童音准困难的主、客观原因。因此，要培养和训练儿童的音准，必须注意要让儿童获得音调准确的音乐印象，而教师的演唱和琴声正是儿童获得听觉印象的主要来源和依据。此外，还要注意发声器官的协调能力，从听和唱两方面的互相配合中来加强儿童音准感的培养。

（六）协调一致

协调一致是指在集体的歌唱活动中，儿童能够掌握一些正确地与他人合作的技能。具体表现在歌唱时不使自己的声音突出，在不同歌唱表演形式中，能够做到准确地与他人、他声部相衔接，保持在音量、音色、节奏等方面的协调以及声音表情、脸部表情和动作表情方面的和谐一致。

（七）保护嗓音

关于嗓音保护的一些最基本和简单的知识，也是可以让学龄前儿童掌握和理解的。它包括不大声喊叫着唱歌；不在剧烈运动时（或剧烈运动后）大声地唱歌，不长时间地连续唱歌，不在空气污浊的环境中唱歌，不在感冒、患上呼吸道感染的时候唱歌，等等。

（八）表情

儿童有表情地唱歌，主要表现在儿童的歌声、不需要过分修饰的自然的面部表情，以及随音乐而产生的轻微的身体动作中，而不是做作或外加的"假笑"以及过分的身体摇晃。组织儿童歌唱的主要目的是使他们能在歌唱活动中得到身心健康的发展，能有良好的唱歌习惯，能掌握最简单的表达感情的方法。绝不能脱离幼儿的实际水平，追求技能技巧的提高，进行枯燥乏味的机械训练。

三、学前儿童歌唱教材的选择

歌唱在学前儿童音乐教育中占有重要地位，我们要选择符合儿童年龄特点，有利于促进儿童身心发展的歌曲，而歌曲是由歌词与曲调组合而成的，所以为学前儿童选择歌唱教材应注意歌词与曲调两方面。

（一）歌词方面

1. 歌词应是有趣、易记且能为儿童所理解和熟悉的

由于学前儿童的生活经验尚不丰富，理解能力还很有限，因此，只有儿童所理解和熟悉的歌词才能引起他们的兴趣，如动物、植物、交通工具、自然现象、身体部位、一些押韵的句子、象声词、语气词等。如歌曲《讲卫生》描写的是儿童爱卫生的生活习惯，而且句子押韵，歌词容易记住，能够引起儿童的兴趣。

讲卫生

佚名 词
汪玲 曲

1 = C 2/4

中速

5 5 | 6 6 5 0 | 3 5 6 i | 5 - | i 6 | 5 6 3 0 | 2 5 3 2 | 1 - ‖
太 阳 眯眯笑， 我们起得 早， 手 脸 洗干净， 刷牙不忘 掉。
饭 前 洗洗手， 饭后不乱 跑， 清 洁 又卫生， 身体长得 好。

2. 歌词要有重复，有发展余地

结构简单且多重复的歌词，会使儿童感到熟悉，也便于记忆。如《我爱我的小动物》这首歌，每段歌词只需改一改动物名称及叫声。这样的歌不仅有重复性，而且还可以不断增加新的段数，有发展的余地，教师可启发儿童自己想出要增添的歌词，这既能激发儿童学唱歌的积极性，又能培养儿童的创造性。

我爱我的小动物

佚名 词曲

1 = C 4/4

5 6 5 4 3 1 | 2 1 2 3 5 - | 3 3 3 5 5 5 | 3 3 2 2 1 - ‖
我 爱 我 的 小 羊， 小 羊 怎 样 叫？ 咩 咩 咩 咩 咩 咩， 咩 咩 咩 咩 咩。
我 爱 我 的 小 猫， 小 猫 怎 样 叫？ 喵 喵 喵 喵 喵 喵， 喵 喵 喵 喵 喵。

3. 歌词的内容宜于用动作表现

儿童天性好动，感情外露，边唱边做动作是儿童自然而直接的一种音乐表现活动，儿童在这种活动中，既满足了好动的天性，协调性也得到了发展，这对促进儿童身心和谐发展具有重要意义。

小鸭小鸡

佚名 词曲

1 = C 4/4

1 2 3 3 - | 2 3 5 5 - | 1 2 3 3 3 | 2 3 5 5 5 |
小 鸭 小 鸡， 碰 在 一 起。 小 鸭 呷 呷 呷， 小 鸡 叽 叽 叽。

3 3 3 5 5 5 | 3 3 3 5 5 5 | 1 2 3 3 - | 2 2 5 1 - ‖
呷 呷 呷，叽 叽 叽， 呷 呷 呷 叽 叽 叽， 一 同 唱 歌， 一 同 游 戏。

（二）曲调方面

1. 音域不宜太宽

一般2～3岁儿童适合的音域范围在c^1～e^1；3～4岁儿童适合的音域范围在c^1～a^1；4～5岁儿童适合的音域范围在c^1～b^1；5～6岁儿童适合的音域范围在c^1～c^2。总体上说，所选歌曲的音域应控制在上述范围之内，偶尔有个别音域超出这个范围，只要不是长时值的音，出现的次数也不多，还是可以允许的。如歌曲《学做解放军》音域有九度，但主要旋律在f^1～c^2之间进行，最高音和最低音出现次数少，时值不长，一带而过，所以此类歌曲也可选为大班歌唱教材。

学做解放军

$1 = F$ $\frac{2}{4}$

杨 墨 词曲

2. 节奏节拍比较简单

学前儿童一般不适合唱过于复杂的节奏。为4岁以前的儿童选择歌曲时，曲调中的节奏可以主要由四分音符或八分音符组成，也可掌握二分音符的节奏。为4～6岁儿童选择歌曲时，可选择含有附点音符，少量的十六分音符和切分音的节奏。

为4岁以前儿童所选歌曲的节拍，最好以$\frac{2}{4}$拍和$\frac{4}{4}$拍为主，也可偶尔选一些$\frac{3}{4}$拍的歌曲。为4～6岁儿童选择歌曲时，除了$\frac{2}{4}$拍、$\frac{4}{4}$拍以外，还可以选用$\frac{3}{4}$拍或少量$\frac{6}{8}$拍的歌曲。另外，在此期间还可选择一些"弱起"节奏的歌曲。

3. 速度适中

为学前儿童选择歌曲时应注意歌曲的速度不宜太快，一般以中速或中速稍快、稍慢为宜。为4岁以前的儿童选择歌曲时，宜采用中速。4～5岁儿童比较容易兴奋，除可多选轻快活泼的歌曲以外，还应注意多选安静而稍慢的歌曲，以陶冶他们的性情。5～6岁的儿童已有了一定的自控能力，可以选择速度稍快或稍慢的歌曲，甚至还可选择一些含有速度变化的歌曲。

4. 旋律比较平稳

学前儿童不适合唱旋律起伏太大的歌曲。一般来说，他们较容易掌握的是下行三度（或以下）的音程，其次是四度、五度和六度音程。根据儿童的年龄段，小班适宜选三度音程的歌曲；中大班儿童的歌曲旋律可稍复杂一些，可以增加一些三度以上的跳进，但不宜有连续的大音程跳进。

5. 结构比较短小工整

学前儿童一般不宜唱结构过于长、大或复杂的歌曲。为4岁以前儿童选择的歌曲，以2～4个乐句为宜，每一个乐句也不宜太长，且歌曲结构最好比较工整短小，多为一段体，一般没有间奏、尾奏等附加成分。

为4岁以上儿童选择的歌曲，可以有6～8个乐句，偶尔也可唱稍长乐句的歌曲。结构上可以选一些简单的两段体或三段体的歌曲，一般可以有间奏和尾奏等附加成分，但总体上还是应以唱一段体歌曲为主。

歌曲是对学前儿童进行教育的媒介，在选择歌曲时，除了应是儿童容易理解和掌握的以外，还应注意其教育性，即所选择的歌曲应具有思想性、艺术性等。

四、学前儿童歌唱活动指导

唱歌教学法根据歌曲题材、体裁、内容、性质的不同及教学对象的不同年龄特征，可以采取不同的教学方法。下面所推荐的唱歌教学中的一些步骤与方法是多年来人们在唱歌教学中所积累的经验。采用时，必须结合所教儿童的实际情况，灵活运用，并应创造性地予以发展。

（一）教师熟悉、分析教材

教师首先必须熟悉歌曲，在反复练习的基础上能够达到熟练地背唱，并且能够通过声音的强弱、快慢、音色、呼吸等各种技巧来准确、生动地表现歌曲的情感和内容。

其次，教师还必须学会分析教材：分析歌曲的主题思想是什么，是否具有教育意义；分析歌曲的性质、思想情绪和特点；分析歌曲的音乐形象，运用的表现手法等。教师还要掌握歌曲的重点和难点，并结合儿童的实际情况设计教法与使用的教具。

（二）导入新歌

导入环节目的在于将儿童生活情境与歌曲学习相结合。

1. 事先欣赏

有些歌在未正式教唱之前可以先唱给儿童听，让儿童在欣赏的过程中形成初步印象，有的儿童歌曲已录有磁带，这就可以在吃点心时、午饭前播放给儿童听。

2. 在其他活动中做准备

有的歌曲可结合游戏先学会歌词，然后在音乐活动中正式教唱。如歌曲《大皮球》，先在早操或体育活动中学会"大皮球，圆又圆，拍一拍，跳一跳，拍得轻，跳得低，拍得重，跳得高，我的皮球接住了"的歌词，这样在音乐活动中学起来就会快得多。

《拔萝卜》这首歌，可先讲故事让儿童了解歌词内容、人物出场顺序，等到学唱这首歌时只要加上曲调就可以了。

在自然科学教育活动中认识小白兔时，可将《我是小白兔》一歌结合儿童的观察唱给儿童欣赏，以后音乐活动中再学唱此歌时，由于儿童印象深刻，无须再做多少解释。

在美工活动中画出春天的特征时，可将歌曲《春天》结合儿童的观察唱给儿童欣赏，丰富儿童对春天的认识，在音乐活动中教唱此歌时，就会快得多。

3. 教唱前提供感性经验

创造条件让儿童在未学歌之前先对歌曲内容有个初步的感性认识。例如，教《数高楼》的歌曲之前先带儿童到大街上看看高耸的楼房；教《小鸭小鸡》的歌曲之前，让儿童听一下小鸡小鸭的叫声，了解它们的生活习性。

4. 运用教具等各种方法，引起兴趣教新歌

有许多歌曲可直接在音乐活动中教儿童学唱。为了引起儿童兴趣，调动学习的积极性以及帮助他们对歌词的理解，在教新歌时，根据年龄的不同而适当使用一些能活动的教具，恰当地讲述有关内容的短故事或谜语，以及要求儿童集中注意力准备回答教师的提问等方法，对教学也能收到良好效果。例如，教《摇啊摇》一歌时，准备好小摇床一张（可用废旧物品制作或小凳代替）、小娃娃一个及小花被一床。告诉儿童要教他们唱《摇啊摇》这首歌，教师边唱边运用教具按歌词抱着娃娃摇、将娃娃放入小床、盖好被、摇动小床、娃娃睡着了进入梦乡，这样，儿童会很感兴趣，全神贯注地看老师的动作，体会老师唱的歌词。

幼儿园常用的贴绒、磁性教具等在教唱歌时都可运用。在选用教具时应力求简便、易于操作；能活动，有利于节奏感的培养。如用画面，内容应简单，有助于儿童理解歌词，如果画面内容过于复杂，会分散儿童的注意力。

（三）范唱

范唱是老师把新教材正式介绍给儿童的过程。教师的范唱不仅应有正确的唱歌技巧，如正确的姿势、呼吸，清楚的吐字，准确的旋律与节奏，适当的表情等，还应当为儿童树立良好的榜样，并且怀着对儿童、对歌曲的真挚的感情来演唱，使儿童真正受到音乐艺术的感染。儿童对听老师富有感情地唱自己所喜爱的歌曲，往往比听声乐技巧高超的歌唱家的演唱更加喜爱，倍感亲切。

（四）学唱新歌

教唱新歌的方法多种多样，教师可以根据歌曲的特点和本班儿童的年龄特点灵活选用。

1. 介绍并按节奏朗读歌词

有的歌曲相对来说歌词比较长，也比较复杂，一般来说可以先教儿童掌握歌词，这样，歌曲的难点往往就迎刃而解。教师可以通过提问的方法将歌词串起来，以此引导儿童记忆歌词，掌握歌词。

有些歌曲比较简单，同样一段旋律有几段押韵、相似的歌词，这样的歌曲则通常只要先教一段歌词，真正教会了，儿童体会到了歌词韵律节奏之间的关系，再把第二段、第三段歌词告诉儿童，儿童学起来就会很快。

2. 熟悉歌曲节奏

有些歌曲节奏鲜明，词曲结合朗朗上口，可以采用先教歌曲节奏的方法，熟练掌握节奏，按节奏学习歌词，进而学会演唱歌曲。如学习《两只小象》，可通过拍手、拍肩等身体动作让儿童学习歌曲节奏，再有节奏地朗读歌词、学习旋律并演唱全曲。

两只小象

常 瑞 词
汪 玲 曲

1 = A 3/4

稍慢

两只小象河边走，扬起鼻子钩一钩，

就像一对好朋友 见面握握手，握 握 手。

节奏：3/4 X X X X | X X X X | X X X X | X X X - |

X X X X | X X X X | X X X X X 0 | X X X - |

3. 熟悉旋律

有些歌曲旋律简单、流畅，则可采用教旋律的方法，由简到难，掌握全曲。如《青蛙》可先教会儿童学会演唱第一句旋律，第二句旋律几乎与第一句相同，只改动最后几个音即可。

青 蛙

汪爱丽 词曲

1 = C 2/4

5 3 5 3 | 5 3 1 | 2 4 3 2 | 5 5 5 | 5 3 5 3 | 5 3 1 | 2 4 3 2 | 1 1 1 ‖

我是一只小青蛙，唱起歌来呱呱呱，我是一只老青蛙，唱起歌来呱呱呱。

4. 分句教唱法

有些歌曲相对来说比较长，乐句结构清楚，可以采用老师教唱一句，幼儿跟一句的方法，由歌词到旋律，再到词曲结合学唱全曲。这种教唱方法的好处在于一句一句跟唱，便于儿童模仿，但同时，这也破坏了歌曲的完整性和要表达的艺术形象，而且一句一句地学唱，也难以促进儿童的积极记忆和思维等心理活动的发展。

5. 整体教唱法

结构短小、形象集中、单一的歌曲，可以采用整体教唱法，即幼儿从头至尾跟唱全曲。用这种方法教唱，可以保全整首歌曲的意义、情绪、形象的完整性，在学唱过程中能引起相应的情感体验。例如：

我爱我的幼儿园

佚 名 词曲

1 = D 2/4

1 2 3 4 | 5 5 5 | 5 5 3 1 | 2 3 2 |

我 爱 我 的 幼 儿 园，幼 儿 园 里 朋 友 多，

1 2 3 4 | 5 5 5 | 5 5 3 1 | 2 3 1 ‖

又 唱 歌 来 又 跳 舞，大 家 一 起 真 快 乐。

在教唱与练习新歌的过程中,教师应注意教会儿童掌握歌曲中的重点、难点,注意培养儿童的唱歌技能,如正确的歌唱姿势、呼吸方法、发声方法等,以及通过变换演唱形式来增进儿童练习歌曲的兴趣。歌唱的形式大致可分为独唱、齐唱、接唱、对唱、领唱齐唱、轮唱、合唱等。

(五) 复习歌曲

在教新歌的过程中有着反复练习的成分,在复习歌曲的过程中,也有继续学习、不断提高、增加新要求的因素。儿童应在愉快、有兴趣的情境下复习,避免单调的重复练习。

1. 复习歌曲的组织形式

(1) 全体唱。齐声欢唱能够造成一种欢乐的气氛,增加唱歌的兴趣。

(2) 部分儿童唱。组织部分儿童演唱可以使儿童轮流得到休息,并养成仔细倾听别人唱歌的良好习惯。部分儿童唱还能够满足儿童表达自己情感的愿望,以及愿意在别人面前唱歌的心理要求,锻炼儿童唱歌的能力。

(3) 单独唱。教师应有意识地请儿童单独唱,逐步使每个儿童都具有大胆地在别人面前唱歌的能力。

2. 复习歌曲的方法

(1) 边唱边表演。边唱边动,是儿童唱歌时最常见的现象,让儿童边唱边表演或分角色表演,可以帮助儿童记忆歌词、增加节奏感、促进动作的协调、提高表现的能力,并能引起复习的兴趣。

(2) 变换演唱形式。不同歌唱表演形式可以表达出歌曲不同的演唱效果,并能增进儿童唱歌的兴趣。

(3) 边用教具边唱。运用一些色彩鲜明、形象可爱又便于使用的教具让儿童边使用教具边唱歌,能激发儿童唱歌的积极性,如复习《小鸭小鸡》时,可用小鸭子和小鸡的玩具辅助儿童复习歌曲。

(4) 用游戏的方法复习歌曲。在儿童学会歌曲后,用游戏的方法可以提高儿童复习的兴趣,让儿童在玩中学,学中玩。如复习《拔萝卜》时,可让儿童根据歌词内容及每个人物的出场顺序边做游戏边复习歌曲。

(5) 利用绘画的方法复习歌曲。对于形象鲜明、生动,具有很强的视觉联想效果的歌曲,可通过绘画的方法复习。

(6) 为歌曲伴奏。在复习歌曲的过程中,教师可以引导儿童用拍手、说白、乐器演奏等方法为学过的歌曲伴奏,以达到复习、巩固、提高歌曲表现力的效果。

以上我们概要介绍了幼儿园常用的复习歌曲的方法。在实际教学中,教师还可以将歌曲复习与创造性歌唱活动结合起来,使复习的形式更加多样、生动、有效。

(六) 创造性歌唱活动

在歌唱活动中,教师可以有意识地在引导儿童歌唱的同时,为他们提供有利于创造性培养的活动和机会,以发展儿童的创造性。其活动形式一般有以下四种。

1. 创编动作

为歌曲创编动作是创造性歌唱活动中最常见的一种形式。对于结构简单、工整,歌词内容富有动作性的歌曲,可以引导儿童展开想象,为歌曲编出生动形象而有趣的表演性动作。如《拍拍手》这首歌,歌词明确提示了动作,动作创编较容易,适合小班儿童。

如《蝴蝶花》这首歌,教师可根据歌词内容引导儿童如何运用动作表现"蝴蝶花""轻轻走""为什么蝴蝶不害怕"等情节。这一类歌曲具有一定的情节,歌词对动作有一定的暗示性,创编的动作应具有完整性和连贯性,才能够很好地表现歌曲的情节。这类歌曲对创编的要求较高,一般较适合在中大班进行。

总之,无论进行哪种形式的动作创编,教师都应注意启发儿童的生活经验,引导儿童多观察周围生活,积累一定的动作语汇;同时在创编过程中教师还应注意可以将歌曲适当分段、分句或放慢歌唱速度,等儿童熟练掌握动作以后,再把歌曲完整而连贯地表现出来,或恢复到原有的歌曲速度。

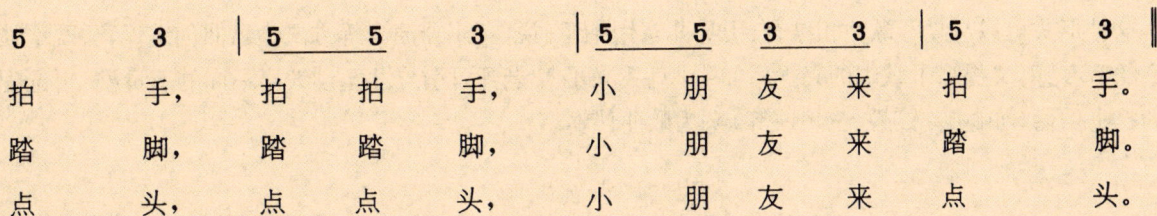

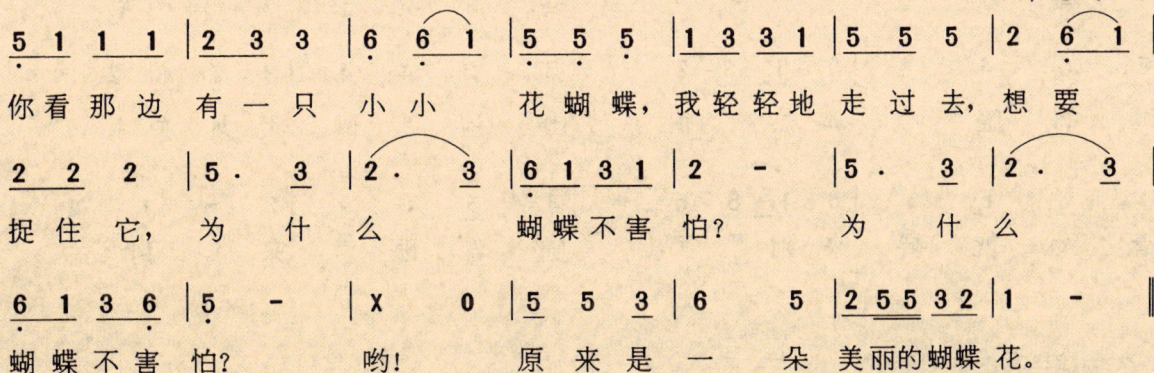

2. 创编歌词

在歌词的创编活动中，儿童歌唱的积极性和主动性大大增强，能充分地体验和享受到自我表达的乐趣；同时，它对儿童的音乐认识能力以及创造意识和能力的培养也大有益处。

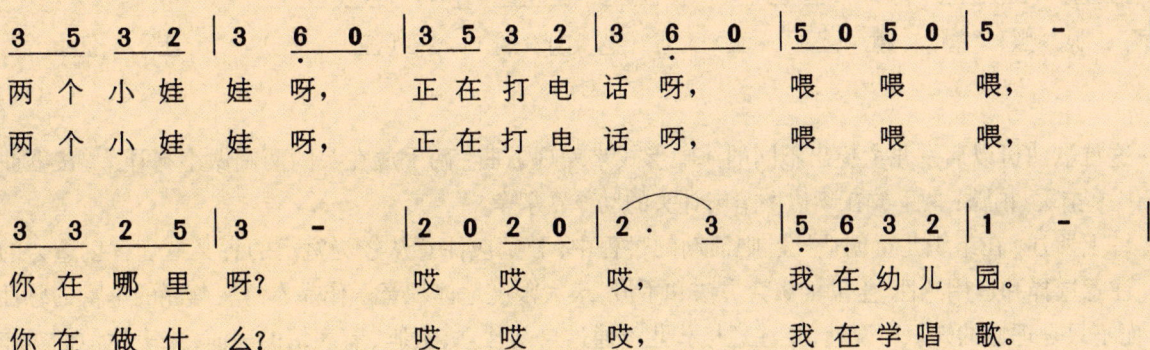

对于这首歌曲,教师可以引导儿童创编回答的内容,如"我在做早操""我在学画画"等。在歌词创编活动中,教师应该想方设法,充分调动每一个儿童的积极主动性,真正放手让儿童自己开动脑筋去想、去编,而不要包办代替,除非儿童在用词方面有难以克服的障碍,需要老师给予适当的点拨和指导。

3. 创编伴奏

这种形式可以与复习歌曲相结合,引导儿童用拍手、说白、乐器演奏等方式为歌曲创编伴奏,既增强了儿童的节奏感,又提高了歌唱的兴趣。如《小鸟飞来了》,老师可引导儿童创编出不同的节奏型,再选配不同的打击乐器(如碰铃、铃鼓、三角铁等)来为歌曲伴奏。

4. 创编丰富的演唱形式

让儿童为同一首歌曲创造不同的演唱形式,也是一项很有意义的活动,可以帮助儿童增加对歌曲的理解,提高歌唱的表现力。

这首歌曲可以启发儿童想出不同的演唱形式来表现歌曲:两手放在头的两侧做小狗耳朵,按歌曲节奏招手;拍手、拍腿;两手放在嘴边做啃肉骨头的动作;等等。

综上所述,在组织儿童创造性歌唱活动的过程中,教师应注意从较为宽泛的意义上理解创造力的含义。注意选择和运用感性、生动的教育方法和手段,最大限度地体现音乐作品本身所蕴涵的丰富的感性内容,而不只是理性的知识与说教,要注意培养儿童通过自己独立、大胆、有表情的表演,来表达他们对作品的真实感受和理解,从而达到发展幼儿的创造力的目的。

★ 活动设计

教唱新歌:《我爱家乡,我爱祖国》(大班)

设计意图 >>>

这是一首赞美祖国大好河山的抒情歌曲,旋律优美,是由四个乐句构成的一段体儿歌,结构方整对称,四三拍摇曳的风格特点,增强了歌曲的动感。通过学习这首歌曲,幼儿可以初步学习用安静的声音和较长而连贯的气息演唱歌曲,表达对祖国山河的爱恋。

设计思路 >>>

学习这首歌曲前,采用了玩"找音高"游戏的方法导入,让幼儿在歌曲旋律的伴奏下,边玩边找。不仅让幼儿在不知不觉中熟悉了歌曲的旋律,还调动了幼儿参与歌唱活动的积极性。在学习过程中,将原歌词变成图片,结合视觉感受加深对歌词的理解,从而体会歌曲中对家乡、对祖国的热爱之情。

活动目标 >>>

1. 初步学会歌曲,并进一步感受三拍子的节奏特点,学习乐句间自然地换气。
2. 激发爱家乡、爱祖国的情感,并从歌词中感受到作为一名中国人的自豪感。

活动准备 >>>

长江、黄河的图片及家乡景色的图片,录音机,钢琴。

活动重点 >>>

感受四三拍的节拍特点。

活动难点 >>>

学习用较长而连贯的气息演唱歌曲,感知换气。

活动过程 >>>

一、游戏:找音高
幼儿用手势表现自己听到的基本音后的不同音高。

二、练声
要求幼儿能养成良好的发声习惯,并在练声时初步感知换气,为学唱歌曲作准备。

三、学习歌曲
1. 教师范唱幼儿欣赏。
提问:① 歌词里唱了什么?
　　　② 歌曲是几拍子的?
2. 再欣赏一遍,进一步感受歌曲的节奏及歌词内容。
3. 欣赏图片帮助幼儿理解歌词。
(1) 欣赏家乡景色的图片。
提问:① 你的家乡有名的一条河叫什么名字?
　　　② 是否知道我国有名的江河?

（2）出示长江、黄河的图片。

幼儿边欣赏边跟老师朗诵歌词,进一步感受和理解歌词的意义。

4.幼儿跟唱歌曲。

重点:唱准三拍子的节奏。

难点:在教师示范下学习换气。

5.教师伴奏,幼儿集体演唱,并激发幼儿唱出自豪、愉快的情感。

6.男女生分组演唱,进一步熟悉歌曲。

四、复习双声部朗诵《中国人了不起》

能配合好两个声部的朗诵并做到节奏准确,通过朗诵进一步延伸歌曲的意义,激发幼儿的爱国情感。

五、教师总结评价

附:

我爱家乡,我爱祖国

李海鹰　词曲

★ 活动设计

歌唱活动:《小青蛙躲猫猫》(小班)

设计意图 >>>

这是一首游戏性较强的歌曲,因此在教学活动中,我们设计了让幼儿做动作、玩游戏、唱歌曲,增加了动作的参与,减少反复学唱的枯燥感。教师借助动作、游戏、图片,逐步引导幼儿熟悉旋律、掌握歌词,增加了趣味性。

活动目标 >>>

1.初步聆听歌曲,在教师的引导下理解歌词的内容,并学唱歌曲。

2.尝试为歌曲创编动作,能够随乐律动。

3.体验小青蛙"躲猫猫"时的快乐,能够积极参与游戏。

活动准备 >>>

青蛙图片及头饰,音乐。

活动重点 >>>

在游戏中理解歌词内容,用愉快的情绪演唱歌曲。

活动难点 >>>

学会歌曲,会用自然的声音演唱歌曲。

活动过程 >>>

1. 谜语导入歌曲:一位游泳家,说话呱呱呱,小时有尾没有脚,大时有脚没尾巴。

2. 教师范唱歌曲,请幼儿听一听歌曲里都唱了什么。

3. 在图片的引导下,教师引导幼儿理解歌词。

4. 教师再次范唱,边做动作边引导幼儿聆听歌曲。

5. 教师引导幼儿一起玩"躲猫猫"的游戏,在游戏过程中可以让幼儿展开想象,除了躲在"洞"里,还可以躲在哪里?

6. 一起演唱歌曲,结束活动。

活动延伸 >>>

教师可以请幼儿一起描述其他小动物的特征,并通过猜谜的游戏,引导幼儿进行歌词创编,替换原有歌词。

附:

小青蛙躲猫猫

佚名　词曲

1 = C 2/4

3 5 5 | 6 6 5 | 3 5 6 5 | 1 3 2 | 3 3 3 | 5 5 5 | 6 5 3 1 | 2　5 | 1 － ‖

小青蛙, 呱呱呱, 要和妈妈　躲猫猫。 躲进了　一个洞, 不知它是　什　么　洞?

第二节　韵律活动

韵律活动是幼儿喜欢的音乐活动之一,在日常生活中,我们常常可以看到:幼儿听到自己喜欢的音乐,会情不自禁地手舞足蹈,这是幼儿对音乐的直觉的、自然的、即兴的反应,他在用肢体动作表达对音乐特有的感觉与理解。韵律活动在调节幼儿的情绪、发展动作协调性、培养幼儿的想象力和创造力以及幼儿表现美、感受美的方面起着极大的作用。

一、学前儿童韵律活动的内容

学前儿童音乐教育中的韵律活动是指随音乐而进行的各种有节奏的身体动作。一般包括律动、舞蹈及其他节奏活动三个方面。

（一）律动

律动是在音乐伴奏下的韵律活动，根据音乐的性质、节拍、速度等有规律地、反复地做一个动作或一组动作。

幼儿园律动的内容一般有两种：一种是模仿动作，另一种是把音乐游戏或舞蹈中比较困难的动作抽出来单独练习。大致有以下几个方面：

（1）动物的动作：兔跳、猫走、鸟飞、鸭走、熊走等。

（2）人的劳动和其他动作：走路、跑步、划船、摘果子、开汽车、开火车等。

（3）自然界的现象：风吹、柳树摇摆、植物生长、下雨、水波等。

（4）日常生活及游戏、舞蹈中的动作：洗脸、刷牙、梳辫子、穿衣服、洗衣服、拍球、托球、手腕花、踢踏步等。

（二）舞蹈

舞蹈是动作的艺术，是通过音乐和动作塑造具体形象，表现一定主题，反映社会生活、抒发感情的一种视觉表演艺术。

幼儿园舞蹈的内容主要由一些基本舞步如踮步、小跑步、踏点步、踏跳步、后踢步、进退步、跑跳步、华尔兹步、秧歌步、滑步等，加上简单的上肢舞蹈动作，如两臂的摆动、手腕的转动等以及简单的队形变化所构成。幼儿园常见的舞蹈形式有以下五种。

（1）集体舞：大家一起跳，基本上做同样的动作，跳完一遍以后可以更换舞伴。这是人人都可以参与的一种舞蹈形式。

（2）邀请舞：集体舞的一种变形，通常先有一部分人为邀请者，与被邀请者跳完一遍，然后双方互换角色继续跳舞。这是幼儿最喜爱的一种舞蹈形式。

（3）小歌舞或童话歌舞：这是一种综合性较强的舞蹈形式，有一定的情节，分几个角色，可以将说、唱、跳几种音乐活动综合在一起，用歌舞的形式表演。这也是一种古老而极具生命力的幼儿音乐活动形式。

（4）幼儿自己创编的舞蹈：幼儿在已经掌握基本舞步、舞蹈动作的前提下，根据对音乐情绪、性质的感受，随音乐自己创造性地想出各种舞蹈动作，以表达自己对音乐作品的理解。

（5）表演舞：又称情绪舞，人数有限，一般几人至十几人，可以有简单的队形变化。这类舞蹈可以在平日所学的歌表演或简单舞蹈的基础上加工而成，并在节日或家长会等活动中表演。

（三）其他节奏活动

其他的节奏活动一般有语言节奏活动、人体节奏活动、节奏读谱活动等。主要是通过各种不同形式的活动，训练幼儿的节奏感。

1. 语言节奏活动

音乐节奏的主要来源之一是人类的语言，语言本身含有丰富、生动、微妙的节奏。从小让幼儿从语言节奏入手掌握节奏，不仅容易掌握，而且富有生命力。最简单、最富于节奏性、最易于为幼儿所喜爱和掌握的语言节奏莫过于人名的节奏了。从熟悉小朋友的名字中，可以派生出由四分音符、八分音符组成的，

最短小的 $\frac{2}{4}$ 拍的节奏单元。由此逐渐发展为 $\frac{3}{4}$、$\frac{4}{4}$ 拍,从节奏上增加二分音符、附点四分音符、附点八分音符、切分音,并进行多声部的节奏练习。有些节奏对幼儿来说是有一定难度的,但是借助于"名字称呼"这一特殊方式来训练,不仅能使儿童提高节奏训练的兴趣,还会大大降低难度。

人名节奏练习可以成为幼儿语言节奏练习的起点,而一些节奏鲜明、朗朗上口的儿歌也是语言节奏练习的上好材料。如儿歌《七个阿姨来摘果》:"一二三四五六七,七六五四三二一,七个阿姨来摘果,七个花篮手中提,七个果子摆七样,苹果、桃子、石榴、柿子、李子、栗子、梨。"

这首儿歌可以用多种方式来练习节奏:

(1)手拍固定拍,口诵儿歌。

(2)手拍语言节奏,口诵儿歌。

(3)将上述(1)(2)结合,进行两声部练习。

(4)以"轮唱"的形式分组朗诵儿歌,可以同时结束,也可以不同时结束。

(5)手拍固定拍或节奏,口诵儿歌,最后一句分成两组轮流说出果子的名称,最后一种"梨"两组同时说,要求协调、整齐。

(6)口诵儿歌,幼儿手执不同的打击乐器,分别按节拍、节奏或新设计的节奏型敲击伴奏。

课例　奥尔夫语言活动:土豆

扫码看视频

设计意图

语言是人人都具备的能力,将语言引入音乐教学是奥尔夫对学校音乐教学的一项伟大贡献。语言在音乐教学中作为节奏教学的基石,可以充分与动作、音乐相结合,甚至可以用语言来创作"音乐作品",因此语言在音乐教学中有很大的应用价值和极为丰富的发展可能性。

设计思路

本歌谣选自民间顺口溜,结合手指动作感受歌谣的基本节拍与节奏,根据幼儿接受程度进行不同动作节奏与语言节奏的变化练习,充分调动幼儿参与活动的积极性和活动热情。通过与别人合作以及不同时值和位置的空拍训练,培养和锻炼幼儿对自己的控制和把握能力,是训练和培养节奏感觉的高效学习方式。

教学目标

情感目标:

1.接受奥尔夫语言活动,认识到语言是训练节奏的重要手段。

2.被此语言活动本身的趣味吸引。

3.激起同学们改编和创作的愿望。

能力目标:

1.认知歌谣中的八分音符、四分音符与二分音符,并能正确读出。

2.能够完成不同动作节奏与语言节奏的结合。

3.能够完成歌谣中不同位置、不同时值的空拍训练。

4.能够理解语言的逻辑结构并进行同结构的歌谣创编。

教学准备

多媒体。

教学重点

语言与动作的结合、对空拍的训练。

教学难点

后半拍的节奏训练。

土　豆

土豆土豆　|　皮　　皮　|

土豆土豆　|　丝　-　|

土豆土豆　|　皮　　皮　|

土豆土豆　|　丝　-　|

土豆皮　|　土豆丝　|

土豆丝　|　皮　-　‖

教学过程

1. 按照节奏读歌谣(注意:保持稳定的速度,不要快)。

2. 右手手心、左手手背朝上。握拳为土豆,左右手大指为土豆皮,左右手小指为土豆丝,边读边做。

3. 左手手心、右手手背朝上。握拳为土豆,左右手大指为土豆皮,左右手小指为土豆丝,边读边做。

4. 双手手背朝上,右手小指及左手大指为土豆皮,右手大指及左手小指为土豆丝,边读边做。

5. 双手手心朝上,左手小指及右手大指为土豆皮,左手大指及右手小指为土豆丝,边读边做。

6. 双手组合动作还可以不断变化。

7. 逐渐加入空拍,分别空:皮、丝、土豆(皮、丝)、土、豆。在空"土"的时候注意这个是最难的环节,如果学生节奏感不是太好的话,可以先用空字代替土字,第二遍再用空拍来完成。

8. 把皮字换为片,两人一组,读片的时候,手指张开,手心对拍。读丝的时候,手指并拢,手背对拍。从单人游戏变作双人及多人游戏。

9. 此后加入闭眼的环节,由节奏训练加入感知觉训练。

10. 学生自己创作歌谣及动作。

```
        土  豆                    土  豆                    土  豆
土豆土豆 | 0      0 |      土豆土豆 | 皮      皮 |      0 0 0 0 | 皮      皮 |
土豆土豆 | 丝   —  |      土豆土豆 | 0   —  |      0 0 0 0 | 丝   —  |
土豆土豆 | 0      0 |      土豆土豆 | 皮      皮 |      0 0 0 0 | 皮      皮 |
土豆土豆 | 丝   —  |      土豆土豆 | 0   —  |      0 0 0 0 | 丝   —  |
土豆 0 | 土豆 丝 |      土豆 皮 | 土豆 0 |      0 0 皮 | 0 0 丝 |
土豆 丝 | 0   — ‖      土豆 0 | 皮   — ‖      0 0 丝 | 皮   — ‖

        土  豆                    土  豆
土0土0 | 皮      皮 |      0豆0豆 | 皮      皮 |
土0土0 | 丝   —  |      0豆0豆 | 丝   —  |
土0土0 | 皮      皮 |      0豆0豆 | 皮      皮 |
土0土0 | 丝   —  |      0豆0豆 | 丝   —  |
土0 皮 | 土0 丝 |      0豆 皮 | 0豆 丝 |
土0 丝 | 皮   — ‖      0豆 丝 | 皮   — ‖
```

教学总结

1. 幼儿学习的渐进性原则：每次加入新的环节，此时活动的重点也在每一次发生改变。
2. 节奏训练中的后半拍，为节奏训练的高级阶段。
3. 根据学生的反馈，调整教学进程。
4. 从单人活动变为双人乃至多人活动，要观察是否节奏准确。
5. 在节奏训练加入感知觉训练之前要测好距离，并观察是否闭上眼睛。

2. 人体节奏活动

我们的人体就好像是一个天然的打击乐器，可以发出很多种美妙的声音，如拍手、拍腿、踏脚、捻指、弹舌、口诵等，我们可以边唱边做人体节奏动作。

另外，可以通过节奏模仿和节奏应答的方式来进行专门的人体节奏动作训练。所谓节奏模仿即幼儿模仿老师的人体节奏动作，或幼儿之间相互模仿。这些动作可以从拍手开始，逐渐加进拍腿、踏脚、拍肩、抱胸、叉腰、点头、捻指、弹舌、摇摆、脚跟点地、脚尖点地、拍手心或拍手背、变换方向或姿势拍手等。节奏应答是指老师拍出一个节奏，幼儿以拍数相同的另一种节奏来"回答"，还可以用不同的动作来回答。例如，老师拍手，幼儿可以用拍腿、踏脚或拍肩等人体动作来回答。这些人体节奏动作同样可以结合起来进行多声部的节奏训练。

课例 声势活动：房子 箱子 盒子 匣子

扫码看视频

设计意图

声势是用身体作为乐器,通过身体动作发出声响的一种手段,可以用拍手、踩脚等身体动作,有节奏地表达相应的情感和情绪。声势训练对于训练和培养幼儿的节奏感、听辨反应能力及创造力都是一种很好的教学手段,还可以调动幼儿参与音乐活动的积极性。

设计思路

本活动将语言与声势、节奏、乐器结合在一起,"踩脚"的音色接近于低音声部,"拍腿、拍手"的音色接近于中音声部,"捻指"的音色接近于高音声部,从最简单的音色组合开始,结合民间歌谣,在教师的带领下感受基本节奏,随后在歌谣中加入空拍训练,不仅可以克服节奏的呆板,丰富节奏感,还可以训练幼儿的注意力和反应能力。

在完成节奏的变化练习后,可以加入乐器丰富音色,让幼儿体会多声部合作的快乐。这种通过语言、声势、节奏、乐器、卡农等方式,形成的多声音乐的训练方法,对于培养幼儿的乐感和创造能力有很高的教育价值。

教学目标

情感目标：

1. 接受奥尔夫声势活动,认识到声势是训练节奏的重要手段。

2. 被此声势活动本身的趣味吸引。

3. 激起同学们改编和创作的愿望。

能力目标：

1. 认知歌谣中的八分音符、四分音符并能正确读出。

2. 能够完成不同动作节奏与语言节奏的结合。

3. 能够完成歌谣中不同位置、不同时值的空拍训练。

4. 能够理解语言的逻辑结构,并进行同结构的歌谣创编。

5. 卡农训练。

6. 奥尔夫乐器入门。

教学准备

多媒体。

教学重点

语言与声势、乐器的结合及空拍的训练。

教学难点

转换及迁移中的节奏训练。

- 房子（跺脚）箱子（拍腿）盒子（拍手）匣子（捻指）
- 房子 里面 | 箱 子 |
- 箱子 里面 | 盒 子 |
- 盒子 里面 | 匣 子 |
- 匣子 盒子 | 箱子 房子 |
- 房子 箱子 | 盒子 匣子 ‖

教学过程

1. 按照节奏读歌谣（注意：保持稳定的速度，不要快）。

2. 逐渐加入空拍，分别空：房子、箱子、盒子、匣子。再按照上节课空拍顺序分别空后半拍和前半拍即"房、箱、盒、匣"，以及所有的"子"。

动物声势节奏谱例

小猫

老鼠

大象

狮子

3. 加入卡农环节。

4. 从这个声势活动引出新的素材,采用新的声势谱。

5. 加入奥尔夫乐器环节,用不同的乐器代替四种小动物。

6. 加入歌唱环节,用 <u>1 1</u> <u>3 3</u> <u>5 5</u> <u>1 1</u> 四个音来代替四种小动物。

7. 在乐器及歌唱中加入卡农环节。

8. 让学生进行创编。

教学总结

1. 幼儿学习的渐进性原则:每次加入新的环节,此时活动的重点也在每一次发生改变。

2. 节奏训练中的后半拍,为节奏训练的高级阶段。

3. 根据学生的反馈,调整教学进程。

4. 逐渐加入乐器和歌唱环节,要观察是否节奏准确。

5. 在基础节奏训练后,加入卡农训练。

3. 节奏读谱

节奏读谱是匈牙利音乐教育家柯达伊进行节奏训练的工具之一,在幼儿园音乐教学活动中可以借鉴使用,本处不再做详细介绍。

二、学前儿童韵律活动能力的发展

学前儿童韵律活动能力的发展主要反映在以下四个方面。

(一)节奏感方面

节奏感方面的发展是学前儿童韵律活动能力的重要方面。人类天生就有感受节奏的本能。如新生儿的生活就被各种节奏包围:平时,妈妈对他讲的话里有长音有短音;拍着婴儿入睡和在他们清醒时玩拍手游戏,有不同的节奏;用发响的玩具和他玩时,能摇出不同的节奏。再如机体的生理活动如心跳、呼吸等也具有一定的节奏。实际上,只要细心帮助婴幼儿感受,生活中许多自然现象,动植物的生活,人类的劳动中都充满了节奏。在成人的教育下,婴儿自身活动中的节奏感可以有很大的发展。

1. 婴幼儿自身活动中,节奏感的发展过程

(1)5～7个月能够拿玩具对敲或无意地敲打。

(2)8～24个月可以有意地敲打并弄出一些无规律的节奏。

(3)3岁左右注意使自己的动作,如拍手、走步等符合音乐的节拍。

(4)4岁以后比较自如地随音乐做简单的模仿动作、舞蹈动作等,能重复别人或自己创造出简单的节奏型。

2. 在教师的培养教育下,幼儿节奏感发展过程

以幼儿听音乐拍手这一动作为例,幼儿会经历以下三个发展阶段。

第一阶段:不合拍,音乐仅起背景作用。

当教师要求幼儿听琴声时,他们并不能真正听着音乐的节拍来动作,往往将音乐当成要求做出拍手动作的"信号"。正如用语言说出"拍手"这一词的作用差不多,这时音乐只不过起着一种背景的作用。幼儿听见了琴声就知道该拍手了,于是连续不断地、比较快速地拍了起来,动作既不合拍也不均匀,如客人来

了表示欢迎,看了节目后表示感谢,或对某个小朋友的行为表示赞赏时所做的拍手的动作一样。这时虽然大家听的是同一曲调,但各人拍手的速度却不一样,听起来此起彼落,相当混乱。其中也会有个别幼儿由于在家中或托儿所中接受过音乐教育,节奏感较好,有时能有合拍的动作。

第二阶段:懂得注意听音乐,尽量使自己的动作合拍。

在教师经常提醒下,幼儿逐渐知道要听着音乐拍手,要控制动作速度,使动作能合上音乐的节拍。有的幼儿每两拍做一次拍手,有的幼儿一拍做一次或半拍做一次拍手。在这一阶段中,虽然幼儿开始注意使自己的动作合拍,但还是不能自始至终稳定地合着节拍拍手。常常可以看到这样的情况,开始时比较合拍,但到了中途却变得不合拍了。另外,这一阶段中,幼儿拍手的动作也比较僵硬,态度、神情也显得有些紧张,需要高度的注意力。

第三阶段:动作自如,合拍。

步入这一阶段时,幼儿已逐步能从需要高度集中注意中解脱出来,动作的协调性也有所发展,不再那么僵硬,能比较自如、有弹性,表情也显得轻松多了。有的孩子还能在拍手的过程中,停止拍手动作去进行一些其他的活动,如因鼻子忽然发痒而去摸摸鼻子,或是因为自己的衣服翘起来了而去理理衣角,或是发现手绢没有塞好,伸手去把它塞入口袋等,当他们做完这些事情再回过头来拍手时,仍能合上拍子。但有个别幼儿还要进行相当一段时间的训练才能达到这一步。即使是拍手能合拍的幼儿,若要他们听音乐合拍地做一些需要手脚协调的动作,还是有一定困难的。

要能较自如、合拍地随音乐上下肢协调动作,必须在大脑对肌肉动作的控制能力、平衡能力有一定发展的情况下才能产生。动作的发展对节奏感的发展是有一定影响的。

另外,对小一些的幼儿来说,乐曲的速度也是影响他们动作能否合拍的一大因素。乐曲速度过快或过慢,常会使原来能够动作合拍的幼儿也难以适应。这一现象的发生除因幼儿音乐经验不多之外,与幼儿控制、调节动作的能力还不够完善有关。

总之,随着儿童年龄的增长,大脑控制动作能力的发展,经常随音乐进行活动,他们的节奏感也会随之发展,但仍存在个别差异。

(二)辨别音乐性质方面

音乐的不同性质主要通过音乐的种种表现手段,如音的高低、速度的快慢、力度的大小、不同的节奏、不同的音色等表现出来。如较低沉的、有一定强度及速度缓慢的音乐,能表现出身体庞大、笨重、行动迟缓的熊的形象;高音区柔和的音色、稍快的速度,能表现出身体小巧轻盈、在天空中欢快自由飞翔的小鸟的形象。同样,不同体裁的摇篮曲、进行曲、舞曲,或不同风格的乐曲,采用的音乐表现手段也会不同。

如何使幼儿能更好地感受这些不同特点、不同性质的音乐,并能很快地、正确地辨别出它们呢?这同样要借助于身体动作。如果幼儿在倾听熊走音乐的同时能有机会随着音乐做熊走动作,这时他们会想象着自己是一只胖乎乎的大熊,迈着沉重的步伐,一步一步缓慢地向前移动着身体。他们可以在随音乐所做出的慢速、用力的动作中,更好地感受音乐中的速度、力度等表现手段。这些通过动作所获得的亲身体验,为以后倾听类似的音乐能提供感受、辨别的基础。同样,如果幼儿在听表现欢乐、愉快的舞曲,英勇向前的进行曲,亲切温柔的摇篮曲及其他各种不同情感的乐曲时,也能有机会随音乐做出相应的动作,那么,在他们积累起一定的经验时,对感受与辨别不同性质、特点的音乐的能力也将会大大提高。

(三)音乐想象力、创造力方面

音乐想象力是指在已有的音乐形象上,创造新的音乐形象的能力。儿童的音乐想象、思维、创造力,往往要在积极进行活动的过程中才能产生、发展。幼儿随音乐做各种动物的活动,如熊走、兔跳;人物活动,如解放军走路、哄娃娃睡觉;植物的生长,如树长大,花开放;机器的运转,如飞机、火车等,他们在做动作的同时,头脑中充满了这类活动的想象。有的孩子在做兔跳动作时,身体向两边转动,因为他正在寻找萝卜；有的孩子在做解放军钻铁丝网动作时，神情严肃，动作谨慎；有的孩子在哄娃娃睡觉时表现出一片温情；有的孩子在做飞机在空中飞行动作时，口中还发出发动机的嗡嗡声加以补充。在这些有节奏的动作中，幼儿的想象可以展翅飞翔，自由驰骋。

经常进行有节奏的身体动作，能大大促进幼儿想象力与创造力的发展。幼儿5～6岁时，当要求他们用各种不同的方法拍出某个节奏型，或某首小歌的节奏时，他们能开动脑筋想出各种不同的拍手、拍肩、拍腿、踏脚、摆动手臂、走步等动作，很有创造性。

（四）动作协调性方面

幼儿期正是动作发展的重要时期，幼儿在进行有节奏的身体动作时，通过学习各种模仿动作、基本舞步等，使大脑神经控制动作的能力和保持平衡的能力都有所发展，他们不仅逐渐能合拍地做简单的上肢动作，如拍手、开枪、轰炮、打鼓、吹喇叭等，而且还能合拍地走、跑及完成各种需要手脚协调、眼手配合的比较复杂的动作。如果注意培养，他们还能有控制地随音乐速度、力度的变化而相应地改变自己动作的速度与力度，能渐快渐慢、渐强渐弱地做动作，并达到比较灵活、自如的程度。幼儿能协调、灵活、自如地做出各种模仿动作、基本舞步，这就为他能用动作来表达音乐所要述说的意思，以及抒发自己的感情提供了条件。一个人的动作能协调、灵活、自如，生活上也会感到更为轻松、方便。

三、学前儿童韵律活动的选材

（一）律动方面

律动不是简单的模仿动作，而是要随着音乐的节奏进行合拍的动作，教师在选用律动教材时要从幼儿的特点出发，既要考虑到幼儿动作发展的水平，又要考虑到该年龄段幼儿对所选用的音乐能否接受、理解，也就是说，动作与音乐应紧密结合。

1. 动作方面

3～4岁的幼儿，已经能随着音乐的节拍（不合拍）晃动身体或手臂，但他们晃动的速度往往是随意的，不是依照音乐的速度来做动作的。此年龄段的幼儿小肌肉动作、联合性动作发展得还不好，因此选用的动作要简单、变化少，最好手脚不要同时做动作，如打鼓。以后可以逐渐过渡到手脚同时做的动作，如拍手、点头，开始只是让幼儿坐在椅子上，只做手的动作，然后过渡到边走边拍手的上下肢配合的动作。

4～5岁的幼儿，动作能力得到初步发展，动作也比以前灵活、协调，而且基本上能随音乐的节奏做动作了。这时可以让他们做一些稍复杂的动作，如转动手腕、踏步、在音乐伴奏下变换队形（横排、纵排）等。

5～6岁的幼儿，控制能力和节奏感都有所发展，动作已经基本上能和音乐一致，大部分孩子都能听出音乐的基本节拍，做动作时能根据音乐节拍的速度来变换自己动作的速度。这时他们的动作可以相应复杂些，如手腕花加上踏点步、交替步等舞步。手脚的配合动作较复杂且美观，动作的方向变化也较多，上下肢节拍不一样，从而进一步培养儿童对音乐的感受能力及动作的协调性。

课例　奥尔夫语言活动：做糕点

扫码看视频

设计意图

本活动是由语言出发的动作活动，选择幼儿熟悉的生活场景，包括语言和动作的设计都非常生活化，在活动过程中开展合作和独立节奏的练习，培养幼儿的控制能力，既能准确地完成自己的节奏，又能与他人准确地配合,还可以体验换伴游戏,接触更多的伙伴,可以有更多的创造性体验。

教学目标

情感目标:

1. 接受奥尔夫节奏训练的多样性和可变化性。
2. 被此语言活动本身的趣味吸引。
3. 建立合奏的能力,增强合作的意识,理解合作的意义。
4. 激起改编和创作的愿望。

能力目标:

1. 认知歌谣中的八分音符、四分音符,并能正确读出。
2. 完成不同声部动作节奏与语言节奏的结合。
3. 理解并完成前半拍和后半拍。
4. 理解语言的逻辑结构并进行同结构的歌谣创编。
5. 理解并完成语言与乐器的转换。
6. 逐渐理解合作的意义,不断加强合作的能力。

教学准备

多媒体。

教学重点

语言与声势的结合、对后空拍的训练。

教学难点

后半拍的节奏训练,两声部的合作。

教学过程

做 糕 点

糕点糕点 | 做糕点 | 如果你想 | 做糕点 |

敲敲 | 敲呀敲 | 敲呀敲呀 | 敲呀敲 |

然后把它 | 抹一小点 | 抹一点抹一点 | 抹一小点 |

然后把它 | 磨细点 | 磨细点磨细点 | 磨细点 |

敲敲 | 敲呀敲 | 敲呀敲呀 | 敲呀敲 ‖

1. 按照节奏读整部歌谣。注意第三行可以为前紧后松也可以为前松后紧。
2. 将歌谣分为两个声部,每拍的前半拍同学拍手,每拍的后半拍拍腿,进行配合。
3. 将设计的动作模板进行示范,同学们进行学习。

4. 同学们进行模仿，对同学们的动作做出指导。

5. 在熟练掌握的基础上，提出两个要求：一是要以此歌谣作为原型；二是在原型基础上进行三处修改，让同学们进行创编。

6. 同学们分组展示，在展示后将本组的创新之处与大家进行分享并讨论。

7. 提出其他变化形式的可能性。

教学总结

1. 注意节奏训练的"美丽新世界"即为后半拍训练。需要特别指出的是两人为一组，尽量让节奏感好的同学做固定节奏。

2. 奥尔夫各种形式语言、动作的变化与发展。

3. 两声部合作能力的核心在于各声部相互倾听与相互合作，这是一种意识，更是一种能力。

4. 根据学生的反馈，调整教学进程。

2. 音乐方面

音乐是幼儿动作的信号和依据。幼儿的动作要根据音乐的节拍节奏来进行，因此在选用音乐时，要多选用一些节奏鲜明、形象性强、旋律流畅、优美，能引起幼儿活动愿望的音乐。小班的幼儿缺乏快速动作的能力，而且还很喜欢一边哼唱一边做动作，所以对小班或水平低的班级，应选用速度较慢、曲调便于哼唱的音乐。开始尽量让音乐去适应他们的节奏，逐步使他们感受、理解，慢慢转化为能主动使自己的动作合上音乐的节拍，如随着歌曲《打电话》（二拍子）的音乐拍手、晃动身体。

教师还可以选择一些性质相同的音乐交替播放，提高幼儿对音乐的感受能力和兴趣，使幼儿听到同类音乐就会做出相同动作的反应。如可以把《打电话》的音乐换成其他二拍子的、中速的音乐，幼儿还做听音乐拍手、晃动身体的动作。

中大班的幼儿已经初步掌握了区分、欣赏音乐的能力和经验，在教学中教师可以改换不同性质的音乐，逐步使幼儿能按音乐的节奏、节拍的特点，速度、力度的变化做出相应的动作，例如，教师弹奏或播放音乐时，要求幼儿听二拍子音乐做"踏点步"，听三拍子音乐做"三步"，听四拍子音乐做"前踢步"。然后二拍子、三拍子、四拍子的音乐轮流播放，检查幼儿是否能及时改变动作。

（二）舞蹈方面

舞蹈是形体的艺术，幼儿舞蹈的目的是使幼儿用动作来表达自己对音乐作品的感受，抒发内心情感，获得美的享受。因此，舞蹈教材的选择要根据幼儿舞蹈教学大纲，从幼儿的年龄特征、心理特征、实际接受水平出发，选择有教育意义的、内容丰富多彩的幼儿舞蹈。

小班的舞蹈动作、队形要求与律动一样，要简单、变化少、多重复、多采用模仿动作或歌表演形式，如开火车、小鸟飞、蹦跳步等。在音乐的选用上，避免一个舞步总用一首音乐，同一舞步可以交替用性质相同的音乐。

中大班的舞蹈教材要相应的复杂些，可以进行踏点步、踮步、跑跳步、进退步等的训练，队形也要有多种变化。如单圈或双圈，圆圈的扩大或缩小等，动作可以更细腻些，除了表现音乐的性质和情绪，还要表现出音乐力度和速度的变化，音乐的选用可以多样化。如音乐结构可以是一个乐段一种情绪或两个乐段对比情绪的。

四、学前儿童韵律活动的指导

（一）律动方面

刚入园的幼儿，不会听音乐做动作，动作很不协调，走步不能合拍，速度不均匀，节奏感很差，不能马上学习游戏或舞蹈。因此，教师应当多采用直观、易于被幼儿理解与接受的方法，从简单动作入手，循序渐进地进行。

1. 教幼儿按节拍做简单的动作

在韵律活动之前，教师应先教幼儿听音乐，并合着音乐的节拍，教些简单的动作，如二拍子和四拍子的拍手、走步、摇手、点头、举手、叉腰、转身等。还可以教些模仿游戏的动作，如摇娃娃、洗手帕、吹喇叭、打鼓等。教这些动作时，教师不仅要示范、解释，还要逐个了解幼儿，手把手地教幼儿怎样做，具体帮助幼儿摆出某种姿势或某个动作，使幼儿从被动感受，逐步变成主动地、正确地掌握动作。

教幼儿做动作时，教师要与幼儿一起，边哼唱歌曲边做动作。这样能吸引幼儿注意，提高幼儿学习的积极性。同时进行巡回检查，直到幼儿掌握以后，再让他们自己跟着音乐节拍做动作。

培养幼儿合着音乐节拍做动作，教师可以选择一些性质相同的音乐交替播放，提高幼儿的音乐感受力和兴趣，使幼儿听到性质相同的音乐就会做出相同动作的反应。

小班后期，可以让幼儿听三拍子的音乐，教他们摇船等动作，让幼儿学会区分二拍子、四拍子和三拍子的不同。随着幼儿年龄的增长和经验的积累，教师可以有意识地改变音乐的速度和力度，让幼儿做出相应的动作反应；还可以改换不同性质的音乐，检查幼儿能否及时改变动作。如果开始时，幼儿不能注意到音乐的变化，教师要用语言提示，如"音乐快了，手要拍得快些"等，以后逐步取消，让幼儿自己听音乐，并做出相应的动作；有时也可以让乐感强的幼儿做带头人，或者逐步过渡到全班幼儿轮流做带头人，带动大家注意音乐的变化。

2. 对幼儿进行基本动作训练

（1）节奏训练。

培养幼儿的节奏感，要从小班就开始训练。除上述内容外，可以开始打击乐的训练。中班以后，要训练幼儿能使自己动作合在音乐的节奏上，并能随音乐旋律的变化而改变自己的动作节奏。

（2）控制训练。

幼儿控制能力差，表演动作的收式或起式都容易松松垮垮。训练中，教师要强调每一个动作的要领，教幼儿把准、收稳。

3. 丰富幼儿的生活经验

幼儿由于年龄小，缺少生活经验，对某些事物的形象不能用动作准确地表达和模仿，为了丰富儿童头脑中的表象，使幼儿的律动表演和模仿动作生动形象，并表达出一定的感情，必须丰富幼儿的生活经验，使他们对所要表现的形象有一定的认识和理解。下面介绍两个实例。

（1）实物观察。

小班幼儿在学习"鸭走"之前，教师带领幼儿来到动物园，去观察鸭子长什么样，是怎样走路的。幼儿通过亲眼观看，对鸭子的外形特征、走路特点有了一定的印象。教学时，当老师一提出要学"鸭走"动作，幼儿就做出了不同的反应。有的幼儿把双手放在嘴前学鸭叫，发出"呷、呷"的声音；有的幼儿双腿弯曲，双手放在身体两侧，脚呈八字形，左右摇摆，显出笨拙的样子，学习鸭走路。这样，幼儿通过亲眼观看，在头脑中留下了比较深的印象，因此在随音乐做这些动作时，就能用各种方式，富有感情地表现出来。同样，在中大班幼儿学习表演"种树苗"的动作时，先组织幼儿观看老师亲手种下一棵小树苗，使幼儿了解种植树苗的整个过程。通过演示，幼儿在表演模仿动作时就会更为逼真。

（2）让幼儿亲自动手、体验生活。

小班幼儿在学习表演"洗手帕"动作之前，让每个幼儿准备好一条手帕，在自己的小盆里搓洗，幼儿认真地洗着,并不断地发出欢闹声。虽然有的幼儿把衣服弄湿,把水洒了一地,但幼儿对怎样才能把手帕洗干净有了一定的认识。在教动作时,幼儿马上就会想起自己洗手帕的情景。于是,有的幼儿把衣袖高高卷起,有的幼儿做拿盆盛水的动作,有的幼儿做双手用力搓、擦肥皂、拧干、晾晒等一系列动作。经过自己动手实验,幼儿不仅加深了对所学动作的记忆,还能够创造性地表演。

4. 设法引起兴趣

兴趣是学习的内驱力,在丰富幼儿生活经验的基础上,还应考虑采用哪些方法来引起幼儿的注意力,调动他们学习和表演律动的积极性。下面介绍一些有经验的教师常用的一些方法。

（1）运用教具引起兴趣。

运用教具引起兴趣,对小班幼儿来说特别有效,如学习表演日常生活的洗脸、刷牙、梳头这几个模仿动作时,教师事先准备好教具:小毛巾、小牙刷和小梳子,再挑选一个大一些的娃娃。教学时教师边哼唱律动的音乐,边用娃娃的手拿着上述教具逐个做出洗脸、刷牙、梳头的动作(可用透明胶纸将教具粘在娃娃手上),这样不仅能引起幼儿的兴趣,还能使幼儿准确地感受和理解动作与音乐的节奏。幼儿学习和表演青蛙跳的动作时,可用硬纸片及铅丝做一个可活动的青蛙教具,随音乐拉动青蛙表示出蛙跳的动作。在幼儿学习这一动作时,大青蛙(由教师拿着)可和孩子们一起跳(实际上是教师边跳边拉动青蛙的双腿),幼儿会格外感兴趣。幼儿学习兔跳动作时,教师可以用木偶小兔随音乐跳动,然后启发幼儿学习模仿兔跳动作。也可用拉线教具表演小鸟展开翅膀一上一下地飞舞,以引起幼儿学习鸟飞的兴趣。

（2）用儿歌、故事等引路。

教师可以朗诵一首有关某个动物形象的儿歌、谜语或讲一个短小的故事,以激发幼儿学习和表演新动作的兴趣。

（3）教师的表演。

在幼儿学习小鸡走的动作时,教师可以戴上小鸡的头饰,装扮成小鸡走来走去,捉捉虫、喝喝水、抖抖翅膀,幼儿看得入神,自己也会迫切地想要模仿老师的表演。

5. 语言讲述与提示启发

准确生动的语言讲述和提示启发,能有效地集中幼儿的注意力,使幼儿在学习新动作前心理上有所准备,把幼儿的思想感情引向与将要学习的动作内容一致的方向,以便引起幼儿有关的联想与想象,使幼儿产生形象思维。

首先,可以告诉幼儿所表演动作的名称,如"蝴蝶飞""打鼓"等;然后,提示、帮助幼儿回忆平时观察、看到的该动作是怎样做的;最后,由教师演示准确形象的动作,边做边解释。

讲述与提示、启发的形式和方法多种多样,教师要根据动作的特点、幼儿年龄特点及接受能力来指导活动。另外,在讲解、提示时,还要防止和避免牵涉到与该动作无关的内容,否则会转移幼儿的注意力。

6. 逐步提高要求

不同年龄班有不同的动作要求,虽难易、繁简不同,但在动作的准确规范化上都要有严格的要求。如做"拾青稞"动作时,小班的要求是:动作要准确、和拍、协调,要弯下腰去"拾",站起来"放"到"筐"里。中班、大班的要求则比小班的高——动作相应复杂化。在小班要求的基础上,还要手腕能灵活转动,手、脚、眼配合,在乐感上要能随着音乐快慢的改变而相应地改变"拾青稞"的速度。

（二）舞蹈方面

1. 熟悉音乐

音乐是舞蹈的重要组成部分,舞蹈动作要依据音乐来进行。教师应引导幼儿倾听音乐,熟悉音乐的特点和变化,注意动作和音乐的关系。加深幼儿对音乐节奏、情绪的体验,按音乐的节拍做动作。若以歌曲伴随舞蹈,应让幼儿先学习唱歌,再学习舞蹈动作。

2. 教师示范

在幼儿学习舞蹈动作之前,教师要随着音乐完整地示范表演舞蹈。教师的示范动作要准确、熟练,精神饱满,富有感染力。

3. 语言提示

在教动作的过程中,教师可以合着音乐的节拍,运用一些口令辅助教学。例如教踵趾小跑步时,可运用口令或配合曲调唱"脚跟、脚尖、跑、跑、跑",也可用"跟、尖、一二三"来提示幼儿。学习"三步"时,可以配合曲调喊"左右左,右左右",也可用口令"一二三,一二三"。但不能过分依赖语言的作用,不能用口令代替音乐,要尽快地让幼儿从听口令做动作过渡到跟音乐节拍做动作。

4. 学习舞蹈队形

幼儿基本上学会跳舞以后,教师还要告诉他们队形的排列。关键是让幼儿了解自己所处的空间位置及其与别人的关系。例如,自己站在哪边,前后左右是谁,做完一个动作应向哪个方向转身或走哪一条线路,经过谁的前面或绕过后面,排成什么样的队形等。之前,应让幼儿看一次完整的示范,可以先组织一部分幼儿排队形,另一部分幼儿观看,然后互换;也可以同时组织全体幼儿排队形。有时,还可以采用一些辅助方法。例如,教师可以边讲边在黑板上画出队形图和变换队形时的路线图。这种方法对于大班幼儿或舞蹈能力较强的幼儿能起作用,但对小班幼儿或舞蹈能力较差的幼儿就不太适宜。碰到较难练的队形或变换比较复杂,排练中可以在地上画出记号,帮助幼儿掌握自己的位置。

★ 活动设计

音乐律动:我是小交警(大班)

设计意图 >>>

交通警察是孩子们崇拜、喜欢的形象之一,他们对交警的服装、指挥手势都充满了兴趣,很多孩子的梦想就是成为一名交警。从孩子的兴趣出发,我选择了这个活动。这个活动的主旨就是将交警指挥手势这一特殊信号用律动的形式表现出来。

活动目标 >>>

1. 进一步感受交警工作的重要和辛苦,激发对交警的尊敬之情。
2. 理解交通警察手势信号的意思。
3. 学习几种交警手势信号,能随音乐协调地表演律动。

活动准备 >>>

经验准备:

1. 请家长在接送幼儿的途中,引导幼儿观察交警指挥交通的手势信号。
2. 观看交警工作的实况录像。
3. 将交警手势信号总图投放在区域中,引导幼儿观察。

物质准备:

1. 交警服装一套、小交警帽若干。
2. 多媒体课件:音乐《小交警》《玩具进行曲》;交警在夏天和冬天指挥交通的录像;交警手势信号图。
3. 交通手势信号图片四组。

活动重点 >>>

学习停止、直行、减速慢行、左转弯手势,能随音乐协调地表演律动。

活动难点 >>>

左转弯的手势动作。

活动过程 >>>

一、导入(谈话回顾交警工作)

指导语:你们知道交警工作的地方在哪吗? 他们主要做哪些工作?

教师总结:交警最主要的工作就是指挥交通,保证道路通畅,让人们安全出行,防止交通事故的发生。

二、展开

(一)观看录像,进一步感受交警工作的辛苦

提问:你看到了什么? 你感觉交警的工作怎么样?

教师总结:不管是炎热的夏天,还是寒冷的冬天,交警都坚持在自己的工作岗位上。虽然很累很辛苦,但他们保证了道路通畅和人们的出行安全,他们仍然感到很幸福,很快乐。

(二)学习几种交通警察手势信号

1. 说一说——知道的手势信号。

提问:小朋友们,在没有红绿灯的情况下,交警是怎样指挥交通的? 你们知道哪些交警手势信号? (幼儿说出动作,教师示范)你愿意学习交警手势吗?

2. 看一看,学一学——手势信号。

出示交警手势信号图,依次介绍直行、停止、减速慢行信号及意思。请幼儿分组看图片自主学习,教师个别指导。

3. 做一做——手势信号。

幼儿分别做直行、停止、减速慢行手势,教师根据幼儿的动作,加以纠正规范。

4. 教师与幼儿一起学习左转弯手势。

大屏幕出示左转弯手势,与幼儿一起学习左转弯手势的做法。

(三)跟音乐做律动

1. 幼儿编排律动顺序。

指导语:咱们把刚才学的手势信号连起来配上音乐进行表演,我们商量商量,先做哪个动作? (老师根据幼儿说的动作顺序排列图片)

2. 教师完整示范。指导语:小朋友看我按这个顺序(指图)把律动做一遍。

3. 幼儿集体练习。指导语:我做得怎么样? 你们跟我一起来试一试,好吗? 跟音乐做一遍。

4. 请幼儿戴上交警帽练习律动,激发兴趣。

5. 利用换岗形式分组练习律动。

6. 观看交警"比武"录像,进一步激发学习兴趣。

指导语:咱们一起看一看交警手势大比武。(播放录像)你们觉得交警叔叔的动作怎么样? 咱们像交警叔叔那样做一遍。

7. 给听课的教师展示表演,获得成功感受。

指导语:今天还来了很多老师,让老师看看你们像不像真正的小交警。

教师总结:听到老师们的掌声,说明小朋友都是合格的小交警! 你们不光要学习交警不怕苦、不怕累的精神,还要遵守交通规则,做个文明的小公民。

三、结束

游戏：小司机

玩法：小朋友扮演小司机，老师扮交警，"小司机"要看"交警"的手势信号来进行行驶。

幼儿将小椅子排列变成十字路口，教师根据"小司机"的行驶动作向幼儿发出不同手势信号，进行游戏。在游戏中活动自然结束。

活动延伸 >>>

引导幼儿进行角色游戏，轮流扮演小交警指挥交通。

（执教人：济南市历下区第一实验幼儿园 李想老师）

第三节 音乐欣赏

音乐欣赏可以发展幼儿的欣赏能力和审美能力，开阔幼儿的音乐视野，丰富幼儿欣赏音乐的经验，萌发幼儿初步地感受美和表现美的情趣。

一、学前儿童音乐欣赏能力的发展

儿童对声音的反应，在胎儿期就开始了。在妊娠第三个月，多数胎儿对外界的声音刺激就能有所感觉，他们用动作以及改变内部的呼吸予以反应。胎儿在母腹里就感受到并习惯了母亲的心律声，出生后的婴儿若用左手抱他们，听到心跳就比较容易安静。

婴儿不仅对声音而且对音乐也会产生反应。两三个月的婴儿听见轻轻的和有旋律的声音，就会停止不安的动作和哭叫。有时在安静的情况下听了音乐也会活动起来。

随着儿童年龄的增长，他们倾听、区别声音的能力也有所发展，他们能准确地分清声源，能迅速地分辨出差别小的不同音色，能区分环境中的许多声音，并喜欢模仿发出这些声音。如1岁多的孩子，看了火车，对它的呜呜叫声特别有兴趣，自己也要拉长了声音学火车叫。儿童在一遍遍反复发出某些感兴趣的、熟悉的声音的过程中，能加强对这些声音的记忆。这种喜欢模仿声音的心理现象在2～4岁的孩子身上最为常见。他们会发出各种形象性的声音，如火车声、大炮声、机枪声、铃铛声、马跑声、狗叫声等。

1岁多的孩子，对声调也会表现出一定的敏感，有时不允许他做某件事，或对他的某些行为表示不满，声音严肃批评他时，孩子虽然并不完全懂得大人所讲的内容，但却能从声调中感受出来，并有所反应。

3～6岁入幼儿园的孩子，在成人有目的、有计划地教育培养之下，他们倾听声音及音乐作品的能力大大提高。首先对音色的辨别能力有很大进步，不少幼儿能分出老师及班上每个幼儿的不同音色；对唱片或录音中男声、女声、童声也能有所区别。对熟悉的乐器的音色也能区分，有时对录音中播放的乐曲是用哪种乐器演奏的，或歌曲中是用何种乐器（熟悉的乐器）伴奏的也能听出来。

对音乐中音的高低、力度、速度的变化，也能从听得出具有明显的对比逐渐发展到听得出其渐变过程，如渐强渐弱，或渐快渐慢等，并能了解他们在表达音乐的思想感情中所起的作用。如：从能听出用力打铁与轻轻敲小铃在力度上的明显对比，到能听出火车由远处开来了，又走远了，音乐在力度上的由轻到响，又由响到轻的渐变过程；从能听出音乐是表示解放军在走路还是跑步，到能听出小马跑出去时音乐越来越快，小马跑回来，快到家时，音乐渐渐地慢下来了，这种渐快渐慢的变化。

对音乐的简单结构如乐句、乐段,中大班的幼儿通过有趣的活动也能分辨出来。

幼儿分辨音乐性质、体裁、风格的能力也大大发展了。3～4岁的幼儿如果平时注意培养,他们对内容熟悉的、形象性强的,如表现熊走、兔跳、鸟飞等动物活动的乐曲能很快识别;对不同体裁的进行曲、舞曲、摇篮曲,虽不能用术语表达,但如果问他们这首音乐是娃娃在睡觉、解放军叔叔在走路,还是小朋友在跳舞时,一般都能选出正确的答案。如问他们听了音乐想做什么,他们往往也能做出恰当的回答。5～6岁的幼儿就不需要类似的选择性提问,基本上都能分清这些音乐的性质。在欣赏音乐作品时,5～6岁的孩子在表达自己的感受时,还会加上许多自己想象的内容、情节加以解释,并用语言形象地表达。

二、学前儿童音乐欣赏能力的培养

对幼儿来说,培养音乐欣赏能力,帮助幼儿更好地感受和理解音乐,应当从培养幼儿倾听声音、了解声音的表现力、培养对声音的敏感开始。

(一)幼儿倾听声音能力的培养

"倾听"与一般的"听听"有所不同。倾听是一种有意识的、带有注意的"留神听",它不仅需要有注意地参加,有时还需要有感情地参与。倾听是一种能力,需要有目的地去培养。

听力技能的培养有许多途径,完全可以纳入日常活动计划之中。利用各种场合、时间,借助游戏的形式,去培养幼儿的听力技能。

1. 倾听人体声音

(1)教师与幼儿面对面坐在一起,让幼儿模仿教师发出的各种各样的声音,如拍手声、捻指声、弹击声、拍腿声、跺脚声、脚跟脚尖点地声、轻快的跳动声和各种噪声等。还可以让幼儿仅靠听觉来模仿以增加游戏的难度。

(2)让幼儿围成一个圈,教师对第一个小朋友说一句耳语,请他们一个挨一个轻轻地把这句耳语传下去,最后一个小朋友把听到的耳语大声说出来,看看耳语在传递过程中是不是走样了。

2. 倾听日常用具的声音

(1)让幼儿辨别两个声音特质不同的物品(如钥匙串与木棒),随后可让幼儿闭上眼睛,仅靠听觉辨别是哪一样东西在发声。注意在游戏开始时,选择的物品发出的声音应该差别大一些,然后可以慢慢缩小差别,提高幼儿的分辨能力;还可以逐渐增加发声体的数量让幼儿辨别。

(2)幼儿准备与教师一样的发声体一套,根据听到的教师发出的声音,选择相应的发声体发出相同的声音;也可以让幼儿仅凭听觉,模仿教师做出相对应的发音。

(3)制作常用发声用具的图片,幼儿根据教师发出的声音,找出相应的图片。可以进行小组竞赛,教师连续发出几种不同的声音,看谁找得又快又准。

3. 倾听周围的声音

(1)倾听活动室可能听到的声音:走路时皮鞋发出的声音;收拾积木、塑料袋及其他玩具发出的不同声音;撕纸、翻书的声音等。

(2)倾听庭院、活动场上可能听到的声音:风吹树枝摇动的声音;脚踏落叶的沙沙声;大雨哗哗声;小朋友拍球、跳绳等各种活动的声音等。

组织幼儿倾听周围的声音,重在引导幼儿善于发觉幼儿园、社会、家庭等各种场合的形形色色的声音,以提高幼儿对声音的记忆力、敏锐性,以更好地感受音乐作品的情绪。

(二)幼儿表现声音能力的培养

我们的耳朵所听到的声音是丰富多彩的,反过来,我们通过各种各样的声音,又可以来表现一定的事物和情感。学会和掌握声音的这种表现手法,是帮助幼儿理解和欣赏音乐作品的一个重要的线索和途径。

(三)幼儿对音乐表现手段感受能力的培养

幼儿在欣赏音乐时,对形象性强的音乐作品常常会产生直接的情绪反应,但这种感受往往比较笼统。我们在指导幼儿欣赏时,既要引导他们对音乐作品的整体有情绪的反应,也要引导他们能感受音乐中所采用的种种主要表现手段,以及使他们知道这些表现手段与情感表达之间的密切关系。这样,幼儿在欣赏音乐时就能比较细微,对一些细节部分也能有所感受。因此,在培养幼儿欣赏音乐的能力中,引导幼儿注意音乐的主要表现手段是极其重要的。音乐的表现手段一般有力度、节奏、速度、旋律、音色、结构形式等。对音乐表现手段能力的培养应贯穿于幼儿的全部音乐活动之中,还可以有计划地组织一些幼儿感兴趣的活动,以侧重于对某个表现手段的认识与感受。

下面分别谈谈培养幼儿对音乐表现手段认识能力的几种活动方式。

1. 力度(音的强弱)

(1)用"回音"的方法:让幼儿轻声模仿教师讲的一句话或唱的一句歌。通过自己的嗓音感受轻弱。

(2)重步走,轻步走:音乐强时用较重的步子走;音乐轻时,要轻轻地用脚尖踮着走。

(3)用图形或色彩等表示声音的强弱:在乐器上敲出两种不同力度的声音,一强一弱,让幼儿用图画表示出来。幼儿可以画两个大小不同的圆圈、方形、三角形,或用两根长短不同的线条,或两个大小不同的动物,或两种深浅不同的颜色等来表示。鼓励幼儿自己创造更多的表现手法,以后还可以增加强、中强、弱三种不同的力度。

(4)在模仿动作中自然结合力度的变化:如"洗手帕"这一模仿动作,在搓板上洗时用力大,在手中轻轻搓时用力小。

课例 奥尔夫语言活动:小树叶

扫码看视频

设计意图

幼儿心理学研究证明,幼儿对音乐力度做出的反应要比节奏更容易做到,因此力度的"f"和"p"应是幼儿音乐入门的首选训练要素,可以比节奏更先一步进行。

本活动将音乐中的"f"和"p"赋予了生活化的语言,幼儿在教师的启发帮助下,可以结合动作,自己探索怎么发出声音、怎么控制力度,符合幼儿的年龄认知特点。

教学目标

情感目标:

1.接受奥尔夫音色与力度训练的多样性和可变化性。

2.被此力度活动本身的趣味吸引。

3.激起同学们改编和创作的愿望。

能力目标:

1.认知各力度级,并能正确读出。

2.能够完成不同力度,动作与力度的结合。

3.能够理解并完成音乐中的表情训练。

4. 能够理解从pp到ff的力度变化及对比。

5. 理解并完成不同力度间的转换。

教学准备

多媒体。

教学重点

生活中不同力度的变化,引申到音乐中不同力度的变化,从渐进式到变化式力度变化。

教学难点

以往在音乐表现中遇到了f就使劲。

教学过程

1. 从一个简单的强弱对比的歌谣开始,做三种不同的变化,能够初步理解强弱的对比与声势的结合。

可 乐	苹 果 派	
可 乐	苹 果 派	
可 乐	苹 果 派	
还有 一 个	汉 堡	

第一遍只说不敲 (p)

第二遍只敲不说 (f)

第三遍边说边敲 (p)

2. 让学生在实践中理解语言和声势都可以表现强弱的对比。

3. 从原本性的角度出发,探索身体能够发出的其他声音(除了捻指、拍手、拍腿、跺脚)。

4. 充分体会不同音色与力度变化(从pp到ff的力度变化),先读歌谣,用声音来表现强弱变化。

pp 滴答 滴答	下小 雨了	0 0 0
X X X X	X X X X	X X X X X X
p 种 子说	下吧 下吧	我要 发 芽
X X X X X	X X X X X X	X X X X X X
mp 麦苗 说	下吧下 吧	我 要 长大
X X X X	X X X X	X X X X X X

5. 此页的变化在从pp到mp的变化,既要弱下去,还要让别人听见。

6. 在语言完成力度对比之后,加入声势部分,并加以练习,需要提醒的是语言的节奏与声势的节奏不一样,需要一些特殊的练习。

mf	梨	树	说	下 吧　下吧	我　要　开花	
	X　X　X　X			X　X　X　X X	X　X　X　X X	
f	小　朋友　说			下 吧　下吧	我　要　种瓜	
	X　X X　X			X　X X　X X	X　X X　X X	
ff	滴答　滴答			下大　雨了	0　0　0	
	X X　X X			X X　X X	X X　X X X	

7. 在从mf到ff变化,需要注意的是看到f的力度记号,不能立刻强起来,应该有一个从弱到强的力度变化。换言之,看到f之前一定要有足够的力度空间来表现,看到强先要弱下去,同理,看到弱先要强起来。

8. 分别将弱与强完成后,将两张ppt连起来,从pp到ff的力度变化,先是语言的,后是声势的,最后是语言与声势的结合。

9. 在之前练习的基础上,进行强弱的对比训练,并进行声势的设计。

mf	小树 叶 -	会 说 话 -	哗 哗 哗 哗	哗 哗 哗 哗
	X X X X	X X X X	X X X X	X X X X
mp	它 说 -	风 大 啦	风 大 啦	0　0 0
	X X X	X X X	X X X	X X X X
	0　0 0			
	X X　X X			

10. 第一轮进行对比的是 mf 与 mp，还是依照之前的先语言后声势，最后结合的顺序进行。

```
p 小 树 叶 - │会 说 话 - │沙沙沙沙│沙沙沙沙│它 说 - │
  X X X X │X X X X │X X X X │X X X X │X X X X │

  风 小 啦│风 小 啦│0  0 0 0│0  0 0│
  x x x │x x x │X X X X│X X X X│

f 小 树 叶 - │会 说 话 - │唰唰唰唰│唰唰唰唰│它 说 - │
  X X X X │X X X X │X X X X │X X X X │X X X X │

  下 雨 啦│下 雨 啦│0  0 0 0│0  0 0‖
  X X X │X X X │X X X X│X X X X‖
```

11. 第二轮是 p 与 f 的对比，顺序与之前一致。

```
p 风 停 了│雨 停 了│小 树 叶│不 说 话│
  X X X │X X X │X X X X│X X X X│

pp 0  0 0 0│0  0 0‖
   X X X X│X X X X‖
```

12. 最后是 p 与 pp 的对比。

教学总结

1. 注意力度变化用语言与动作来表现。

2. 奥尔夫各种形式语言、声势的变化与发展。能够完成不同力度，动作与力度的结合。

3. 能够理解并完成音乐中的表情训练。

4. 逐渐能够理解从 pp 到 ff 的力度变化及对比，再两个一组进行对比。

5. 根据学生的反馈，调整教学进程。

6. 当看到 f 的力度记号，不能立刻强起来，应该有一个从弱到强的力度变化。换言之，看到 f 之前一定要有足够的力度空间来表现，看到强先要弱下去，同理，看到弱先要强起来。

2.节奏(音的长短及强弱拍)

(1)模仿各种声音,如交通工具声(汽车、火车),动物声音(公鸡、母鸡、小鸡),自然界的风声、雨声、雷声等。

(2)唱一句歌词,后面加一个节奏型。

3.速度(快慢)

(1)走步、跑步:弹奏进行曲《小兵》的曲调,幼儿随音乐走步,然后将音乐的速度增加一倍,让幼儿体会,听了这段音乐可做什么动作。

(2)帮妈妈绷毛线、绕毛线:前者慢,后者快。

4.旋律(音的高低)

(1)钢琴会说话:在玩体育游戏"长高了""变矮了"的基础上,告诉幼儿钢琴也会说"长高了""变矮了",让幼儿跟随音的高低做站起来长高,蹲下去变矮的动作。

(2)跷跷板:启发幼儿联想玩跷跷板时的感觉(一头高,一头低),根据音乐中的高低变化,做相应的动作,音高时可两手平举表示扶把子,脚尖踮起;音低时手臂仍保持平举,身体半蹲。

5.音色

(1)分辨熟悉人的声音、不同人演唱的歌曲。

(2)分辨不同的演唱形式、不同的乐器声音。

三、学前儿童音乐欣赏的内容与选材

(一)学前儿童音乐欣赏的内容

给幼儿欣赏的音乐作品,应该考虑音乐对幼儿的可感性、可接纳性。除了一些歌曲和标题音乐以外,还有一些音乐作品,其形式鲜明突出、结构完整、可参与性强,虽然长度不适,但经过删减、压缩,也不失为好的欣赏作品。下面简单介绍部分作品。

(1)带歌词的古今中外比较优秀的儿歌、歌谣、故事片和动画片插曲等。如《嘀哩、嘀哩》、《歌唱二小放牛郎》、《半个月亮爬上来》、《小白船》、《茉莉花》、《苏三起解》(京剧选段)、《摇篮曲》、《铃儿响叮当》等,这些歌曲的歌词形象具体,幼儿可以借助歌词理解和记忆音乐。

(2)钢琴教材以及其他器乐教材中,一些旋律优美、体裁短小,但音乐形象鲜明、有典型特点的小曲子,也能为幼儿所理解和接受,如《跳绳》、《扑蝴蝶》(丁善德曲)、《九只盲老鼠》(帕英·汉斯曲)、《小鸟》(罗忠熔曲)。

(3)根据童话故事创作的音乐作品,如《龟兔赛跑》(史真荣曲)、《彼得与狼》(普罗柯菲耶夫曲)等,这类作品用不同的乐器表现不同的角色形象,并随着丰富的乐队音响展开故事情节,幼儿在欣赏音乐的过程中,丰富自己的想象力,可以借助情节和角色,分辨各种乐器的音色和音乐的表现手法,进而感受音乐。

(4)中外著名作曲家的优秀作品中,适合幼儿欣赏的部分片断。如《动物狂欢节》(圣-桑曲)中的《公鸡》《母鸡》《大象》《鱼类》等,《天鹅湖》(柴可夫斯基曲)中的《四个小天鹅》,歌剧《萨旦王的故事》(里姆斯基-科萨科夫曲)中的《野蜂飞舞》等。

(二)学前儿童音乐欣赏的选材

一般情况下,小班的音乐欣赏教材以歌曲为主。刚入园的幼儿喜欢听描写小动物的歌曲,里面有模仿小动物动作的声音和叫声,音乐形象鲜明。小班幼儿欣赏的器乐曲,要形象单一、鲜明,有标题,如《小鸟的歌》(李重光曲)等,最好具有模拟的声音(如军号声、马蹄声、小鸟叫声、火车鸣笛、汽车喇叭声等),因为这样的作品特别能吸引幼儿。

中大班音乐欣赏的教材,歌曲仍应占主要地位。歌曲的内容、性质、表现形式,要比小班更多样化。除了让他们欣赏振奋的进行曲、安静的摇篮曲、活泼愉快的舞曲和优美的抒情曲外，还可以让他们听一些篇幅较长、形式较复杂的叙事性歌曲，如《听妈妈讲那过去的事情》等。中大班欣赏的器乐曲，要求就比较宽泛了，如《猪八戒背媳妇》、《苏三起解》（京剧选段）、天津快板《台上台下》（小品片断）、《欢乐颂》、《啤酒桶和小老鼠》（啤酒桶波尔卡）等。

还有一些音乐作品，大、中、小班幼儿都可以听，但要求不同。

四、学前儿童音乐欣赏活动指导

（一）丰富幼儿的相关生活经验

音乐是反映人们现实生活和思想感情的，让幼儿具备一定的生活经验是感受音乐作品的基础。一个从未见过雪的孩子，在欣赏有关雪花飘、堆雪人的音乐时，他对作品的感受，与在北方长大、有着丰富的雪的生活经验的孩子相比，后者能更多地借助视觉、听觉、运动觉、触觉，甚至味觉的多感官通道，来感知和表现音乐。生活经验靠日积月累，教师应在一切教育活动中有计划地进行。

（二）初步欣赏

幼儿欣赏音乐应是一种积极的活动，而不是消极、被动地感受，应使整个欣赏过程都能引起幼儿的兴趣，使其想象活跃，情感也有所触动。通常可以结合幼儿的倾听，运用以下辅助方法。

1. 介绍作品，提出要求

欣赏音乐之前，教师借助简短、生动的谈话，或念诗歌、讲故事、看图片等形式，向幼儿介绍作品的名称、主要内容和特点等，使幼儿获得一个初步、完整的印象。声乐曲有具体的歌词，幼儿比较容易听懂；器乐曲虽然有鲜明的形象，但幼儿理解起来还是有一定困难的。教师要生动、有表情地讲解，引导幼儿有目的地倾听，如《小白兔和大黑熊》，在告诉幼儿曲名后，教师可以介绍说："有一只小白兔很高兴地找大黑熊玩，一路上蹦蹦跳来到大黑熊家。大黑熊出来迎接它，并请小白兔进屋玩。小白兔高高兴兴、蹦蹦跳跳地和大黑熊一起进屋了。"器乐曲《跳绳》教师可以朗读一首短小的儿歌，引起幼儿的想象，也可以简单地对幼儿说："今天我们欣赏一首器乐曲，名字叫《跳绳》，是说一群小朋友在玩跳绳的游戏。他们甩动绳子时，绳子碰到地上，发出'嗒嗒嗒'的声音。小朋友一边快活地跳绳，一边还轻轻地唱着儿歌。"

总之，介绍必须围绕音乐作品所表达的形象，话不能多，手段不宜繁杂，以能有效地引起幼儿的想象为目的，过于复杂反而会分散幼儿的注意，降低音乐对他们的吸引力。

听音乐之前，教师要让幼儿明确欣赏的目的，要求幼儿安静、集中注意力地听音乐。

2. 让幼儿听赏音乐

幼儿第一次听音乐时，应让他们完整地听全曲，对作品有一个初步、完整的印象。以后，如果作品较长或者内容有变化，可以分段听。

3. 恰当运用语言

语言是引导幼儿欣赏音乐的重要手段。由于幼儿理解水平和欣赏能力比较低，还不能完全依靠音乐本身的感染力理解作品的内容和性质，因此在幼儿欣赏音乐的过程中，教师对作品进行适当地讲解、分析是极为必要的。

（1）谈话法。

听了音乐以后，教师可以提一些问题，让幼儿谈谈对作品的印象和感受。教师的提问应紧密围绕教学目的，结合作品内容，建立在幼儿已有的知识和生活经验的基础上，使幼儿有可能运用已有的印象和知识，思考和理解作品的内容、性质和变化。例如欣赏音乐《小白兔和大黑熊》，教师可以提问："音乐从头到尾是否都一样？什么地方不一样？怎么不一样？"还可以让幼儿回忆小白兔和大黑熊的外形特征和走路的特征，引导幼儿对两种动物进行对比，知道小白兔身体小巧，走起来蹦蹦跳跳，速度快，而大黑熊身体庞大,走起来沉重缓慢。进而再引导幼儿注意音乐的变化:第一段写小白兔,音乐轻快、活泼、跳跃,在高音区进行;中间一段写大黑熊,声音响亮而沉重,速度比前面慢,旋律在较低的音区进行。两段音乐性质是不同的。

教师的提问应面向全体幼儿,并注意到幼儿的个体差异。对于幼儿的回答,只要在总的思想或性质上把握较准确即可,有些地方不必强求一致,要注意发挥幼儿的想象力。

(2)语言提示法。

在听音乐的过程中,教师可以用简短、明确的语言,提醒幼儿注意音乐的变化,引导幼儿深入地欣赏音乐,提高兴趣。如在必要的地方,教师可以说:"听听,这首曲子里有什么在叫?""听,音乐快起来了。"对于个别重点部分,可以分别提示。

教师的语言(谈话、提示、说明)要求简短、形象、贴切,而且一定要在幼儿对音乐作品已经熟悉,有了初步了解的基础上才能使用。

(三)重复深入地欣赏

这一阶段要求幼儿不仅掌握音乐作品的主要内容或情绪性质,还应感受和理解音乐作品的表现手段,较为完整、全面地感知作品,并能记忆和识别音乐作品的主要音调。

组织幼儿深入地理解、感知作品,要针对不同年龄段的孩子,根据作品的不同性质,为幼儿提供尽可能多的参与机会。在诸多感知通道中,除听觉以外,其他的辅助通道有运动觉、视觉和语言知觉。在实际运用中,运动觉的参与主要指跟随音乐做动作、歌唱和演奏简单的打击乐器等来感知和表现音乐;视觉的参与主要指在音乐的伴奏下,以欣赏图片、录像、动画等,或创作美术作品的方法来感知和表现音乐;语言知觉参与主要指在音乐伴随下,用表演或创作文学语言的方式来感知和表现音乐。

对于年龄较小的幼儿,较多采用的辅助通道是运动觉;对于年龄较大的幼儿,不仅可以广泛使用所有的辅助性感知通道,而且使用的要求、方式、方法也与较小年龄的幼儿有所不同。

幼儿自己能唱的歌曲是有限的,因此欣赏音乐是培养幼儿音乐感受力、想象力,扩大幼儿音乐眼界,丰富幼儿音乐知识的重要手段。

在欣赏教学的过程中,教师要经常注意幼儿欣赏音乐时的反应,及时采用恰当的方法,教给幼儿一些初步、浅显的音乐知识:能说出"进行曲""舞曲""摇篮曲"等的名称;能根据音乐作品的部分曲调,辨认出作品的名称;知道一些演唱、演奏的形式(如独唱、齐唱、领唱、对唱、独奏、齐奏等);能正确区别高、低、强、弱音的不同。使幼儿在理解音乐作品的基础上,能辨别音乐作品的性质(如快乐活泼的、安静的、雄壮有力的、抒情优美的等),并能感受到音乐表现手法的作用,如听《龟兔赛跑》,能知道哪些是描写兔子的音乐,哪些是描写乌龟的音乐,表现双方比赛时,又运用了哪些表现手法(如力度、速度、音色等)等。总之,教给幼儿一些粗浅的音乐知识,有助于幼儿听音乐时集中注意,产生情绪反应和情感共鸣,提高音乐感受力。

★ 活动设计

音乐欣赏:孙悟空棒打狐狸精(大班)

设计意图 >>>

本活动来源于山东省新编教材中的大班主题活动"神通广大美猴王"。关于孙悟空降妖除魔的故事,孩子们早已是耳熟能详,而且还能创编出很多很多和原作不同的故事,根据孩子的兴趣点,我们生成了本节音乐欣赏活动《孙悟空棒打狐狸精》。

音乐分析:乐曲《在山魔王的宫殿里》是挪威作曲家格里格创作的,进行曲风格,具有紧张阴森的气氛。此曲是由两个乐句短曲连续重复18次,在速度上越来越快,音量上越来越强,最后再加上一个情绪更强烈的尾声构成的作品。其结构中旋律重复所造成的幽默趣味和故事情节中孙悟空多次戏弄狐狸精的过程重复有着异曲同工之妙。

设计思路:将乐曲《在山魔王的宫殿里》与影视作品《西游记》中的人物故事巧妙结合,给音乐配上孩子喜闻乐见的故事和动作进行表现,让幼儿获得更加丰满的多种艺术相互沟通、相互支持的经验。

本活动将音乐与语言相整合,从孩子最喜欢的角色——"孙悟空"的视角出发,在对音乐作品特性准确把握和挖掘的基础上,巧妙地设计了故事情节和动作,如:在表现狐狸精时,幼儿通过随音乐模仿狐狸精偷偷摸摸跟踪在唐僧后面,不断用动作表现慢速、中速时的合拍走,逐渐感受了乐曲的节奏;通过"孙悟空"与"狐狸精"越来越快的追逐、棒打等情节,感受并表现音乐中渐快的速度;通过孙悟空向后看吹毫毛、狐狸精保持造型不动的动作来感受和表现每个乐段的结束。自始至终紧密地抓住音乐特性,借助狐狸精与孙悟空的动作呼应来感受音乐、表现音乐是该活动设计的重点。

活动目标 >>>

1. 欣赏乐曲,体验用不同的艺术形式表达音乐感受时的乐趣,提高合作意识,激发对音乐欣赏的兴趣。
2. 培养对音乐的感受力和表现力。
3. 感受乐曲的乐段,体验乐曲力度与速度的变化,能用自己的方式表现音乐。

活动准备 >>>

flash课件,图谱,手指偶,唐僧的头饰,音乐,指挥棒。

活动重点 >>>

紧密地抓住音乐特性,借助动作表现音乐。

活动难点 >>>

幼儿感受到乐曲在速度、力度上的变化。

活动过程 >>>

一、以孙悟空的角色导入,激发幼儿的兴趣

小朋友,你们看过西游记吗?喜欢孙悟空吗?今天老师来当孙悟空,小朋友来当花果山的小猴子好吗?今天让俺老孙带你们去听音乐,孩儿们跟我来!

二、欣赏音乐,体验、感受音乐的情绪变化

1. 完整欣赏音乐,初步感受音乐的情绪变化(无画面欣赏,说感受)。

孩儿们,听这是什么音乐?仔细听,听完后告诉俺老孙,这首曲子有什么变化?这段音乐在声音上有什么变化?(哦,这几位小朋友说得真好,这段音乐声音上是由弱变强的)速度上有什么变化?(由慢到快的)这首曲子是从弱到强,从慢到快变化的。听了这段音乐,你想到了什么?

2. 观看课件,运用故事初步理解音乐结构。

这首曲子让俺想起了和师傅西天取经的事情,有一次碰到了一只狐狸精,孩儿们你们看!这狐狸精很狡猾,多亏俺老孙会七十二变,孩儿们,这一路上,俺老孙都是变成了什么来阻止狐狸精呢?

3. 出示图谱,分析音乐,用动作表现音乐。

今天俺老孙把这棒打狐狸精的经过画了下来,孩儿们看,每走完几条路,(解决一个乐句有4小节组成)狐狸精就要碰到倒霉的事情呢?(每个乐句结束时的动作)现在请孩儿们加上自己的动作,一边看着图谱,一边听着音乐,来扮演狐狸精好吗?

4.深入理解音乐的特点,学习利用手指偶的艺术形式表现音乐。

孩儿们,今天俺老孙还给大家带来一样好东西,能让你同时既扮演狐狸精又扮演孙悟空,想不想让俺老孙给你变出来?好,变!(幼儿跟随音乐自由表演)

刚才孩儿们带着手指偶,跟节奏跟得太准了!

三、合作表现音乐

1.两位教师合作表演,幼儿安静地看、听。

孩儿们想不想看一看俺老孙棒打狐狸精的过程?现在俺就再表演给孩儿们看一看,孩儿们在看的时候注意看俺老孙的脚步变化。

2.幼儿两两合作表演,用肢体动作表现音乐。

孩儿们想不想自己表演?现在请每个人自由结伴找一个好朋友,商量商量谁扮演孙悟空,谁扮演狐狸精,找一个合适的位置听音乐表演。孩儿们在表演的时候一定要听音乐,音乐慢的时候你怎么做?音乐快的时候你怎么做?

3.根据音乐创编故事,幼儿和客人老师一起合作表演。

听到这段音乐,除了孙悟空棒打狐狸精的故事,你还想到了什么故事?(老鹰捉小鸡、警察抓小偷、猫捉老鼠)想不想和在座的老师一起听音乐做游戏?请你邀请在座的老师一起听音乐做游戏,和客人老师一起商量商量,用这段音乐你将演绎一个什么故事?你扮演什么?客人老师扮演什么?让我们把掌声送给客人老师。

四、回归音乐的真实名称,加深对音乐的理解(观看乐队演奏乐曲《在山魔王的宫殿里》的课件)

孩儿们你们看,演奏家正在演奏这首曲子呢!知道俺老孙今天给你们带来的这首乐曲叫什么名字吗?它有一个专门的名字——《在山魔王的宫殿里》,其实这段有趣的音乐,还能编出好多好多有趣的故事呢!让我们回去听音乐、编故事好吗?你想表演什么故事?你想扮演什么?

活动延伸 >>>

1.在幼儿熟悉乐曲的基础上,学习用乐器演奏这首曲子。

2.继续创编与音乐相匹配的故事。

3.听音乐,用绘画的形式表现音乐。

(执教人:山东省滨州市滨城区教育实验幼儿园　尚爱军老师)

课例　奥尔夫语言活动:谁说

扫码看视频

设计意图

本活动将生活化的语言按照固定节奏组合在一起,教师与幼儿之间有节奏地问答、合说。根据幼儿的能力逐步提升难度,将语言节奏迁移到动作——声势,可以先从拍手开始,逐渐加入其他身体动作进行合奏和节奏问答。为了巩固、强化节奏,可以加入无音高的打击乐器代替声势,进行拓展练习。

教学目标

情感目标:

1. 接受奥尔夫节奏训练的多样性和可变化性。
2. 被此语言活动本身的趣味吸引。
3. 激起学生改编和创作的愿望。

能力目标:

1. 认知歌谣中的八分音符、四分音符,并能正确读出。
2. 完成不同声部,动作节奏与语言节奏的结合。
3. 理解并完成音乐中的表情训练。
4. 理解语言的逻辑结构并进行同结构的歌谣创编。
5. 理解并完成语言、声势与乐器的转换。
6. 逐渐理解合作的意义,不断加强合作的能力。

教学准备

多媒体。

教学重点

语言与声势、乐器的结合,对后空拍的训练。

教学难点

后半拍的节奏训练,三声部的合作。

声部合作　三部分($\frac{4}{4}$拍)

A: 你说　我说　你说　我说 |谁说　0　0　0　你说　我说　你说　我说 |谁说　0　0　0|
B: |0　0我　就不　0 |0　0我　就不　0|
C: |0　0　0　说 |0　0　0　说|

A: 说　说　说　0 |说　说　说　0　你说　我说　你说　我说 |谁说　0　0　0‖
B: 0说　0说　0就　不说 |0说　0说　0就　不说 |0　0我　就不　0‖
C: 不0　不0　我0　0 |不0　不0　我0　0 |0　0　0　说‖

教学过程

1. 分声部进行学习,重点在于第二声部的后半拍的训练。
2. 在每个声部练习好之后可以进行两两声部的组合,也可以教师承担其中的1～2个声部,如学生读A声部,老师完成B、C声部,需要提醒的是,B声部与C声部用不同的音色来完成。
3. 进行三声部合奏训练,提醒各声部除了节奏正确之外,更要学会互相倾听。
4. 在完成三声部配合后,加入音乐表情也就是强弱的训练,理解并完成强弱对比。

　5.将语言节奏加入声势,倾听身体发出的音乐。

　6.在最后加入奥尔夫乐器,进行合奏,再次提醒声部间的合奏。

　7.提出了其他变化形式的可能性。

教学总结

　1.注意节奏训练的"美丽新世界"即为后半拍训练。

　2.奥尔夫各种形式语言、声势及乐器形式的变化与发展。

　3.三声部合作能力的核心在于各声部相互倾听与相互合作,这是一种意识,更是一种能力。

　4.根据学生的反馈,调整教学进程。

第四节　音乐游戏

　　在音乐教育活动中,学前儿童对音乐游戏情有独钟,儿童在喜闻乐见、乐此不疲的玩耍中提高了自身的音乐感受和表现的能力。

一、音乐游戏及其种类

(一)音乐游戏的含义

　　音乐游戏是在音乐伴随下进行的一种有规则的、以发展学前儿童的音乐能力为目标的游戏活动。音乐游戏集中体现了音乐的艺术性、技能性与儿童的年龄特点和发展水平之间的对立统一,它把丰富的教育要求以生动有趣的游戏形式表现出来,儿童在听听、唱唱、动动、玩玩当中掌握了一定的音乐知识和技能,在不知不觉中渗透了品德教育和审美教育,同时,在愉快而自由的游戏活动中,儿童还获得积极愉快的情绪情感体验和享受,培养并形成了对音乐活动的兴趣和积极、主动的个性。

(二)音乐游戏的种类

　　音乐游戏是多种多样的,分类方式也各不相同,大致有以下两种。

1.根据游戏的内容和主题分类

　　根据游戏的内容和主题分类,音乐游戏分为有主题和无主题的音乐游戏两类。

　　(1)有主题的音乐游戏。

　　有主题的音乐游戏一般有内容、有情节、有角色,能表现出鲜明的形象和动作。如音乐游戏"捉小鱼",游戏表现了一群小鱼在水里一会儿游来游去,一会儿捉鱼虫吃,最后碰到来捕捉的渔网。儿童可扮演小鱼和渔网,随音乐做动作、游戏。

　　(2)无主题的音乐游戏。

　　无主题的音乐游戏一般没有一定的情节,只有随音乐做动作或包含各种各样的队形组织和变化,有捕捉、猜想或竞赛的因素。如游戏"抢椅子",儿童只是随着音乐自由地做各种动作,当音乐停止时,必须迅速坐在一把椅子上,这便是游戏的规则。

2.根据游戏的形式分类

　　根据游戏的形式分类,音乐游戏分为歌舞游戏、表演游戏和听辨反应游戏。

（1）歌舞游戏。

这类游戏一般是在歌曲的基础上产生的。即按照歌词、节奏、乐句和乐段的结构做动作,并进行游戏。一般游戏的规则定在歌曲的结束处。这类游戏可以有较明显的主题、内容,也可以没有专门的情节和角色。如"拉拉手""猫捉老鼠"等游戏,儿童在学会演唱歌曲的基础上,根据歌词的意思表演动作。

拉 拉 手

$1 = C \frac{4}{4}$

3 5 5 - | 3 5 5 - | 3 5 i 7 | 6 i 5 - | 6 6 5 - |
拉 拉 手, 拉 拉 手, 拉 成 圆 圈 慢 慢 走, 慢 慢 走,
拍 拍 手, 拍 拍 手, 拍 手 拍 手 向 前 走, 向 前 走,

3 5 5 - | 6 5 3 1 | 2 - 5 - | 1 - - - ‖
慢 慢 走, 放 开 小 手 点 点 头。
向 前 走, 转 个 圆 圈 向 前 走。

★ 活动设计

音乐歌舞游戏：找小猫

设计意图 >>>

本活动根据幼儿最喜爱的"捉迷藏"游戏进行改编,加入歌曲随乐律动,有主题情节,符合幼儿的年龄特点,容易调动幼儿参与活动的积极性。

活动目标 >>>

1. 初步熟悉歌曲的旋律、歌词,学习用自然的声音演唱歌曲。

2. 幼儿通过"找小猫"游戏的引导,记忆歌词,并多次学唱歌曲。

3. 在歌唱游戏中,体验猫妈妈找到小猫后的喜悦。

活动准备 >>>

1. 幼儿认识并了解小猫走路的步态及叫声。

2. 头饰(猫妈妈一个,小猫若干)、歌谱、钢琴。

活动重点 >>>

能够用自然的声音演唱歌曲,根据情节设计完成游戏。

活动难点 >>>

在游戏的过程中能够随乐律动,完整地演唱歌曲。

活动过程 >>>

1. 情景导入。

教师扮演"猫妈妈"，幼儿扮演"小猫"。小猫跟随音乐做律动，模仿小猫的步态在教室走来走去，并发出"喵喵"的叫声。

2. 教师范唱歌曲，幼儿理解歌词内容。

3. 导入"找小猫"的游戏，再次熟悉歌曲。

游戏开始，幼儿集体模仿小猫，边做动作边听教师范唱第一段歌词，并在第一段末尾处躲藏，教师模仿猫妈妈的动作唱第二段歌词，在第二段末尾处找到一只"小猫"，边唱"小猫找到了"边按节拍拍打幼儿肩膀。

该幼儿扮演"猫妈妈"，重新开始游戏。

4. 教师邀请此名幼儿，倾听教师范唱，共同玩游戏，感受游戏规则。

5. 教师请所有幼儿用好听的声音演唱歌曲，一边演唱歌曲一边玩游戏。

活动延伸 >>>

通过替换歌词的方式对歌曲进行练习。

附：

找 小 猫

1 = C 2/4

```
5  3  5  3 | 1    -  | 5  3  5  3 | 1    -  |
1.许 多 小 花  猫,      喵 呜 喵 呜  叫。
2.一 只 老 花  猫,      喵 呜 喵 呜  叫。

6  6  6  6 | 5  3  5 | 6  6  6  6 | 5  3  5 |
今 天 我 们  真 高 兴,  要 和 妈 妈  做 游 戏。
我 的 小 猫  快 躲 好,  一 会 妈 妈  就 来 找。

1  2  3  4 | 5  5  6 | 5  4  3  2 | 1    -  |
找 个 地 方  躲 躲 好,  妈 妈 快 来  找。
找 呀 找 呀  找 呀 找,  小 猫 找 到  了。
```

（2）表演游戏。

这类游戏是按专门设计、组织的不同音乐来做动作或变化动作而进行的游戏。从游戏内容上来看，一般有一定的情节和角色；从游戏形式上来看有较强的表演性。如音乐游戏"袋鼠"，整个音乐由两部分组成——"袋鼠"的音乐和"大灰狼"的音乐，在玩此游戏时，儿童根据音乐所展示的情节和内容进行表演。

袋 鼠

(一) 1 = C 2/4

张晓冬 曲

1 5 3 3 | 1 5 3 3 | 6 6 5 3 | 2 2 3 2 | 6 6 5 |

袋 鼠 妈 妈 有 个 袋 袋, 袋 袋 里 面 装 个 乖 乖, 乖 乖 和

3 3 | 1 2 3 | 3 — | 2 3 5 | 1 — |

妈 妈 相 亲 相 爱, 相 亲 相 爱。

(二) 1 = C 4/4

1 1 5 5 | 1 5 1 — | 4 4 3 3 | 2 3 1 — |

游戏玩法：

幼儿分别扮演袋鼠、大灰狼和猎人。游戏前,"狼"躲起来,"猎人"藏在树后架起枪。

① 音乐(一)：两人一组(一前一后),前者扮小袋鼠,双臂弯曲在胸前,两手自然下垂,后者做袋鼠妈妈,双手搭在前者肩上,两人同时做蹦跳步,每小节跳一下。唱到第三句时,两人相对拥抱,互相拍拍、抚摸,表示两人相亲相爱。到结束句时,袋鼠一起蹲下不动。

② 音乐(二)："大灰狼"听音乐按节拍大步走,做找袋鼠的样子。等"猎人""砰"开枪,"大灰狼"应声倒下(装死),猎人说："大灰狼死了,袋鼠出来吧!"

(3) 听辨反应游戏。

这类游戏比较侧重于对音乐和声音的分辨、判断能力的训练,以培养儿童对音乐的高低、强弱、快慢、音色、乐句等的分辨能力。它一般没有固定的游戏情节或内容,以对音乐要素的反应和理解为主,如音乐游戏"什么乐器在唱歌"要求分辨的是小乐器的音色。

★ 活动设计

音乐游戏：传球

设计意图 >>>

本活动属于听辨反应类的音乐游戏,以对音乐要素中的反应和理解为主。通过传球的游戏,听辨音乐速度的快慢和乐器的音色变化。需注意在活动中教师要循序渐进地进行要求的叠加,幼儿对音乐速度的快慢有所体验时,要求幼儿在传球过程中不因为速度发生变化而掉球;铃鼓进入的位置,可以先从音乐乐句入手,使幼儿可以找打铃鼓音色进入的规律。

活动目标 >>>

1. 感受用手臂传球,体会稳定节拍。

2.通过传球听辨音乐的快慢变化和音色的变化。

3.在感受音乐的变化中体验与同伴传球的乐趣和快乐。

活动准备 >>>

铃鼓、网球、音乐。

活动重点 >>>

感受音乐的速度和音色变化。

活动难点 >>>

通过传球的动作,准确表现音乐的速度和音色的变化。

活动过程 >>>

1.教师演唱歌曲,全曲用"lu"演唱,请幼儿模仿教师做动作并熟悉音乐。

2.教师歌唱全曲,请幼儿向逆时针方向按音乐的稳定节拍传球。

3.再次传球,教师在演唱的过程中可以多次改变歌唱的速度,让幼儿根据歌唱的速度变化传球的速度。

4.播放音乐,请幼儿跟随音乐中变化的速度进行游戏。

5.教师拿出一个铃鼓,再次演唱歌曲并请幼儿传球,在游戏的过程中教师可以随机摇晃铃鼓,当幼儿听到铃鼓的音色时要高举双手跟周围伙伴打招呼,在音乐响起时立即将球往反方向传,即改变传球方向。当铃鼓再次响起时,再次改变传球的方向。

6.播放音乐,请幼儿聆听音乐并进行游戏。

活动总结 >>>

1.教师要针对不同的速度进行示范和分析。

2.教师要引导幼儿根据音乐的变化做动作,如速度加快、速度放慢,并且动作和音乐相匹配。

3.可做其他动作的改编,如幼儿四人一组,可与对角的小伙伴随乐击掌。

附:

★ 活动设计

音乐游戏：大巨人和小矮人

设计意图 >>>

音乐游戏的关键是可以把幼儿带入到他们喜欢的环境中,教师在组织音乐游戏时,要根据幼儿的年龄特点设立特殊的情境,在具体的情境或主题带动下,幼儿能够更形象地感受音乐,更容易对音乐产生想象和表现,积极愉快地参与活动。本活动为听辨反应游戏,让幼儿通过高大和矮小的动作形象,与音高联系在一起,以训练幼儿对音高的反应能力。

活动目标 >>>

1. 初步感受乐曲欢快的节奏和旋律,能够在老师的指导下随乐律动。
2. 在熟悉音乐的过程中,能够准确感受音的高低变化并能准确做出动作反应。
3. 体验自己在游戏中"变大"和"变小"的快乐。

活动准备 >>>

1. 在以往的音乐活动经验中能够辨别高音和低音。
2. 巨人和小矮人的图片或头饰,音乐。

活动重点 >>>

能够通过身体动作的变化表现音的高低。

活动难点 >>>

能够随乐律动,准确反应音高变化。

活动过程 >>>

给每位幼儿分发两个头饰(大巨人和小矮人),教师在旋律原来音区弹琴,幼儿随音乐踏步律动;在高音区弹琴时幼儿要将大巨人的头饰举高踏步,表示大巨人;在低音区弹琴时幼儿要将小矮人的头饰戴在头上,半蹲踏步,表示小矮人。通过身体的高矮变化听辨音的高低。

活动总结 >>>

幼儿进行音乐游戏的过程中容易兴奋高兴,导致不能清晰地听辨音乐,教师在组织活动时,要给幼儿树立规则意识,保证活动能够顺利进行。

附:

二、音乐游戏的选材

音乐游戏的规则、动作难易不同，为激发学前儿童参加游戏的兴趣，选择音乐游戏教材时，应根据教育目标，结合儿童的实际水平，注意以下四个方面。

（一）情节、角色方面

游戏的情节应为儿童所理解，角色的活动应为儿童所熟悉。如小班幼儿非常喜欢玩捉迷藏的游戏，喜欢躲藏在角落里，喜欢被别人找到，根据这一年龄班幼儿的特点，教师可以选用音乐游戏"找小猫"。

（二）动作方面

音乐游戏多数是音乐与动作配合进行，如模仿动作、舞蹈动作等。因而，在选材时还要考虑本班幼儿随音乐动作能力的发展水平。一般来说，为小班幼儿选用的音乐游戏的动作应比较简单、形象，为中大班幼儿选用的音乐游戏的动作，可适当提高难度。

（三）音乐方面

音乐在音乐游戏中是幼儿动作的指挥者，因此，为儿童选编教材时，在音乐方面须注意以下两点：

（1）最好有歌曲或便于幼儿哼唱的乐曲。儿童喜欢边唱边活动，如果游戏中有歌曲，儿童在游戏过程中可以边玩边唱着好听、有趣的歌曲。如果是乐曲，最好便于幼儿哼唱，这样，即便没有成人为他们伴奏，他们也能自己一边哼唱一边游戏。

（2）音乐要形象，节奏鲜明、对比性强，乐段清楚、便于用动作表现。如游戏"小鸭子"，表现的是一群可爱的小鸭子一摇一摆走出来，来到河里游泳、捉鱼虾，最后又慢慢地摇摇摆摆回家睡觉了。其中的音乐很形象，有对比，乐段也清楚，儿童随着音乐用不同的动作来表现游戏内容。

小　鸭　子

汪爱丽　曲

```
tr                  tr
3̇ - 1̇ 5 | 3̇ - 1̇ 5 | 6 6 6 0 7 7 7 0 | 1̇ 3̇ 2̇ 1̇ - |

3·5 3·5 3 5 | 1 1 1 - | 2·3 4 3 2 6 | 5 5 5 - |
(小鸭子走回家)      (小鸭叫)

1̇·2̇ 1̇·2̇ 1̇ 6 | 4 4 6 0 | 5· 4 3· 2 | 1 3̇ 2̇ 1̇ - ‖
                    (慢慢回到家中)        (睡觉)
```

(四)趣味性方面

音乐游戏的情节要有趣,要有高潮,能使儿童在心理上得到满足。游戏的内容要丰富多样,能调动全体儿童参加游戏的积极性,能从游戏中获得快乐。

三、音乐游戏的指导

音乐游戏多种多样,必须根据儿童年龄特点和实际水平,采用不同的步骤和方法。一般采用的步骤与方法如下:

(1)介绍游戏的名称及主要内容;

(2)教师示范;

(3)儿童熟悉游戏中的音乐;

(4)儿童学习游戏中的歌曲或动作;

(5)带领儿童游戏。

上述几个步骤并非一个也不能少,可根据儿童对游戏的熟悉程度省略其中某一步骤。如游戏中的歌曲较简单,可在玩的过程中逐步学会;如游戏中的动作是儿童已经掌握的,就不必再重新学习,可直接带领儿童玩游戏。上述步骤的先后次序也可根据实际情况变动,如是纯粹听乐曲的游戏,可先弹奏乐曲给儿童欣赏,让儿童想象这一音乐可以做什么动作,然后教师再讲游戏的名称、内容。教师的示范可放在后面,也可以不示范。

下面实例可说明如何根据不同的游戏,采取不同的步骤与方法。

听啊,什么在响了

侠名　词曲

1 = C 4/4

```
5 5 6 6 5 5 3 | 2 2 1 3 3 - | 5 5 6 5 5 3 |
(问)听 啊 听 啊 听 啊 听, 什么 在 响 了, (答)铃 铃 铃, 铃 铃 铃,
(问)听 啊 听 啊 听 啊 听, 什么 在 响 了, (答)咚 咚 咚, 咚 咚 咚,

5 4 3 2 1 - | 5 4 3 2 1 - ‖
小 铃 在 响 了,   小 铃 在 响 了。
小 鼓 在 响 了,   小 鼓 在 响 了。
```

这是一个发展听觉及唱歌能力的游戏,可采用以下的步骤与方法:

(1) 向儿童介绍游戏的名称。

(2) 将事先准备好的乐器取出,逐个演奏给儿童听,请他们说出其名称,并模仿该乐器所发出的声音。

(3) 两位教师示范(不让儿童看见演奏的乐器),开始时可用语言一问一答,然后再唱着问,唱着答。

(4) 一位教师唱着问,另一位教师带着儿童唱着答。

(如果没有两位教师,也可由一位教师担任,先唱着问,再陪儿童一起唱着回答。)

捉　小　鱼

音乐一:

小鱼歌

选自江苏省编《幼儿园音乐教材》

$1 = C \frac{4}{4}$

这个音乐游戏有情节、有角色、有歌曲、有听乐曲做动作。游戏前教师应带领儿童观察小鱼在水里是怎样游的,并能边唱《小鱼歌》边做动作。在此基础上再采用以下的步骤和方法,做音乐二的游戏:

(1) 用故事的形式讲解内容,引起儿童对游戏的兴趣。

(2) 介绍游戏的名称。

(3) 让儿童倾听游戏中音乐二的音乐,听听音乐像小鱼在做什么?什么地方像小鱼在游水?什么地方像小鱼在吃鱼虫?什么地方像一个大渔网来捕捉小鱼?

(4) 请一半儿童当小鱼,先唱小鱼歌,然后随音乐二做动作,教师可随时用语言提示。然后再请另一半儿童做游戏。

（5）可以先请一位教师扮演捕鱼者，在儿童熟悉的基础上再请儿童扮演。渔网可用纱巾、塑料圈、藤圈等代替。

★ 活动设计

音乐游戏：开锁（大班）

设计意图 >>>

幼儿音乐教学的起点应该开始于游戏，本活动是有主题的音乐游戏，以"开锁"为主题，根据幼儿的实际能力以及心理运动能力的发展特点，从简单的律动动作开始，教师使用与主题相关的语言与幼儿进行讨论，如声音、动作等，帮助幼儿逐渐用自己的方式和语言来描绘活动，并在音乐游戏的过程中逐渐加入创造性的表达。

活动目标 >>>

1. 进一步感受歌曲的旋律，能完整准确地演唱。
2. 学会听音乐节奏变换动作，体验开锁的乐趣。
3. 遵守游戏规则，感受与伙伴一起游戏的快乐。

活动准备 >>>

幼儿事先学会歌曲。

活动重点 >>>

能够准确地跟随音乐变换动作，感受音乐的韵律。

活动难点 >>>

根据游戏规则和主题要求，跟随音乐准确地做出"开锁"动作。

活动过程 >>>

一、听音乐引起幼儿兴趣

提问："这首曲子的名字叫什么？"

二、教师带领幼儿进行游戏活动

1. 复习歌曲。

提问：（1）"开锁的声音是什么样的？"

（2）"你能做做开锁的动作吗？"

2. 随音乐做开锁的动作。

（1）教师示范，幼儿观察。

提问："老师是怎样做开锁的动作的？"

（2）幼儿随音乐练习。

（每两小节音乐开一次锁）

3. 组织幼儿游戏。

（1）教师讲解游戏规则。

　　提问：①"当唱到哪里时,小朋友的手才能打开?"

　　　　　②"打开锁以后,小朋友应往哪个方向跑?回到哪里?"

　　（2）请能力强的幼儿做示范。

　　（3）幼儿集体游戏。

　　（教师随机指导）

　　三、小结

活动评析 >>>

　　游戏中的重难点是能随音乐两小节做一次开锁动作,活动中教师利用示范、讲解、练习等方式强调了这一环节,因而幼儿掌握起来较顺利。游戏中,幼儿也表现出了极大的兴趣,特别是追逐跑时,幼儿兴致高涨,情绪愉快,活动中进一步体验了与伙伴一起游戏的乐趣。

　　　　　　　　　　　　　　　　　　　　（执教人：青岛幼儿师范附属幼儿园　张燕老师）

　　附：

游戏玩法：

　　幼儿手拉手围成圆圈,面向圆心,请一名幼儿站在圈中扮开锁者。其他幼儿在原位边唱边踏步,开锁的幼儿顺着圆圈走步,每唱两小节,依次在幼儿拉着的手上做开锁动作(右手握空拳向右转动一下)。当唱完最后一个"锁"时,开锁者的手落在哪两个幼儿的手上,这两个幼儿就要在圈外分别向相反的方向跑一圈。谁先到原位,谁就在下次的游戏中扮开锁者。

★ **活动设计**

音乐游戏：猴子爬树（小班）

设计意图 >>>

　　本活动是有主题的听辨反应活动,创设猴子爬树的情景,吸引幼儿投入角色和活动中,重点是引导幼儿用"爬上""滑下"的动作表现猴子爬树、滑下树的动作,从而体现音乐上行、下行的变化。教师可以通过直观形象的游戏示范,让幼儿在观察模仿的学习过程中加强对游戏的接受和理解。此外在音乐游戏过程中,教师要为幼儿创设轻松、自由的游戏环境,有助于幼儿获得良好的情感体验。

活动目标 >>>

1. 能感受乐曲旋律的欢快、活泼,能较准确地听辨出音的上行、下行。
2. 能随音乐的变化做出表现猴子爬树、滑下树等动作。
3. 大胆进行表演,体验游戏带来的快乐心情。

活动准备 >>>

1. 空间准备:场地中有各种不同材料做成的树。
2. 物质准备:小猴纸偶数个。
3. 经验准备:(1)日常生活中,有意识地引导幼儿听辨音的高低。
　　　　　　 (2)提前带幼儿去动物园看猴子。

活动重点 >>>

能准确地听辨音乐的上行和下行。

活动难点 >>>

听辨音的高低,能用动作表现出音乐的上行、下行。

活动过程 >>>

一、开始部分

复习律动:《捏拢放开》

二、基本部分

1. 以游戏的方法引出主题,引起幼儿的兴趣,感受音乐。

引导语:"猴宝宝们,看我们到哪儿了?"(花果山)

"这儿有好多的树,我们一起来玩一玩吧!"(教师边说边模仿猴子的动作)

2. 幼儿听音乐学猴子爬树的动作。

3. 幼儿通过听、想、做来进一步感受音乐。

请猴宝宝坐到草地上休息一下。

(1)引导语:"猴宝宝们,我孙悟空本领可大了,你们看我变出什么来了?"(教师做吹猴毛的动作,变出小猴纸偶)

"今天,我手上的这只小猴啊,要来爬树,看我怎么爬的?什么时候爬上去的?什么时候又爬下来了?我在树上都做什么了?"

(2)幼儿戴小猴纸偶进行练习(在同一棵大树上)。

幼儿分段进行练习(2遍)。

音乐前段——爬到树顶

音乐中段——在树上张望,吃桃子

音乐后段——从树上滑落

4. 教师带领幼儿进行游戏。(分散在整个活动场地,游戏进行2~3遍)

三、结束部分

幼儿随优美的音乐进行放松活动。(结束游戏活动)

活动评析 >>>

此活动内容从孩子的实际年龄、发展情况出发，以孩子们喜爱的猴子为主题形象。音乐节奏欢快、活泼，能清楚地听辨出旋律的上行、下行。

孩子们通过游戏的方法，对难点——听辨旋律的上行、下行有较好的理解。在活动中，孩子们不仅通过听感受了音乐，还通过想和做感受了音乐，在此基础上，全班幼儿随音乐的变化，自由、快乐地做游戏，充满了情趣，收到好的效果。

（执教人：青岛幼儿师范附属幼儿园　宋文洁老师）

附：

猴子爬树

汪爱丽　词
汪　玲　曲

1 = C 2/4

1 2 3 3 | 3　0 | 3 5 5 5 | 5　0 | 5 7 7 7 | 7· 5 | 7　2̇ | 1̇　- | 3̇ 3̇ 1̇ 1̇ |
（猴子爬树）　　　　　　　　　　　　　　　　　　　　　　　　　　　　（猴子在树

3̇ 5̇ 5̇ | 6̇ 6̇ 4̇ 6̇ | 5̇　- | 3̇ 3̇ 1̇ 1̇ | 3̇ 5̇ 5̇ | 2̇ 4̇ 3̇ 2̇ | 1̇　- | 1̇ 7̇ 6̇ 5̇ 4̇ 3̇ 2̇ | 1̇　- ‖
上做张望、摘桃子、吃桃子等动作）　　　　　　　　　　　　　　（猴子从树上滑下来）

第五节　节奏乐活动与指导

打击乐演奏是学前儿童学习音乐的重要途径之一，开展集体打击乐器演奏活动，可以发展学前儿童听辨节奏和音色的能力，发展良好的合作意识和熟练的协调技能。在乐器演奏、制作活动中，还可以发展学前儿童的探索精神和创造能力。

一、学前儿童节奏感的发展

（一）0～3岁儿童节奏感的发展

人生来就具有一定的节奏感，如人体本身的呼吸、脉搏跳动、走步等，初生婴儿之所以在母亲的怀抱里会感到安静、踏实，就是他能感受到母亲有规律的心跳节奏；婴儿入睡时，听到母亲哼着摇篮曲并伴随有节奏的轻拍或摇睡床的声音睡得更安详、甜美；2～3个月的婴儿对发出有节奏响声的"摇摇响""拨浪鼓"感兴趣；4～5个月的婴儿拿到有响声的玩具时，会时而拍打、时而摇动。1岁左右的婴儿在走步、跺脚、拍手或拍打玩具时，就开始显示出其节奏感的趋势；1岁半到3岁的儿童会随音乐而挥动手臂，扭动身体或拍手，会敲打玩具，力求合上音乐的节拍。实际上，此时儿童已经表现出了对打击乐活动的极大兴趣，这种兴趣源自对能发出声响玩具的好奇和探究，他们渴望弄响它，并以此获得满足。

（二）3～6岁儿童节奏感的发展

1.3～4岁儿童节奏感的发展

这一年龄阶段的儿童尝试、探索声音的范围不断扩大，主动性更强，会自发地去敲击能发出声响的物品，如锅、碗、盒、杯子等，以此来探索声音的长短、高低、音响、音色，他们一般能学会较简单的打击乐演奏技能，如碰铃、铃鼓、串铃、响板、沙球等乐器的基本奏法。

对于3～4岁的儿童来说，在演奏过程中使奏出的音响与音乐相协调一致是有一定困难的，而且他们的动作发展、自控能力都较差，因而要体会集体奏乐活动中各声部之间的相互配合和协调当然有一定的困难。但是，让孩子通过同一种乐器的演奏，初步体会到与别人同时开始、同时结束的基本合作要求，还是切实可行而有效的。

虽然儿童的演奏技能及随乐水平尚不完善，但是这一年龄阶段的儿童却已早早地展现出奏乐活动中初步的创造性表现，能为简单的儿歌选择简单乐器。

2.4～5岁儿童节奏感的发展

4～5岁的儿童在乐器的操作和演奏技能方面较小班儿童有了较大的进步，如能掌握木鱼、蛙鸣筒、小锣、钹等打击乐器的奏法，并且开始探索同一种乐器的不同演奏方法，而且能掌握演奏技巧稍高的一类打击乐器，如铃鼓的晃、摇，沙球的震、击等。在乐器演奏的过程中，对乐器音色、力度、速度的调整和控制能力也有所提高。

在合作协调性方面，不仅能够与同伴同时开始和同时结束演奏，而且能在2～3个不同声部的演奏配合中，处理好自己声部与其他声部之间的协调关系，在打击乐演奏活动中看指挥，理解指挥手势含义的能力也有所发展。

4～5岁的儿童随着集体打击乐演奏活动经验的不断积累，已经能够在老师的提示及引导下，为歌曲选配一些简单的节奏型，并能用乐器奏出。

3.5～6岁儿童节奏感的发展

这一年龄阶段儿童使用和掌握的打击乐器种类更多了，能力也提高了，除了以上的一些乐器之外，他们还能演奏一些使用小肌肉操作的乐器，如双响筒、三角铁等。对于同一种乐器，其演奏的方法也更丰富、细致化，如用捏奏法演奏响板等。同时，在演奏过程中能有意识地控制适当的音量和音色。

5～6岁儿童在打击乐演奏活动中的合作协调能力也得到了很好的发展，他们不仅能准确地演奏自己的声部，而且能主动地关注整体效果。还能学会看指挥的即兴变化来调整自己的演奏，与同伴以体态表情进行情感交流。

在创造性方面，他们更能自发地、积极地探索音乐，积极参与节奏型的选配及配器方案的讨论，同时开始探索打击乐器的制作，如用废旧材料自制乐器，并尝试参与即兴指挥。

附例：学前儿童节奏基本类型

一、基本节奏类型，$\frac{2}{4}$拍

概念：以四分音符为一拍，每小节有两拍。

$$\frac{2}{4} \quad X \quad X \quad | \quad X \quad X \quad | \quad X \quad X \quad | \quad X \quad X \quad |$$

$\frac{2}{4}$拍的强弱规律为：强 弱、强 弱。

基本训练：

1. 按照这样的强弱规律在每小节的第一拍拍手（◆）。

$$\frac{2}{4} \quad X \quad X \quad | \quad X \quad X \quad | \quad X \quad X \quad | \quad X \quad X \quad |$$
声势◆　　　　　◆　　　　　◆　　　　　◆

2. 在完成这个训练之后,在每小节第一拍拍手(◆)的基础上,在每小节第二拍拍腿(◇)。

$\frac{2}{4}$　X　X　｜　X　X　｜　X　X　｜　X　X　｜

声势◆　◇　　　◆　◇　　　◆　◇　　　◆　◇

3. 在完成第一拍拍手(◆)和第二拍拍腿(◇)动作的基础上,加入语言。

$\frac{2}{4}$　X　X　｜　X　X　｜　X　X　｜　X　X　｜

声势:◆　◇　　　◆　◇　　　◆　◇　　　◆　◇

朗读:我　　　爱　　　音　　　乐

二、基本节奏类型,$\frac{3}{4}$拍

概念:以四分音符为一拍,每小节有三拍。

$\frac{3}{4}$　X　X　X　｜　X　X　X　｜　X　X　X　｜　X　X　X　｜

$\frac{3}{4}$拍的强弱规律为:强 弱 弱、强 弱 弱。

基本训练:

1. 按照这样的强弱规律在每小节的第一拍拍手(◆)。

$\frac{3}{4}$　X　X　X　｜　X　X　X　｜　X　X　X　｜　X　X　X　｜

声势:◆　　　　　◆　　　　　◆　　　　　◆

2. 在完成这个训练之后,在每小节第一拍拍手(◆)的基础上,在每小节第二、三拍拍腿(◇)。

$\frac{3}{4}$　X　X　X　｜　X　X　X　｜　X　X　X　｜　X　X　X　｜

声势:◆　◇　◇　　◆　◇　◇　　◆　◇　◇　　◆　◇　◇

3. 在完成第一拍拍手(◆)和第二、三拍拍腿(◇)动作的基础上,加入语言。

$\frac{3}{4}$　X　X　X　｜　X　X　X　｜　X　X　X　｜　X　X　X　｜

声势:◆　◇　◇　　◆　◇　◇　　◆　◇　◇　　◆　◇　◇

朗读:我　　　爱　　　小　　　草

三、基本节奏类型,$\frac{4}{4}$拍

概念:以四分音符为一拍,每小节有四拍。

$\frac{4}{4}$　X　X　X　X　｜　X　X　X　X　｜　X　X　X　X　｜　X　X　X　X　｜

$\frac{4}{4}$拍的强弱规律为:强 弱 次强 弱、强 弱 次强 弱。

基本训练:

1. 按照这样的强弱规律在每小节的第一拍和第三拍拍手(◆)。

$\frac{4}{4}$　X　X　X　X　｜　X　X　X　X　｜　X　X　X　X　｜　X　X　X　X　｜

声势:◆　　◆　　　　◆　　◆　　　　◆　　◆　　　　◆　　◆

2. 在完成这个训练之后,在每小节第一拍和第三拍拍手的基础上,在每小节第二拍和第四拍拍腿(◇)。

$\dfrac{4}{4}$ X X X X ｜ X X X X ｜ X X X X ｜ X X X X ｜

声势：◆ ◇ ◆ ◇ 　◆ ◇ ◆ ◇ 　◆ ◇ ◆ ◇ 　◆ ◇ ◆ ◇

3. 在完成强弱拍动作的基础上,加入语言。

$\dfrac{4}{4}$ X X X X ｜ X X X X ｜ X X X X ｜ X X X X ｜

声势：◆ ◇ ◆ ◇ 　◆ ◇ ◆ ◇ 　◆ ◇ ◆ ◇ 　◆ ◇ ◆ ◇

朗读：我　 们　　 热 爱　　 花 草　　 树 木

提示：$\dfrac{2}{4}$拍是基本节奏,应作为训练重点。老师在教授过程中可以根据儿童的反应,增加或降低难度。

二、幼儿园常用的打击乐器

幼儿园里常用的打击乐器有十多种,由于相同或相似材料制作的乐器,在音响、音色特点上具有一些共性,在使用中有时可以相互补充或替代,所以,在这里我们按乐器的音响特点来分类。

1. 强音乐器

(1) 大鼓:用皮革蒙在筒状的共鸣箱上,通过鼓槌敲击引起的振动而发音的一种乐器。击鼓心,会产生浓厚的音色,且有较长的延续尾音;击鼓边,则音色脆、硬而单薄,延续音较短。

(2) 单面鼓:因只在鼓框架一面蒙羊皮而得名,装有一手柄。使用时一手握鼓柄,一手握鼓棒,敲击鼓面中心部位发声。由于皮革单薄,敲击时不能用力过大、过猛。

(3) 小锣:铜制,配一软质打槌,敲击锣面发音,随敲击力量大小而改变音量。音色明亮,有一定的延续音。一般可以用在强拍的伴奏上,以突出节奏,渲染气氛。要停止延续音,用手掌捂锣面即可。

(4) 小镲:由一对铜制圆盘组成。通常直径大的叫铙,小的叫镲,由两镲片互击发响,音色响亮,有较长的延续音。演奏方法较多,音响效果也不同,有撞击、磨击(蹭击)等,也可手提单片镲,用打棍单击。如要止音,可将镲片贴在身上,或用手捏住镲片止音。

2. 弱音乐器

(1) 圆舞板:两块中间凹的木质圆形板,用松紧带系在一起,形似蚌,两个一副。使用时将圆环状的松紧带套在中指上,拇指与食指各捏一块板,一张一合使其互击发响;也可一手持圆舞板,在另一手掌中拍打发声。

(2) 碰铃:又称小铃。是一对形似小钟的铜铃,顶端有系孔,用系绳连在一起,互相碰撞发声,故又叫"撞钟"。音色清脆、明亮,在打击乐器中属高音乐器,可以表现音乐的强拍,也可以表现弱拍。

(3) 三角铁:用钢棍弯成一角开口的等边三角形而得名,打棍也是钢制的。演奏方法有两种,一种是左手提悬挂的绳子,右手持金属棒敲打三角铁的底边;另一种是在三角铁内,用金属棒快速地敲击左右两边或转圈敲击各边,会产生激烈而特殊的音响效果。

(4) 串铃:在马蹄形握柄上固定几个小铃,两只一副,音色较碎,音量较小。一般用法是手持握柄,上下有节奏抖动或连续拌动;也可左手握串铃,右手拍击左手背使其发声。

(5) 沙锤:球形壳内装铁砂,有手柄,两只一副。外形似锤状叫"沙锤",外形似筒状叫"沙筒"。使用时双手各握一只,上下抖动,让铁砂在球体内滚动发出"沙沙"声。

(6) 棒镲:三根细长木棒,中间一根较长连手柄与两旁两短棒之间嵌有几副金属小镲片,有的是木片(板)制成,称为"板镲",是木制与金属的混合音响乐器。使用时右手握柄,左手拍击右手,使镲片互击并碰击木框架发声,音量小;亦可双手各握一只,摇动发声响,似婴儿玩的"摇摇响"。

(7) 木鱼:是用木头刻制的,形似鱼状,中间空而头部开口的一种乐器,配一木制打槌。演奏方法为左手持"鱼的尾部",右手持棒按节奏敲打"鱼头"的顶部。

3. 特色乐器(音响适宜于渲染欢快、跳跃、轻盈等气氛)

(1)铃鼓:用皮革(或塑料)蒙在带有可活动的金属小钹的木制围框上,通过手指(或手腕、肘)的敲击或手腕的抖动、摇晃引起的振动而发音的,是兼有鼓和铃两种音色特点的一种乐器。奏法较多,可以用手掌击鼓心,其音色柔和;用手掌击鼓边,音色明朗干脆;用鼓面击身体部位,则铃的声音较明显;用手腕连续抖动,会产生颤音的效果。

(2)响板(也称圆弧板):由三块形似贝壳状的硬木板组成,中间用松紧带相连而构成的一种乐器,通过两片木块的撞击引起的振动而发音。使用方法有两种,一是手握手柄将响板平放上下摇击,可单击,也可连击;二是握响板的手在另一手掌上震击,此法只可单击。

(3)双响筒:双响筒手柄在中间,两头是开口,锯口长的一端是低音,锯口短的一端是高音,高低音一般相差五度。演奏方法为左手持柄,右手持棒敲击,可以敲击筒的一端,也可同时交替敲击筒的两端,发出类似于"的笃"的马蹄声。

(4)蛙鸣筒:由一节毛竹或木头制成的,刻有一道道楞子的筒状乐器,配一木制打棍。音色类似青蛙的鸣叫声。演奏方法有两种,一种是左手持筒的握柄,右手持棒刮奏;另一种即用棒敲奏。

4. 旋律乐器

(1)木琴:有固定音高的打击乐器。由若干长短不一的硬木音条按音的高低顺序排列组成,配有一副形似小勺的木槌。敲击音条发音,有单槌单击,也有双槌单击或轮击、或刮奏等多种奏法。木琴音色清脆嘹亮,弱奏时又柔和、甜蜜、玲珑可爱,是演奏儿童乐曲的特色乐器。

(2)铝板琴:有固定音高的打击乐器。由长短不一的铝板条或钢片组成。每根音条上刻有音名(或固定调的唱名),按基本音级顺序排列,固定在一梯形木制共鸣箱上,配有一副有橡皮头的音槌(或金属小槌),直接敲击音条发音。有单槌击打或双槌轮击、滚奏、刮奏等奏法。音色清澈如银铃,属色彩性乐器,用以描绘崇高的意境或梦幻、仙境等。

(3)电子琴:电子琴有立式和便携式两种。便携式电子琴因体积小、便于携带、易学习,可供学习和演奏两用,因而受到普遍的欢迎。便携式电子琴又分为玩具琴、练习琴和演奏琴三大类,其中演奏琴的音色优美,模拟乐器声逼真,和弦伴奏丰富,幼儿园常用的是这类琴。

(4)自制乐器:近年来,有的幼儿园为了培养儿童的创造性思维和动手能力,还充分利用废旧材料自制打击乐器,如用易拉罐、塑料瓶里面装一些沙,可制作成沙球;用树杈、饮料瓶盖、铁皮盖制作成棒镲;用竹板制作响板;用小竹棍或筷子敲击玻璃杯、酒瓶等可模仿三角铁的声音等。总之,声音悦耳、安全的材料,均可制成儿童用的乐器,这不仅丰富了打击乐活动的教材,也培养了儿童的创造能力和动手能力。

三、打击乐的配器原则及谱法

(一)打击乐的配器原则

1. 为音乐作品选配乐器

为乐曲(歌曲)选用乐器时,须考虑乐器的音响特点要与音乐的性质、情绪、风格相适应,相协调。另外,还要分析乐曲的形式、节拍、节奏及旋律的特点,找出有呼应、有对比、有变化的地方,选用适合的乐器。

(1)根据强弱选择:强音乐器往往用在强拍或乐曲的高潮或结尾处;弱音乐器一般用在弱拍,有时也可用于强拍;铃鼓、碰铃和三角铁这些有延续音的乐器,在音符时值较长时,用柔和的弱奏可以表现颤音效果。

(2)根据音乐形象选择:优美、抒情的音乐形象,宜配音色清澈、嘹亮、有延音的三角铁、碰铃等;轻盈、跳跃的音乐形象,宜配音色清脆响亮的木鱼、响板、双响筒、串铃等;热烈、欢快的音乐形象,宜配镲、锣、鼓、铃鼓等。

(3)根据乐句、乐段结构选择:在呼应和重复的乐句及不同的乐段中,更换不同的乐器,丰富和加强音乐的新鲜感和表现力。如为3~4岁儿童选择的配器方案,一般可以在乐段之间变化音色;为4~6岁儿童选择的配器方案,还可以考虑在乐句之间变化音色。

(4)根据力度来选择:在整个演奏过程中,应有力度的变化。用强奏、弱奏或增减乐器的件数来产生不同力度的对比效果。也可用齐奏与某种乐器独奏或领奏来表现。

总之,乐器的选配,打击方法的更换等,要与音乐相适应,使之能更好地表达出乐曲的情绪。

2. 为音乐作品选配节奏型及演奏形式

第一,学前儿童可以掌握的节奏包括四分音符、八分音符、二分音符节奏以及附点音符节奏、切分节奏等。节奏型的选配,可以采用某种固定的节奏型,这种节奏型可以是歌曲或乐曲本身的节奏,也可以是自配的均匀的节奏。

例1 歌曲、乐曲本身的节奏:

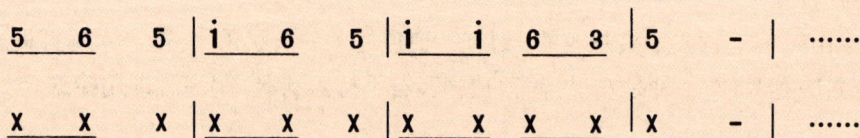

```
5   6   5 | i   6   5 | i   i   6   3 | 5   -  | ……
x   x   x | x   x   x | x   x   x   x | x   -  | ……
```

例2 均匀节奏:

```
        1   1 | 3   3 | 5   5 | 5   - ‖
(1)     x   - | x   - | x   - | x   - ‖
(2)     x   x | x   x | x   x | x   x ‖
```

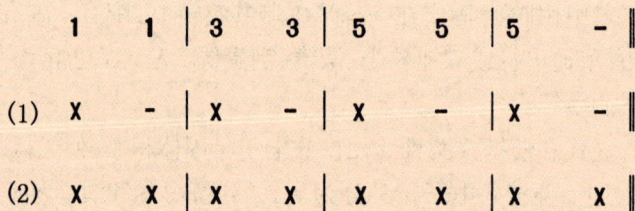

另外,还可以根据乐曲中的节奏变化来变换节奏型或突出强调某个节奏型。

我爱我的小·动物

佚 名 曲

```
1 = C  4/4

‖: 5 6 5 4 3 1 | 2 1 2 3 5 - | 3 3 3 5 5 5 | 3 3 2 2 1 - :‖
   x   -   x - | x   -   x - | x x x x x x | x   -   x - :‖
```

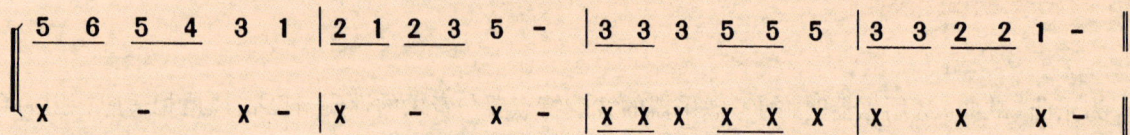

第二,教师还必须根据儿童的实际能力选配打击乐。为小班儿童编的打击乐应简单,以齐奏为主,节奏变化不大。中大班则可稍复杂一些,可用不同乐器轮流演奏或合奏,不同乐器的节奏型也可不同。有时同一乐曲可编配出不同难易程度的打击乐给不同班级使用。

第三,为学前儿童选择的打击乐演奏的音乐,要节奏鲜明、旋律优美、结构工整。对于小班儿童,可以选儿童熟悉的歌曲或结构短小、节奏简单的乐曲;为中大班儿童选择打击演奏的音乐,可以适当复杂一些,结构可以是二段体或三段体,且段落的旋律带有明显的对比性,适合启发儿童用不同音色、音量的乐器和节奏型变化来加以表现。

　　总之,打击乐器的选配,演奏方法的运用,节奏型的设计都应与音乐相适应,从而更好地表达音乐的情绪、风格和性质。

（二）打击乐器的记谱法

1. 通用简谱总谱

　　这是我们常用的一种记谱法,音符均用"X"标记,一般写在旋律的下面,只记节奏,例如《我的好妈妈》,其中个别乐器由于使用时可以有不同的演奏方法,故记谱方法也就有所不同。如铃鼓、串铃、棒镲需要摇动或连续摇动时,可以用"X,,,"（摇动）或"X／"（连续摇动）符号标记;双响筒因有高低不同的两个音,可用"X"与"X"符号分别表示出高低音。

2. 变通总谱

　　变通总谱目前在幼儿园已经普遍使用,它与简谱总谱相比较要容易掌握得多。变通总谱主要有动作总谱、图形总谱和语音总谱三类。

　　（1）动作总谱:主要是通过使用不同的动作来表现配器的记谱法,设计时可使用身体动作、模仿动作、舞蹈动作等,并应注意在较密集的节奏型上尽量安排简单的动作,这样儿童才容易掌握,如果设计得太复杂,也就失去其作为简易工具的作用了。下面以《值日生》的第一句旋律为例:

	1 2	3 4	5 5 5	（5 5 5）	5 4 3 2	1 3 2	（1 3 2）
节奏	x x	x x	x x x	x x x	x x x	x x x	x x x
动作	拍手	拍手	拍肩	拍手	拍手	拍肩	

　　拍手　——　碰铃　　　　拍肩　——　铃鼓、沙球、圆舞板

　　（2）图形总谱:主要是用不同的图形来表现配器的记谱法。设计时可使用几何图形、形象简化图形、通用乐谱符号或其他图形等,其中要注意色彩的运用。例如:

	1 2	3 4	5 5 5	（5 5 5）	5 4 3 2	1 3 2	（1 3 2）
节奏	x x	x x	x x x	x x x	x x x	x x x	x x x
图形	★ ★	★ ★	● ● ●	★ ★	★ ★	● ● ●	

　　★　——　碰铃　　　　●　——　铃鼓、圆舞板、沙球

　　（3）语音总谱:主要用语音表现配器的记谱法。所用的语音可以是有意义的词或句子,也可以是象声词或无意义的音节,对词或句子的要求是有趣,容易上口,且容易记忆。例如:

	1 2	3 4	5 5 5	（5 5 5）	5 4 3 2	1 3 2	（1 3 2）
节奏	x x	x x	x x x	x x x	x x x	x x x	x x x
语音	叮 叮	叮 叮	当 当 当	叮	叮 叮	当 当 当	

　　叮——碰铃　　　　　当——铃鼓、圆舞板、沙球

值得注意的一点是：在以上这些变通总谱中，儿童所要做的仅是跟着旋律做动作，看图和朗诵，并不要看旋律和节奏谱。

三种变通总谱都没有固定的模式，还可以有多种设计法。艺术本身是一种创造活动，创造就意味着要冲破固定模式。如果陷在十分固定的模式中，艺术的趣味，即艺术的生命也就没有了。在实际使用时，这些总谱往往被综合起来使用。

四、学前儿童打击乐活动指导

随乐曲（歌曲）集体演奏的打击乐，在教学中可有以下几种不同的方式。一种是教师事先选好教材，可以是自己设计编配的打击乐，也可以是别人编配好的教材，然后一步步地教给儿童。另一种则是在教师的指导下，逐步让儿童参加活动，共同编配打击乐。采用这一种方式，若能在儿童节奏感有了一定的发展，对打击乐活动已积累了一些经验的基础上进行，效果才好。

选用编配好的打击乐，最好乐曲的结构方整，节奏鲜明，配器符合音乐的性质，深浅适合本班儿童水平。下面简单介绍打击乐的教学步骤与方法。

1. 熟悉和欣赏音乐

打击乐器是根据音乐进行的，倾听音乐是极为重要的一个环节，在告诉儿童乐曲（或歌曲）的名称、主要内容后，就要引导儿童仔细听，感受音乐的内容、情绪、性质、力度、速度、风格以及节奏等。

2. 空手练习节奏型

教师带领儿童以各种节奏动作，如声势动作等，练习各种乐器声部的节奏型，帮助儿童尽快掌握，以便在较短的时间内过渡到使用乐器演奏。要注意的是，空手练习的时间不能太长，因为在使用乐器的过程中还可继续学习。长时间空手练习会降低儿童学习的积极性，更重要的是不利于儿童有更多的机会在集体练习打击乐器的过程中，感受各种乐器的不同音色、音响特点及其在合奏中所产生的效果。

3. 介绍乐器的名称及使用方法

在掌握了各声部节奏型的基础上，教师可以向儿童介绍打击乐器的名称，让儿童去探索乐器的敲击发声法，教师再指导儿童正确使用打击乐器，并引导他们比较、辨别乐器的音色特点。

4. 随着音乐打击乐器

在儿童随音乐打击乐器的过程中，可让部分节奏感较强的儿童先拿乐器练习，随后逐步扩大到其他儿童，以利互帮互学；或者先分声部练习，等各声部熟练掌握后再合奏；也可以一次递增一个声部来进行练习，最后达到完整的合奏。

儿童在具有一定的打击乐经验的基础上，教师还可有计划地逐步让儿童与教师共同来为乐曲（或歌曲）设计节奏型、选配乐器等，以培养他们创造性地编配打击乐的能力。

另外，还可以用故事及游戏来进行打击乐教学，这种方法较适合小班初期，可以培养儿童对打击乐的兴趣。

在幼儿园打击乐教学活动中，还要注意培养儿童良好的活动常规，包括训练儿童看指挥的习惯，注意打击乐器的分发与收回。可以将乐器放在幼儿坐椅下面，或现场分发；收回乐器时，可以让儿童将乐器轻放在坐椅下面，或让个别儿童到每人身边收取，或让儿童自己放回指定的地方等。

★ 活动设计

打击乐活动：悯农（中班）

设计意图 >>>

本活动以游戏形式导入，让幼儿熟悉自己演奏的节奏，充分引起幼儿的兴趣。幼儿在练习的过程中要求互相倾听、能够互相配合，通过节奏乐合奏，提高幼儿感知和表现音乐的能力。教学开始要进行歌曲复习，感知主旋律的情绪、风格和基本拍子，通过模仿学习节奏型，进一步把握作品整体音响的横向与纵向结构。教师指挥时所做的动作，最初应与幼儿所做的动作一致，熟练以后教师可改用击拍法，但仍要把节奏型打出来。教师在活动中要关注学习过程，随时调整练习方案，使每个幼儿都能够较完美地演奏作品，体会到合奏的乐趣。

活动目标 >>>

1. 能进行两种节奏的合奏，并能不受相互的影响保持自己的节奏。
2. 学习看图谱演奏歌曲并能辨别不同的节奏。
3. 进一步通过演唱和打击乐的形式感受古诗的韵律及节奏。

活动准备 >>>

图谱，录音机，打击乐（圆舞板、碰铃），头饰等。

活动重点 >>>

幼儿能够初步掌握碰铃、圆舞板的演奏方法，能够随乐演奏乐器。

活动难点 >>>

幼儿能不受干扰，准确地完成两个声部的合奏。

活动过程 >>>

一、游戏"音符找家"

幼儿头戴音符头饰，在地上的五线谱中，找到自己音符的所在位置，进一步巩固认识五线谱。

二、节奏乐

1. 复习歌曲《悯农》。

（1）能较熟练地演唱歌曲。

（2）巩固认识打击乐器的名称，并能知道正确的使用方法（碰铃、圆舞板）。

2. 出示打击乐图谱，练习节奏型。

图一

| 碰　铃 | X | - | X | - | X | - | X | - | X | - | X | - | X | - | X | - :‖ |
| 圆舞板 | X | X | X | X | X | X | X | X | X | X | X | X | X | X | X | X | X :‖ |

图二

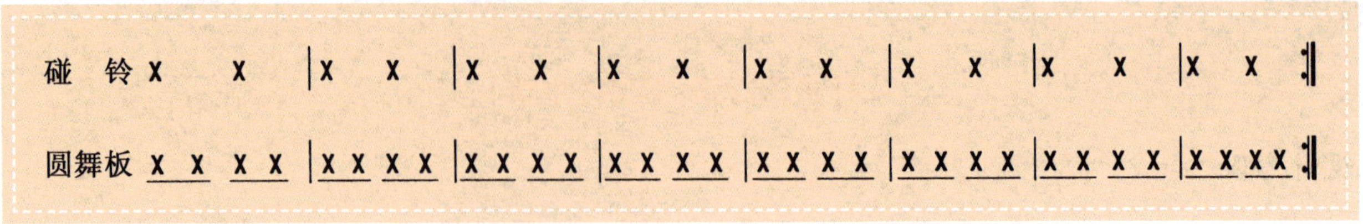

教师引导儿童分别进行两个图谱的声势节奏练习,要求儿童能通过练习,感受和辨别出不同的节奏特点,并能看着自己打击乐的图谱打击节奏。

难点:能进行两个声部的合奏。先进行单声部的练习,再尝试感受两种节奏混合的效果。

3.随音乐一起演奏打击乐。能保持自己节奏的稳定,不受干扰。

4.边演唱边演奏打击乐。进一步感受两个图谱节奏给歌曲带来的不同效果。

三、游戏"小音符找朋友"

幼儿头戴头饰,根据老师唱出的7个音符的不同节奏,辨别出哪些是四分音符,哪些是八分音符。头戴八分音符头饰的幼儿,必须与另外一位头戴八分音符头饰的幼儿,肩并肩搭到一块。通过此游戏让幼儿进一步熟悉这两种节奏。

四、总结评价

附:

碰　铃　X　—　|　X　—　|　X　—　|　X　—　|

圆舞板　X　X　|　X　X　|　X　X　|　X　X　|

6 5 6　1 3　|　2 1 6　|　1 6 5 6　|　5　—　‖

谁　知　盘　中　餐，　　粒　粒　皆　辛　苦。

碰　铃　X　—　|　X　—　|　X　—　|　X　—　|

圆舞板　X　X　|　X　X　|　X　X　|　X　X　‖

★ 活动设计

打击乐:《土耳其进行曲》

设计意图 >>>

　　本活动选自贝多芬的钢琴作品《土耳其进行曲》,乐曲旋律欢快、蓬勃向上,表现了土耳其士兵生气勃勃的形象。全曲力度变化由弱到强再到弱,表现土耳其军队由远及近再走远的场景。打击乐活动选择图形总谱表现音乐的变化及ABA结构,教师要逐步引导幼儿在看、听、演奏、说之间建立联系,学会看图谱,准确地完成各自声部的演奏。

活动目标 >>>

　　1. 初步感受乐曲的进行曲风格,熟悉乐曲旋律,能在教师带领下随乐有节奏地做节奏动作。
　　2. 学习图形乐谱,找出相应的图形,并能模仿乐器的声音。
　　3. 能够在演奏过程中倾听整体音响,体会合奏的乐趣。

活动准备 >>>

　　1. 经验准备:熟悉乐曲《土耳其进行曲》的旋律和结构。
　　2. 物质准备:图片、音乐。

活动重点 >>>

　　学会倾听整体音响,随乐演奏。

活动难点 >>>

　　学会与他人配合,准确地演奏各自声部的节奏。

活动过程 >>>

　　1. 幼儿观看教师提供的图形谱并倾听音乐。
　　2. 幼儿与教师一起讨论图形谱及乐曲的结构。

3.幼儿一边看图形谱一边听音乐,同时做简单的节奏动作。

4.教师带领幼儿创编身体节奏动作,幼儿在教师的带领下随乐完整练习动作组合。

5.幼儿学习打击乐器演奏。

(1)看教师指挥,分声部合奏。

(2)引导幼儿指挥演奏。

6.幼儿有表情地完整地随乐演奏乐器。

活动总结 >>>

1.教师在活动过程中要指导幼儿控制自己的演奏力度,注意整体音响。

2.幼儿在熟悉自己声部之后,可以交换乐器演奏。

附:

思考与练习

1.在弹唱的基础上熟唱小、中、大班歌曲各10首。

2.谈谈学前儿童在歌唱能力的发展上有何特点。

3.歌唱教学中如何培养学前儿童的创造能力?

4.试为小班(或中大班)儿童选择适合的歌曲,写出活动计划,并进行试教。

5.幼儿韵律活动的内容有哪些?

6.韵律活动对幼儿能力的发展有哪些促进作用?

7.请你为小班幼儿学习"鸭走""小鸟飞""秋天的落叶"等模仿动作,中大班幼儿学习"缝衣服""摘果子"等模仿动作,分别设计科学、适宜的活动环节。

8.选择一个集体舞或邀请舞,拟出指导步骤与具体的方法。

9.设计若干游戏,培养幼儿对音乐表现手段的感受能力。

10.幼儿音乐欣赏的内容包括哪些?

11.为小班、大班各选一首歌曲和器乐曲,拟出指导幼儿欣赏的步骤与方法。

12.为学前儿童选择音乐游戏教材时,应注意哪几方面的问题?

13.选择某一年龄班的音乐游戏,拟出教学步骤和方法,并进行试教。

14.见习幼儿园音乐游戏的组织与指导。

15.幼儿园有哪些常用的打击乐器?

16.谈谈儿童打击乐演奏能力的发展特点。

17.自选一首儿童歌曲或乐曲,编出节奏型与打击配器,并进行演奏。

18.自选年龄班与教材,设计儿童打击乐教学活动计划,并进行试教。

第四章

学前儿童音乐教育活动的设计与组织

学习目标

- 了解并把握学前儿童音乐教育活动的组织形式。
- 明确学前儿童音乐教育活动设计的原则,掌握学前儿童音乐教育活动的目标、活动过程等的设计。
- 了解学前儿童音乐教育活动评价的原则、内容和方法。

第一节　学前儿童音乐教育活动的组织形式

学前儿童音乐教育活动的组织形式多种多样。学前儿童音乐教育活动最常见的组织形式有以下两大类。

一、幼儿园的音乐教育活动

幼儿园的音乐教育活动是教师有目的、有计划地利用幼儿园的环境对儿童实施音乐启蒙教育的过程。它是实现学前儿童音乐教育的目标、组织和传递学前儿童音乐教育的内容、落实学前儿童音乐教育任务的具体手段和有效途径。

(一)幼儿园音乐教育活动的含义

幼儿园的音乐教育活动是以儿童为主体,以适合儿童的音乐为客体,通过教师设计和组织的多种形式的音乐活动使主、客体相互作用,以培养和发展儿童的音乐能力,促进儿童身心全面发展的教育活动。

(二)幼儿园音乐教育活动的类型

幼儿园音乐教育活动作为幼儿园教育活动的一个子系统,既是一个相对独立的活动领域,同时又自然交织融合在幼儿园教育活动的整体之中。一般来说,可以将幼儿园的音乐教育活动分为专门的音乐教育活动和渗透性的音乐教育活动两类。

1. 专门的音乐教育活动

所谓专门的音乐教育活动,是指由教师根据学前儿童音乐教育的目标和任务,有目的、有计划地安排专门的时间和空间场地,选择以音乐为主的课题内容和材料,组织全体幼儿参加的活动。其中,最常见的是幼儿园的音乐集体教育活动。这类音乐活动的价值主要在于:向儿童提供比较系统的音乐教育,并为儿童提供机会,对他们在日常音乐活动中获得的音乐经验进行提炼和深化。这类音乐活动按音乐教育内容的不同又具体划分为歌唱活动、韵律活动、音乐欣赏活动和节奏乐活动。但是,一般在专门的音乐教育活动中这些内容又往往是综合的,即在一个专门的音乐教育活动中,活动可以是围绕着某一具体的音乐作品而展开的,也可以是围绕着某一专门的动作技能或某种音乐知识而展开的,还可以是围绕着某个特定的活动主题而展开的。活动可以是以模仿为主的形式进行的,也可以是以游戏的方式来组织的,还可以是以儿童自发探索为主的……无论哪种,一般都会同时包含几种不同内容的活动。

专门的音乐教育活动不仅有丰富多变的活动内容和形式,同时又有相对的活动时间上的要求:小小班(2～3岁)可以安排10分钟左右,小班(3～4岁)15分钟左右,中班(4～5岁)20分钟左右,大班(5～6岁)30分钟左右。

2. 渗透性的音乐教育活动

所谓渗透性的音乐教育活动,是指除专门的音乐教育活动以外,随机、灵活地蕴涵、渗透在儿童的一日生活及其他教育活动之中的丰富多样的、"隐性"的音乐教育活动。大致可以分为以下四类。

(1)日常生活中的音乐活动。

在日常生活的各个环节和活动中,时时可以随机灵活地组织和安排一些与音乐有关的内容。如在用餐、睡觉前后播放一些优美动听的音乐作为背景,让幼儿欣赏;在散步、儿童自由活动时由教师或儿童发起、组织自愿参与的音乐活动等。

(2)其他教育活动中的音乐活动。

渗透在幼儿园的语言、科学、美术等学科、领域教育活动及体育锻炼活动中的"隐性"的音乐活动,如在语言教育中的音乐活动,在培养幼儿语言表达能力的活动中,可以自然地结合音乐的某些要素进行有意识的训练,如语言节奏朗诵(在儿童学习儿歌朗诵的同时,配上一定的节奏要求);再如美术教育活动中儿童进行意愿画、命题画、想象画的创作中,也可以用富有广阔想象空间的音乐作为主题和背景;在早操、体育活动中使用优美、活泼的音乐伴奏,加入歌唱、节奏朗诵、律动等,在发展儿童动作的同时,也训练和提高了儿童随音乐动作表现的能力和节奏感。

(3)游戏活动中的音乐活动。

在幼儿园丰富多样的各类游戏活动中可以有机地渗透音乐教育的有关内容,如在表演游戏、建筑游戏等活动过程中,儿童会由玩具、材料、情景等引起歌唱活动、韵律活动、节奏活动等自发的音乐活动。在创设的音乐活动区中,也会为幼儿提供充分的音乐活动机会。

活动区音乐活动以活动区的形式为儿童提供有范围的自由选择音乐活动的机会。在自选活动时间内,儿童可以根据自己的兴趣和需要,自己选择音乐活动的内容、材料、方式及合作的伙伴等。教师应根据音乐教育的目标、特点,结合儿童的兴趣、需要及能力等来考虑音乐活动区材料的投放、环境的设计等。在音乐活动区投放的材料可以是有关音乐的图片、书籍、乐器、玩具、辅助材料(如头饰、绸带、服装等)、道具、布景等,在教师创设的区域游戏环境中,儿童可以自愿选择加入音乐角活动区的游戏活动,利用提供的有关材料进行自发的、探索式的音乐活动。

★ 活动设计

快乐小舞台(大班)

设计意图 >>>

本活动充分结合幼儿喜爱表演的年龄特征,为幼儿提供展示的机会,既有运用一定的技能技巧进行的表演活动,也有以启发儿童感受和理解音乐为主的欣赏活动,还有鼓励幼儿自由探索、表达音乐的创作活动,充分体现了集表演、欣赏、创作于一体的综合性特点。

活动目标 >>>

1. 学会分享、分工、协商、合作。
2. 学会欣赏中外世界名曲,感受美和不同的音乐风格。
3. 学会按图谱有节奏地进行轮奏、齐奏、合奏,创造性地运用废旧材料进行演奏,感受不同的音乐效果。
4. 大胆、自信地投入游戏表演,体验成功、快乐。

活动准备 >>>

1. 录音机,中外世界名曲欣赏、中外优秀儿童歌曲录音带,空白录音带,自制话筒。
2. 打击乐器:
(1) 三角铁、碰铃、双响板、沙锤、铃鼓、大鼓等。
(2) 废旧材料自制打击乐器:奶粉筒、梳子、报纸、纸盒、铁盒、袋子、可发出各种声音的瓶子(瓶中有不同的水,发出1、2、3、4、5、6、7、i的音)等。
(3) 节奏谱、指挥棒。
3. 利用服装包装袋、报纸、冰糕棒等废旧材料自制各种帽子、头饰、演出服、纱巾、扇子。
4. 利用废旧电器包装盒自制海洋、天空、绿地、森林等背景道具。

活动重点 >>>

让幼儿体验音乐学习的快乐和满足,能够大胆地自我欣赏和表现。

活动难点 >>>

幼儿进行节奏乐合奏的过程中能够互相配合。

活动过程 >>>

1. 合作协商游戏内容,集体演出或轮流当演员、观众。
2. "听名曲,我的耳朵最最灵"——欣赏贝多芬、施特劳斯等的古典名曲;欣赏中国的名曲《十面埋伏》《春江花月夜》等。
3. "未来的演奏家"——利用成品乐器、自制乐器进行演奏,感受不同的音乐效果。
4. "我出唱片了"——用空白录音带录下自己演奏、演唱的内容,欣赏自己的声音,并与大家共享。
5. "音乐剧"——利用各种头饰、服饰、道具,随音乐表演游戏。

(青岛幼儿师范附属幼儿园　周保华老师)

(4) 节日活动中的音乐活动。

节日活动是对学前儿童进行音乐教育的好机会。节日活动中的音乐活动通常是指为庆祝节日而组织安排的各类音乐表演和娱乐性活动。在这类音乐活动中,儿童可以作为活动的组织者、领导者和发起者,由儿童自愿担任表演的主持人,安排、确定表演的节目,鼓励全体儿童都来参加音乐表演。在这种氛围中儿童可以充分体验到音乐活动的快乐,从而培养起对音乐稳定而持久的兴趣。在组织学前儿童庆祝节日活动时,应注意以下四点:一是面向全体儿童,每个儿童都有参加表演的机会;二是节日庆祝活动的方式要多样化,如组织小型音乐会、服装表演展示会、家园同乐会等;三是节日庆祝活动可采用全园集体性活动、各年龄班级部活动、各班独立活动等形式;四是节日庆祝活动的时间不宜过长。

★ 活动设计

"六一"国际儿童节庆祝活动（中班）

设计意图 >>>

本活动是综合性的音乐活动,目的是让幼儿体验到音乐学习的快乐和满足,让幼儿有更多的机会进行大胆地自我表达、自我欣赏,是歌、舞、乐密切相融的音乐活动。

活动目标 >>>

1. 充分体验节日的快乐。
2. 在家长面前大胆表现。
3. 增进亲子感情。

活动准备 >>>

1. 活动前全班幼儿在老师帮助下,把学过的歌曲、音乐游戏、舞蹈等内容,以全体幼儿或小组幼儿参加等形式排成节目,准备多个亲子游戏。
2. 幼儿一起制作活动邀请卡,邀请家长来园活动。
3. 布置充满喜庆气氛的活动室。
4. 请家长准备节目。

活动重点 >>>

让幼儿进行自我欣赏、自我表现、自我教育,体验学习音乐的快乐。

活动难点 >>>

注意形式的多样化,关注幼儿的个体差异,鼓励幼儿创造性的表现。

活动过程 >>>

1. 园长、教师以及家长代表为幼儿致祝词。
2. 庆祝活动。
（1）幼儿汇报演出。
（2）家长友情演出。
（3）亲子游戏。
3. 为幼儿分发节日礼物。

（青岛幼儿师范附属幼儿园　杜鹃老师）

★ 活动设计

"迎新年"家园同乐活动(大班)

设计意图 >>>

本活动借助新年主题,为幼儿提供展示的平台,将音乐教育理念渗透到活动中,向幼儿提供更为广泛、更为丰富的学习音乐和应用音乐的机会,从而促进家庭亲子关系的情感交流。

活动目标 >>>

1. 在活动中体验节日的快乐。
2. 敢于表现自己,能大胆地展示自己的才能。
3. 知道自己又长大了一岁,做个懂事的孩子。
4. 增进亲子情感交流。

活动准备 >>>

1. 与幼儿一起布置活动室并动手制作邀请卡。
2. 活动前学习朗诵诗歌《长大一岁》。
3. 引导幼儿为爸爸妈妈做一份礼物。
4. 为幼儿排练才艺展示。
5. 为家长排练《爸爸妈妈对你说》。

活动重点 >>>

借助活动,强化音乐活动的学习经验。

活动难点 >>>

挖掘音乐活动潜在的教育意义,不流于形式,鼓励幼儿积极参与音乐活动。

活动过程 >>>

1. 全体幼儿朗诵《长大一岁》,欢迎爸爸妈妈的到来。
2. 幼儿才艺展示活动。
3. 全体家长朗诵《爸爸妈妈对你说》。
4. 幼儿为爸爸妈妈献礼物。

（青岛幼儿师范附属幼儿园　杜鹃老师）

在以上的各类活动中,音乐有时会处在活动的主导地位,有时也可能处在辅助其他教育活动的地位。由此可见,渗透性音乐活动的价值在于:第一,强化、深化儿童其他方面的学习经验;第二,为儿童提供应用非语言的思维、想象和表达的机会;第三,向儿童提供更为广泛、更为丰富的学习音乐和应用音乐的机会;第四,调剂、美化儿童的日常生活,使儿童的各个生活环节经常处在优美动听的音乐环境之中。

总之,如果说专门性的音乐活动比较侧重于音乐的掌握,那么渗透性的音乐活动可以说比较侧重于音乐的应用。只有通过不断的学习和反复的运用,儿童才能更好地掌握音乐。若仅靠专门性音乐活动的有限时间,儿童不可能有效地掌握音乐。音乐若不能渗透于儿童的日常生活中,音乐的教育价值就不可能得到充分发挥。所以,在学前儿童音乐教育中,专门性的与渗透性的音乐活动应该得到同等的重视,它们的潜在教育价值应该同样得到尽可能充分的挖掘。

二、家庭和社会的音乐教育活动

(一)家庭中的音乐教育活动

世界著名的音乐教育家柯达依认为,儿童的第一任音乐教师是他们的母亲。有人认为,家庭是儿童最早的音乐启蒙学校,家庭成员是儿童最早的老师和同学。家庭的音乐教育因具有启蒙性、个别性、随机性和长期性等特点,受到家长、教育工作者的高度重视。

1. 家庭音乐教育的意义

(1)家庭是儿童最早的音乐教育环境。

在人类较早的家庭音乐生活中,家庭中年长的成员与婴幼儿的音乐交往处在一种与生活完全不分化的状态。音乐教育从孩子出生之日起,甚至提前到胎教时进行。家庭为儿童的音乐启蒙教育提供了最早的环境和渠道,如给胎儿聆听优美的音乐旋律。优美动听的音乐可以刺激孩子的听觉器官,促进听觉能力的发展,还可以领略音乐作品中带来的艺术美,使孩子的情感受到潜移默化的感染和陶冶。家庭音乐教育可以陶冶音乐幼苗,培养音乐人才。古今中外,许多音乐大师无不是在学前期就已经接受了良好的家庭音乐教育,再经过不懈的努力而成为世界著名的音乐家。所以说,家庭音乐教育的早期性对儿童今后的成长和发展起了奠基的作用。

(2)家庭音乐教育有助于儿童身心健康成长。

现代生理学、心理学、教育学的研究已经充分表明,音乐教育对儿童的身心健康发展具有积极的作用。父母越是较早地给孩子歌唱或播放旋律优美的音乐作品,孩子的大脑就越容易产生神经回路和图形,从而促进大脑的发育成长,有助于儿童的逻辑抽象思维、记忆力和创造力的开发。除此之外,早期的音乐教育还能对儿童性格、情操以及良好个性的形成产生积极的影响。

(3)家庭音乐教育是幼儿园音乐教育的基础和补充。

儿童在家庭中接受来自父母的音乐启蒙教育可以为他们进入幼儿园的音乐教育打下一定的基础。如接受过家庭早期音乐教育的儿童在音乐的节奏感和音高辨别能力上能为以后的音乐学习带来方便。当儿童进入幼儿园接受集体教育以后,家庭仍然肩负着音乐教育责任。

2. 家庭实施音乐教育活动的方法

(1)优化家庭的音乐环境。

家庭是儿童最早接触的音乐环境。一个优良的家庭音乐环境,首先家庭成员要喜欢音乐,以音乐为乐。家长并不一定要十分精通音乐,但父母如果喜欢音乐,喜欢歌唱、喜欢听孩子唱歌,那么,在洋溢着音乐旋律和轻松愉快气氛的家庭生活环境中,孩子便会在不知不觉中受到家长的感染,不由自主地模仿成人而逐渐喜爱音乐并愉快地表现音乐。

(2)鼓励儿童多倾听和欣赏音乐。

在家庭的音乐教育和启蒙中,家长可以从培养儿童的倾听能力着手,和孩子一起注意倾听周围生活环境和自然界的各种音响,让孩子感受音色各异、节奏丰富多样的声音源泉,有意识地引导儿童倾听。听听厨房中的切菜声、炒菜声、锅碗瓢盆声,听听家中家用电器如洗衣机、微波炉、电水壶等发出的不同声音,在倾听的同时帮助孩子学会区分和比较。在家庭中给孩子欣赏音乐,既可以选择一些经典而优秀的古典音乐曲目作为平时生活的一种背景音乐长时间地、反复地播放,也可以特意为儿童选择一些音乐形象鲜明、结构短小简单的儿童乐曲或歌曲,结合他们的生活经验,用生动的语言故事把被欣赏音乐的感人之处讲给孩子听,引起他们的兴趣。

（3）培养和训练儿童的节奏感。

作为家长,首先可以有意识地和孩子一起寻找和感受生活中各种各样的节奏,如小鸡、小鸟叫声节奏:X X X X;汽车喇叭声的节奏:X X·;小鸭、小猫的叫声节奏:x — | x —;妈妈切菜的声音节奏:X X X X X X X X 等,把感受到的各种节奏进行比较和模仿,在节奏声音的模仿游戏中逐渐诱发出孩子潜在的节奏感。其次,家长还可以收集一些韵律匀整的儿歌,和孩子一起学习有节奏地念儿歌,将声音的节奏和语言的节奏巧妙地糅合在一起,既有益又有趣。再次,通过动作也可以培养和促进儿童的节奏感:在家庭中,父母要多鼓励孩子参加体育锻炼和运动游戏,如经常参加跳绳、拍球、荡秋千等体育活动,儿童可以从运动神经上感知节奏,增强协调性;家长也可以和孩子一起边听音乐从最自然的身体动作(拍手、点头、踩脚等)出发做简单的律动,或和孩子一起利用家庭中的玻璃杯、碗、盆、易拉罐等材料制作一些简单的打击乐器,在敲敲打打的游戏中进一步培养孩子对节奏活动的兴趣,增强音乐节奏的表现能力。

（4）正确对待儿童的乐器学习。

如果不顾儿童的兴趣和天赋条件盲目地要求孩子进行乐器的演奏学习,或用粗暴、命令的态度要求孩子练习乐器,那么,这不仅会扼杀儿童对音乐的兴趣、压抑儿童的个性,甚至会产生更严重的后果。要正确对待儿童的乐器学习,在儿童的乐器学习中采用合理有效的方法。

（二）社会中的音乐教育活动

所谓社会中的音乐教育活动,一般泛指幼儿园和家庭以外的社会其他机构和场所提供的早期儿童音乐教育形式。它包括各种音乐训练班、儿童音乐表演团体、儿童音乐技能大赛、音乐定级考试等多种音乐教育形式,也包括诸如广播、电视、电影等音乐节目、音乐音像制品、各种音乐会等所带来的一定的音乐教育形式。

来自社会的音乐教育具有内容灵活、教学形式多样等特点,能达到家庭、幼儿园的音乐教育所不能达到的目的,如音乐欣赏,在家庭、幼儿园只能借助于录音或音乐录像、图片等来进行,而在社会的音乐教育环境中,儿童可以亲临音乐会现场,直接感受到音乐效果,更有利于开阔儿童的音乐视野。但是,社会音乐教育的现代化也给儿童的音乐成长带来一定的不利因素。其中,各种不利于儿童健康成长的生活态度和行事方式,通过媒体传播的音乐活动构成儿童无法选择的社会音乐生活环境,其中的消极影响严重伤害了儿童的身心健康。作为幼儿教育工作者,应积极为儿童创造健康的社会音乐生活环境,丰富儿童的音乐生活,促进儿童身心健康、和谐地发展。

第二节　学前儿童音乐教育活动的设计

所谓教育活动设计是指依据一定的教育目标,选择一定的教育内容和方式,对儿童施加教育影响的方案。

一、学前儿童音乐教育活动设计的原则

学前儿童音乐教育活动设计的原则是指音乐教育活动应遵循的基本准则。

（一）发展性原则

发展性原则是指在设计儿童音乐教育活动时,教师必须准确地把握好儿童的原有基础和能力水平,并

以此为依据着眼于促进儿童身心的全面发展。贯彻发展性原则首先表现在音乐活动应适应儿童的发展水平,应将儿童的原有基础和发展目标联系起来考虑。具体来说,要保证音乐活动目标的制定、活动内容的设计、活动方法的选择与儿童的发展阶段相符合;儿童的学习与儿童的发展相一致;教材的结构和顺序要适应儿童发展的先后次序,通过小步递进的形式真正推进每个儿童在原有的基础和水平上获得发展。其次,贯彻发展性原则时还必须坚持以促进儿童的发展为教育活动的出发点和落脚点。再次,贯彻发展性原则还表现在音乐活动应是促进儿童全面的发展,既包括音乐素质和能力,也包括非音乐素质和能力,是指在身体、认知、情感、个性和社会性等方面的整体、和谐、全面的发展。

（二）互动性原则

互动性原则是指在音乐活动的设计中采用合理而恰当的师幼互动的方式,以真正体现"教师是主导,儿童是主体"的教育原则。

在设计音乐教育活动时,教师必须考虑和处理好教师的主导作用与儿童的主体活动间的比例关系。作为教师要善于把握、调节好儿童与教师之间关系的尺度,注意教师"参与"和"指导"的适度性,根据活动的形式、要求以及儿童的需要灵活、随机地增加或减少。

（三）整合性原则

整合性原则是指在设计音乐活动中将不同领域的音乐内容、各种不同的音乐学习方法等作为一个互为联系而不可分割的完整体系来看待。在设计音乐教育活动中,遵循整合性原则主要表现在以下三个方面。

（1）音乐教育活动内容的整合:一方面是指把唱歌、韵律活动、音乐欣赏、音乐游戏、打击乐演奏等以一定的合理方式加以有机整合;另一方面是指把各种不同教育领域的内容通过一个有主题的音乐活动加以适当的整合。如音乐欣赏《龟兔赛跑》,就可以将音乐活动、语言活动、美术活动和体育活动等内容有机地结合起来。

（2）音乐教育活动形式的整合:既包括将专门的音乐教育活动与渗透性的音乐教育活动形式相互整合,也包括将儿童集体的活动与个别活动、相互合作活动等形式的整合。

（3）音乐教育活动过程的整合:一方面是指在每一个具体的音乐活动设计中将认知、情感、行为、能力等的培养结合、统一在活动过程中;另一方面是指将欣赏、表演、创作等不同的音乐活动表现形式结合、统一在一个音乐活动的过程中。

（四）差异性原则

差异性原则是指在音乐教育活动的设计中既要满足全体儿童的一般发展需要,又要考虑到儿童的个体差异,以满足个别儿童的特殊发展需要。遵循差异性原则主要体现在以下两个方面:一是了解每个儿童的兴趣、能力和原有发展水平;二是为不同发展水平的儿童提供不同的活动安排、设计不同的活动要求。

二、学前儿童音乐教育活动的设计

（一）活动目标的确定

确定目标是开展教育活动的第一步骤,也是整个教育实践的关键。确定具体的音乐教育活动目标时要充分考虑《纲要》中艺术领域的总目标、各年龄阶段儿童音乐活动的实际水平和发展特点、所选音乐教材的教育潜能等,可以从认知、情感与态度、操作技能三个方面提出。

1. 认知目标

认知目标表述的是学前儿童音乐教育中有关音乐知识以及认识能力方面的发展要求。具体表述如"能正确感知、理解歌曲所表现的形象、内容和情感""能认识并辨别各种常用打击乐器及其音色特点"等。

2. 情感与态度目标

情感与态度目标表述的是学前儿童在音乐教育活动中情感的体验和表达能力的发展以及对音乐活动的兴趣和爱好的培养的要求。具体表述如："喜欢参与歌唱活动,体验在歌唱活动中进行交流、合作的快乐""积极参加音乐游戏活动,体验并享受游戏过程带来的乐趣"等。

3. 操作技能目标

操作技能目标表述的是在学前儿童音乐教育活动中,儿童运用身体动作进行音乐体验和表达的技能方面的要求。具体表述如："学习按音乐节拍自然、均匀地做上肢、下肢的简单动作""用连贯、舒缓的歌声表现歌曲"等。

例如,小班韵律活动"洗手帕"的活动目标为:

◁ 熟悉乐曲旋律,分辨音乐的强弱、快慢,合拍地做出不同力度、速度的洗手帕动作。

◁ 理解并较准确地掌握两种洗手帕的动作。

◁ 体验劳动的愉快情绪。

再如,中班歌唱活动"迷路的小花鸭"的活动目标为:

◁ 理解歌曲中两段歌词所表达的不同情感,学习用连贯、轻柔与跳跃、断顿的歌声加以表现。

◁ 学习用领唱、齐唱的方法有表情地演唱歌曲。

◁ 初步学习与同伴商量分配角色,并一同合作、协调地进行表演唱。

(二) 活动过程的设计

学前儿童音乐教育活动的过程一般有两种组织结构。

1. "三段式"结构

"三段式"结构即把音乐活动明确地分为三个部分——开始部分、基本部分和结束部分,这是一种较传统的音乐活动组织结构。开始部分和结束部分通常安排复习性质的内容,如复习儿童已学过的歌曲、韵律活动(舞蹈、律动等)、音乐游戏等。开始部分最常见的程序和内容是:律动进活动室→练声→复习歌曲或律动;结束部分最常见的程序和内容是:复习打击乐、音乐游戏或歌表演→律动出活动室。音乐活动应当尽可能在兴致勃勃、井然有序的气氛中结束。活动的基本部分一般是音乐活动完成教育要求和任务的主要部分,通常会安排学习尚未接触过的新作品或新技能。一般安排2～3项音乐活动内容,如唱歌、音乐欣赏、舞蹈等。内容安排要丰富多样,既要防止内容单一、单调,又不能内容太多、分量太大;内容安排要考虑新旧搭配,注意难易适当;活动形式要注意动静交替,突出重点,使教育活动生动活泼,幼儿学习的积极性高。在开始部分和结束部分采用儿童较为熟悉的内容,一般会较有效地产生"唤醒"和"恢复"的效果,同时,儿童也会有机会在相对熟悉的作品的复习中不断巩固旧有知识、技能,并不断对已熟悉的作品产生新的理解和新的体验;不断使熟练化、丰富化、深刻化了的旧有经验更好地迁移到新的学习情境中去,更好地获得改造和重组,进而不断上升为质和量都更高一层的新经验。与此同时,还可以保证儿童个人的音乐、舞蹈作品"库藏"不断得到有效扩展。因此,可以说传统的"三段式"音乐活动组织结构有一定的合理性,其本身是符合科学的教育活动组织结构功能要求的。仅仅因为其"传统"和"陈旧"就简单、武断地对其进行批判或抛弃,是欠慎重的。

★ 活动设计

歌唱活动：一对好朋友(小班)

设计意图 >>>

这首歌曲贴近幼儿的生活经验,歌词形象生动,易于幼儿理解、掌握。在学唱的过程中采取图片与动作相结合的方法,动静交替,在唱唱玩玩的过程中学会歌曲,体验与同伴友好合作的快乐。

活动目标 >>>

1. 感受歌曲的内容,幼儿会用连贯、柔和的声音表现欢快的情绪。
2. 两两结伴边唱边演,创造性地做出友好、亲近的动作。
3. 体验与同伴友好合作的快乐。

活动准备 >>>

1. 小鸟的头饰(与幼儿人数相等)。
2. 图片两张。

活动重点 >>>

学会演唱歌曲,唱出俏皮欢快的情绪。

活动难点 >>>

会用连贯、柔和的声音表现欢快的情绪。

活动过程 >>>

一、开始部分

1. 幼儿随音乐做鸟飞律动进活动室。
2. 发声练习《小鸟叫喳喳》。
3. 复习歌曲《小花狗》,用愉快的情绪唱出歌曲。

二、基本部分

1. 出示图片,幼儿观看,引导幼儿理解歌词内容。

提问:"图片上有谁? 它俩正在干什么? 你们喜欢和它们交朋友吗?"

2. 学唱歌曲《一对好朋友》,引导幼儿注意声音和表情。

(1)教师范唱歌曲,引起幼儿学新歌的兴趣。

(2)幼儿跟随教师学唱新歌。

(3)引导幼儿准确地把握情绪进行演唱。

3. 通过谈话,启发幼儿尝试两两结伴边唱边用动作来演。

(1)启发幼儿说出表示两个人之间友好、亲近的几种动作。

(2)请幼儿边听音乐边自由和伙伴做出动作。

(3)请几对幼儿上来表演给大家看。

4. 集体戴上小鸟的头饰分组上前进行表演唱,幼儿会用准确的表情和动作表现欢快的情绪。

三、结束部分

1. 教师评价幼儿的歌唱表现。
2. 带领幼儿边唱歌边学鸟飞出活动室。

活动延伸 >>>

引导幼儿创编第二段、第三段小鸡、小鸭等歌词,和更多的好朋友合作进行演唱。

活动评析 >>>

本活动符合小班幼儿的特点，在两两结伴的演唱中增进了相互的感情。他们很喜欢两个人之间的抱抱、握握手、碰碰鼻子等友好、亲切的动作，所以对歌曲就更增添了几分喜欢，再戴上小鸟的头饰，充分地表现出了歌曲欢快的情绪，使活动达到了预期的效果。

（青岛幼儿师范附属幼儿园　曲瑞莲老师）

附：

一对好朋友

李立青　词曲

1 = C 2/4

1 1 1 2 | 3 — | 2 2 2 1 | 5 — | 3 3 6 6 | 5 3 |
东 边 一 只 鸟，　　西 边 一 只 鸟，　　两 只 小 鸟 喳 喳，

5 3 2 1 | 3 — | 3 3 6 6 | 5 3 | 5 3 2 1 | 3 — ‖
一 对 好 朋 友。　　两 只 小 鸟 喳 喳，　一 对 好 朋 友。

2. "单段式"结构

"单段式"结构即没有明显的三部分界线，而是围绕着基本部分中新授的活动内容来安排活动结构。通常在活动中不再安排复习性质的"开始部分"和"结束部分"，仅以唤起与新活动内容有联系的旧有知识经验为"导入活动"来激发儿童的兴趣，振奋儿童的精神，集中儿童的注意力，再分层次、递进式地进入到新作品的感受和学习活动，在活动的最后，则注重使儿童享受和体验到新活动所带来的愉快和舒适。"单段式"的组织结构在目前幼儿园的音乐活动中运用得较多，这种活动结构的安排相对而言更能充分体现出围绕一个作品（或技能）的各个环节、步骤和程序上的系列性、层次性，从而使整个活动程序的每一步骤都注意到了利用儿童的旧有经验和刚形成的新经验，为儿童提供可以迁移、运用旧有经验的机会，同时使新经验的形成更有效。

★ 活动设计

歌唱活动：鸭子过桥

设计意图 >>>

这是一首诙谐的歌曲，通过演唱感受诙谐的情趣。幼儿在演唱的过程中感受歌曲中不同的节奏，学会连贯、跳跃地演唱歌曲，借助动作和图片，积极参与歌唱游戏活动。

活动目标 >>>

1. 熟悉歌曲的旋律和内容，有节奏地唱清楚歌曲内容。
2. 能随着歌曲节奏模仿鸭子走路，有兴趣地参加音乐游戏。

活动准备 >>>

鸭子头饰；搭建一座小桥。

活动重点 >>>

初步学会用轻快、自然的声音演唱歌曲，体验歌曲中诙谐的情绪。

活动难点 >>>

准确掌握歌曲节奏。

活动过程 >>>

一、出示背景图，教师边唱边演示歌曲内容，引起幼儿的活动兴趣

1. 教师随琴声边唱边演示小鸭子卡片。

2. 引导幼儿认真听歌曲里的口令，再来欣赏一遍歌曲《鸭子过桥》。

二、幼儿在游戏中学习歌曲，并能愉快地演唱歌曲

1. 幼儿分组游戏，在玩的过程中学唱歌曲。

（1）教师边弹琴边演唱歌曲《鸭子过桥》，请第一组幼儿戴上头饰学鸭子上桥、下桥。

（2）第二组小鸭子上桥，提醒他们听清老师唱的口令，掌握好快慢节奏。

（3）第三、四组小鸭子过桥时，桥下的幼儿和老师一起唱歌。

2. 全体幼儿有表情地演唱歌曲。

（1）教师当鸭妈妈，领着全体小鸭子边有表情地演唱歌曲边过小桥。

（2）小鸭子要"回家"，再次演唱歌曲，过小桥。

3. 全体幼儿随优美的乐曲边唱边学小鸭子走离开活动室。

附：

鸭子过桥

（三）制定学前儿童音乐教育活动方案的基本格式

（1）活动名称（内容）；

（2）活动目标（要求）；

（3）活动准备（主要指教具、学具等辅助材料）；

（4）活动过程；

（5）活动延伸；

（6）活动评析。

第三节 学前儿童音乐教育活动的评价

学前儿童音乐教育活动评价，是针对学前儿童音乐教育活动的特点和各个组成要素，通过收集和分析音乐教育活动各方面的信息，科学地监测和判断音乐教育价值和效益的过程；也是对音乐教育活动目标、活动内容、活动过程的实施状况等方面的判断和评定过程。学前儿童音乐教育活动评价，在学前儿童音乐教育活动的组织与实施中起着重要的作用。

一、学前儿童音乐教育活动评价的原则

在进行音乐教育活动评价时，一般应遵循以下四个原则。

（一）诊断性原则

音乐教育活动的评价要有诊断作用，通过评价，不仅要指出现状和评定差异，还要指出造成现状和产生差异的原因。如以儿童的活动表现和活动结果来诊断儿童的音乐发展情况是否达到了音乐教育活动的目标和要求；以儿童在音乐活动中的兴趣、情感及性格等方面的反应来诊断音乐教育活动方法和过程的科学性、适宜性。如某位教师在组织幼儿进行音乐活动时，精神饱满，富有激情，个人音乐技巧表演也很娴熟、优美，但是参加活动的幼儿无精打采、注意力不集中、反应迟缓。在活动后进行的诊断性评价中，分析出其中的问题：该教师过于自我表现，组织活动时极少与幼儿视线接触，忽视了与幼儿的交流、互动，造成幼儿与教师之间的距离感，幼儿失去参与活动的兴趣和积极性。

（二）针对性原则

学前儿童音乐教育活动评价的针对性是指评价要针对一定的具体问题或课题而进行，可以围绕当前存在的主要问题，也可以针对某一个具体的音乐教育内容等。如某个幼儿园在进行音乐活动时，以往只使用图片、木偶等教具，在"教育现代化"渗透于幼教领域的今天，该幼儿园也积极尝试运用多媒体教学课件组织音乐教育活动，为检验教学效果，幼儿园近期组织的评价工作就应该围绕多媒体教学课件在音乐教育活动中的应用来进行。

（三）全面性原则

学前儿童音乐教育活动评价必须对音乐教育活动的各个组成部分和各个构成要素进行全面的评价。不仅要对儿童在音乐活动中的表现、学习和发展情况等作出评价，还要对教师在实施音乐教育活动过程中的观念态度、组织形式、活动目标的适宜程度以及师生互动等方面的情况作出全方位的评价，力求全面透视音乐教育活动各个方面的价值。

（四）客观性原则

客观性原则是指在进行儿童音乐教育活动的评价时应秉着客观、公正、科学、实事求是的态度而进行。特别是对儿童进行评价时，决不能凭主观臆断或带有个人感情色彩，必须坚持客观、公正。

综上所述，正确对待学前儿童音乐教育活动的评价是使教育评价成为教育工作者不断自我发展的重要促进因素，因此，教育工作者必须学会科学地进行这项工作。

二、学前儿童音乐教育活动评价的内容

（一）活动目标的评价

活动目标是指教师期望活动所达成的教育结果。评价活动的目标应该从三个方面来进行：一是评价活动目标与《纲要》中艺术领域目标、年龄阶段目标、单元目标等是否有紧密的联系；二是评价活动目标是否涵盖了认知、情感与态度、操作技能三方面的要求；三是评价活动目标是否与儿童的实际发展情况相适应。

（二）活动过程的评价

活动过程主要指活动中师生相互作用的过程。对活动过程的评价，是一个动态的评价过程，它涉及教师、儿童及其他方方面面。一般说，可以从教师的行为、活动中与儿童的互动情况、活动的组织形式及活动的结构等方面进行评价。

1. 对教师行为的评价

（1）教师的教态是否亲切自然、精神饱满而有热情。

（2）是否巧妙而熟练地运用角色的变化引导儿童学习。

（3）是否善于提问，有效地激发儿童的独立思考。

2. 对教师与儿童的互动情况的评价

（1）是否为儿童提供了与音乐教育目标相一致的音乐学习经验。

（2）所提供的音乐学习经验是否能有效地促进儿童在音乐和其他方面的和谐发展。

（3）是否注意到了在活动过程中充分激发儿童的兴趣、意志、自信、独立等良好的心理品质。

（4）是否为儿童提供了人际交往的机会，特别是儿童之间相互学习和自由交往的机会。

（5）是否鼓励和引导儿童积极参与音乐活动，并在其中灵活而自主地学习音乐。

3. 对活动组织形式的评价

（1）是否恰当地采用了集体活动、合作活动以及个别活动等多种组织形式。

（2）组织形式是否既适合大多数儿童音乐发展水平的需要，又体现了对个体差异的尊重和照顾。

4. 对活动结构安排的评价

（1）活动的结构安排是否紧凑、有序。

（2）是否注意到每个环节和步骤之间的层次性、系列性和递进性。

（三）活动效果的评价

活动效果的评价主要是指从儿童方面反映出来的教育结果。它包括儿童在活动过程中注意力是否集中，表现是否积极主动；儿童的精神是否饱满，情绪是否愉快、轻松；儿童在活动中对活动预期目标的达成情况如何等。

三、学前儿童音乐教育活动评价的方法

学前儿童音乐教育活动评价的方法和形式是多种多样的，从评价者的角度出发有自我评价和同行评价；从评价过程与结果的记录或交流的角度出发有书面评价和口头评价；从评价内容的全面性角度出发有全面评价和重点评价。作为教师应根据评价的目的和内容将上述方式方法加以综合运用，做到科学地、实事求是地评价学前儿童音乐教育活动。

思考与练习

1. 学前儿童音乐教育活动最常见的组织形式有哪几种？
2. 设计学前儿童音乐教育活动应遵循的原则有哪些？
3. 怎样设计学前儿童音乐教育活动的目标？
4. 选择一个幼儿园音乐教材，制订一份具体的音乐教育活动设计方案，并以此进行试教。
5. 评价学前儿童音乐教育活动时应遵循哪些原则？
6. 见习幼儿园的集体音乐教育活动，并对整个教育活动进行分析评价。
7. 见习幼儿园小、中、大班活动区的组织与指导，并进行分析评价。

第五章

国外儿童音乐教育理论与方法

学习目标

● 了解国外有关儿童音乐教育的主要体系。

音乐教育是儿童教育的重要组成部分,对儿童的成长和发展都具有重要而不容轻视的影响。随着我国的对外开放政策及日益繁荣的国际文化交流,世界上较有影响的几种主要音乐教学体系通过各种传播媒介传入我国,这对于我国正在进行的音乐教学改革是有益的。它开拓了我们的改革思路,促进我国的音乐教学改革。当前国际上较有影响的主要音乐教学体系及教学法是柯达伊教学法、达尔克罗兹体态律动学、奥尔夫教学法、铃木教学法。

第一节　柯达伊音乐教育体系教学法

柯达伊教学法是由匈牙利著名作曲家、民族音乐家和音乐教学家柯达伊·左尔坦(Kodály Zoltán,1882～1967)倡导和建立的音乐教学体系和教学法。该体系以集体歌唱为主要教学形式,教材大多取材于匈牙利民歌或以本民族风格创作的多声部合唱,以五声音阶为试唱教学的支柱,采用首调唱名法及柯尔文手势等教法,有着高度严谨的结构和系统性。

柯达伊作为作曲家,在近70年的创作生涯中,始终坚持在民族文化根基上,吸取欧洲优秀音乐传统加以创新。他从20世纪初开始深入民间,搜集和研究匈牙利民间音乐。

他认为,匈牙利的民间音乐是真正匈牙利音乐文化传统的代表,是音乐创作的最好来源和素材。从他早期的歌曲和室内乐创作作品中我们可以看到,绝大部分是由匈牙利民间歌曲和音乐改编的,具有鲜明的民族特色,富于个性。

作为音乐教育家,1925年以后,柯达伊开始关注青少年音乐教育。与他的音乐创作原则和理论研究的目的相一致,他始终认为培养音乐家和培养有修养的音乐听众是发展音乐文化不可分割的两个方面。专业音乐教育的发展不能脱离全体人民音乐文化的基础和实际水平。

柯达伊的音乐教育观念是与他在音乐创作中所表现的艺术观、在民间音乐理论研究中执着探求民族音乐文化精髓的信念相统一的。深入的探讨要结合匈牙利国家的历史、民族斗争的历史、音乐文化发展史、美学等的研究。

柯达伊的教育体系从整体上说是建立在早期音乐教育基础上的,他在1941年发表的《音乐在幼儿园》

的文章中说到,现代心理学的研究令人信服地证实了3～7岁的年龄是最重要的受教育阶段,他认为音乐教育应从幼儿园开始,以便使幼儿尽早获得音乐体验。

在幼儿教育改革之初,柯达伊就提出民间歌曲和歌唱游戏曲应该成为幼儿园的主要音乐材料。匈牙利幼儿音乐教育中认为游戏是幼儿园儿童最重要的活动,音乐教学中也非常重视歌唱游戏的作用。柯达伊认为儿童歌唱游戏中,歌唱联系着动作和活动,更符合儿童的天性,比单纯的歌唱可以获得更多的音乐体验,特别是儿童在这样的歌唱中积极参与,和小朋友、老师分享愉快,培育了儿童对音乐的热爱。柯达伊教学法的基本手段主要有三个。

一、使用首调唱名法

柯达伊认为,使用首调唱名比使用固定唱名,更可以帮助儿童很快地学会读谱。因为唱名不仅表示了音高,而且建立了音级的倾向感觉、建立了调式基础。首调唱名体系中注重音级之间的相对关系,各音级的倾向明确(如ti—do,导音向主音的倾向;fa—mi,Ⅳ级音向Ⅲ级音的倾向等)、调式感觉清楚,在各个不同音级上建立的大小调,统统归结为do式大调和la式小调两种形式,使调式关系、概念简单化。

二、采用节奏时值读法进行节奏训练

柯达伊认为,节奏训练应采用多声部形式尽早进行。训练时通过口读、手拍,直接与节奏时值相联系。初学阶段,教学中不进行"四分音符、八分音符、全音符"等抽象概念的讲授,而是通过音节的声音使儿童首先从感性上体验、识别。教学中又配合以丰富多样的训练形式,使儿童不但不觉得节奏训练枯燥乏味,反而觉得是在欢愉的情绪中加深了对节奏的感觉和理解。

四分音符时值标记为"│""♩",读作"ta"。八分音符时值标记为"♪",读作"ti"。教学中常把一拍中的两个八分音符连写在一起,为"⊓",读作"ti ti"。二分音符时值标记为"♩",读作"ta-a"。用手拍击二分音符时值时,常用双手合拢,从左侧移向右侧,延长元音保持时值。十六分音符时值标记为"⊞",读作"ti ri ti ri"。切分节奏标记为"♪│♪"或"♪♩♪",读作"ti ta ti"。附点音符采用增加一个字母发音、占据附点时值的读法。如"♩.♪",读作"ta-m-ti"。

柯达伊教学中采用的符号见图5-1:

音值	柯达伊教学中采用的符号		节奏读音
○ 全音符	𝅝	𝅝	ta-a-a-a
○ 二分音符	♩	♩	ta-a
○ 四分音符	♩	│	ta
○ 八分音符	♫	⊓	ti-ti
○ 十六分音符	♬	⊞	ti-ri-ti-ri
○ 切分音	♪♩♪	♪│♪	ti-ta-ti
○ 附点音符	♩.♪	│.♪	ta-m-ti

图5-1　柯达伊教学中采用的符号

三、使用字母标记与手势

字母标记类似数字简谱，使用唱名的辅音字头，如：d r m f s l t，字母只能标记音高唱名，不能表示节奏。表示高八度时在右上角加一短撇，如：d′ r′ m′。

字母标记主要用于辅助五线谱的学习，在后来的多声部视唱、音程听唱、和弦分析等教学中也仍然有使用意义。

手势唱名是由约翰·柯尔文于1870年首创，视唱时使用手势，对加强音程感起提示作用。音级关系与调式音级倾向手势见图5-2：

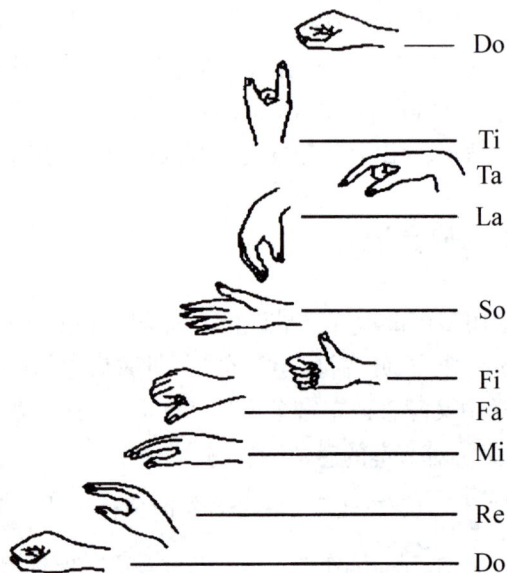

图5-2　音级关系与调式音级倾向手势图

第二节　达尔克罗兹体态律动学

爱米尔·雅克-达尔克罗兹(Emile Jaques-Dalcroze，1865～1950)是瑞士音乐家兼教育家，瑞士日内瓦音乐学院教授。他毕生探索音乐课程的改革，创立了以他的名字命名的音乐教学体系（或称教学法），他试验并创建了一整套的音乐教育体系，"体态律动"是其中最著名的最有成效的一部分，现在世界各国的音乐教学中都有运用。达尔克罗兹的功绩还在于他以独特的音乐教育思想和实践推动了现代音乐教育的进步。他的学说虽只有百年历史（从他在1900年前后提出此学说算起），但它流传于五大洲，在世界很多国家的普通和专业音乐教育中，在儿童和成人音乐教育中，乃至在特殊教育中，都占有重要地位，并为以后音乐教育的改革与发展，奠定了坚实的理论和实践基础。

一、达尔克罗兹教学法的形成、发展及其影响

体态律动又称和乐动作，就是让学生通过身体来体验节奏感，从而激发学生们的想象力、创造性，使学生们在课堂上保持注意力的高度集中，训练学生耳聪目明，反应敏捷。

首先，达尔克罗兹设计了各种新的练习，把视唱、练耳和读写乐谱的活动与肌体的反应及动作结合起

来。如：运用手和臂的动作，表达大音阶中各音级之间的音高、倾向和进行的关系。在任教一年以后，他开设了视唱、练耳、理论、表演和即兴演奏为一体的综合性课程——高级视唱课程，并于1894年出版了两本相应的教科书——《实用音准练习》《附词声乐练习曲》。这些为他创立的教学体系奠定了基础。

达尔克罗兹感到听力训练并不能保证学生对音乐的深刻体会和把握。他认为这些练习还应训练学生把握介于震动与感觉、情感与思维、控制与本能反应、想象与意志等因素之间内在联系的内容（而这些正是音乐家所必须具备的）。他认识到，人体本身正是音乐表现媒体的有机组成部分。音乐的节奏和力度的表现可以依赖身体的运动来实现，人体运动与音乐之间存在着内在的、紧密的联系。基于这个认识，他通过一系列听的活动与身体反应相结合的训练实践，发现了音乐教育需要"动感"这一环节，并在此基础上创建了"体态律动学"。

二、达尔克罗兹音乐教学法的基本内容与方法

达尔克罗兹认为，音乐的本质在于对情感的反映，技巧仅仅是艺术的一种手段。音乐教育的目的之一是发展音乐能力。音乐是一个情感体验过程，而节奏运动能唤起人的音乐本能，培养学生的音乐感受力和反应能力，从而使学生获得体验和表现音乐的能力。达尔克罗兹的音乐教育思想，即音乐教育应"唤醒天生的本能，培养对人体极为重要的节奏感，建立身心和谐，使感情更臻细腻敏锐，使儿童更加健康活泼，激发想象力，促进各方面的学习"。这里包括两方面的内涵：

一是从教育哲学方面说，确定音乐教育的根本目的是审美情感教育，承认音乐教育过程是在儿童的主动参与和积极体验的前提下的感受、理解、表达的审美情感过程；

二是从教育心理学的角度来讲，肯定音乐学习本身应是以身体动作去体验音乐，并以动作表现独特的音乐体验为基础。

具体来说，体态律动、视唱和即兴表现，是构成达尔克罗兹音乐教学法的三个组成部分。这三个方面互相联系，又各有所侧重，以培养学生的内心听觉、运动觉和创造性的表现能力。

1. 体态律动

体态律动是达尔克罗兹教学法中最重要、影响最大的组成部分。它集中体现了达尔克罗兹的音乐教育思想。达尔克罗兹认为："人类的情感是音乐的来源，而情感通常是由身体动作表现出来的，人的身体包含感受和分析音乐与感情的各种能力。因此，音乐学习的起点不应该是钢琴、长笛等乐器，而应是人的体态活动。"

节奏训练（节奏反应）是体态律动的中心内容。根据达尔克罗兹的理论，体态律动的目的就是"借助节奏来引起大脑与身体之间迅速而有规律的交流"。通过这种交流，达到情感与思想、本能与控制、想象与意志的协调发展。为了训练、培养学生的节奏意识，达尔克罗兹归纳了三十余种基本节奏因素，并以"时间—空间—能量—重量—平衡"作为基本定律和要求，这些节奏因素包括速度、力度、重量、节拍、休止、时值、节奏型、切分、复合节奏等。

在体态律动教学过程中，所采用的方法如下。

（1）音乐要素的即兴音乐。在开始阶段，主要是即兴音乐材料。在学生对音乐的要素有了较深的了解之后，再用经典音乐作品。

（2）通过律动语汇来学习。律动语汇有两种类型：一种为原地类型，包括拍掌、摇摆、转动、指挥、弯腰、旋转、语言、唱歌等；另一种为空间类型，包括走、跑、爬、跳、滑、蹦、快跳等。这两种类型可以任意结合组成各种形式。如在律动中，可以用脚和身体的动作表示时值，用手臂表现节拍等。

（3）进行上述学习后，教师就可敦促学生把声音的内在性与运动结合在一起，拓展内部听觉和动觉、动觉的想象与记忆力等。

2. 视唱练耳

达尔克罗兹教学法的视唱练耳教学包括了数千种练习，其主要目的是学习音阶、调式、音程、旋律、和

声、转调、对位等。正如体态律动把耳朵和身体作为学习节奏的"乐器"一样，视唱练耳教学是将耳、口与身体，并加上语言与歌唱等形式来作为理想的学习工具的。达尔克罗兹体态律动教学方法也运用于视唱练耳教学中。为此，他设计了一系列学习来训练学生的音高、音准和调性感。此方法还通过练习呼吸、姿态平衡和肌肉放松来实现快速读谱所需的技巧。

在视唱练耳教学中，学生首先要学习"一线谱"（下加一线）。这种学习，要求学生记住音的位置以及与其他音在线上或间上所构成的各种可能性，并按上行或下行的顺序把它们唱（说）出来。开始练习时，这些音符可以是同样的时值，熟悉后，可逐渐加上不同节奏。教师可以采用改变读谱方向、省略一些音符等方式。视唱——节奏视唱是将体态律动学的原则和技巧，用于视唱，用来进一步学习有关音阶、调式、音程、旋律、和声、转调、对位等理论与实践。他将培养绝对音感、准确听觉与音准的练习与心理上音乐上的敏感、记忆练习结合起来，以提高学生的读谱能力和拓展读谱技巧。

3. 即兴表现

达尔克罗兹教学法的即兴表现教学，其目的是以一种想象的、自发的和个性表现的方式，发展使用律动材料（节奏）和声音材料（音高、音阶、和声）的技能，来培养学生创作音乐、表现音乐的能力。

即兴是以动作、语言、故事、歌曲、打击乐、弦乐、管乐、钢琴等为工具，运用节奏、音高、音阶、和声等材料，形成富于想象的，有个性的组合，即兴进行音乐创作。

即兴表现有很多手段，包括律动、言语、故事、歌唱及乐器演奏。最初的即兴表现课可以把一个故事改编为律动、音乐或反之。教师让学生自己去发现，并随时根据学生的反应而改变原来的节奏和音响材料。律动课和视唱练耳课的内容也可以用于即兴表现课的学习，如让学生即兴表现或弹奏带有各种休止符的音乐等。

达尔克罗兹认为，学生身体各部分是他们进行体态律动训练的工具。首先必须让他们充分认识自己身体各个部位，然后使各部位和谐地结合起来，获得一种整体的感觉。

如以整个身体代表一个管弦乐队：

手指：小提琴	手臂：单簧管
脚趾：大提琴	脚：小号
手：长笛	足跟：鼓

体态律动学除非常重视节奏、速度的训练外，对读谱、节拍与重音（包括规则与不规律的重音）乐句的构成及构思、唱歌、听辨大、小调及三和弦、装饰音等都有一套有效的教法。如颤音是一个急转，波音是双脚轻快的一跳，回音是腕和手向外一个轻快的旋转，而这些动作往往是学生们提出建议，教师与他们一起讨论，商定怎样表达各种音的。如训练认识音乐中的大调与小调的不同，可以是向前走代表大调，倒着走代表小调。他们歌唱时往往是无伴奏的，使学生们更多地依靠自己。所有的训练都是与练耳结合起来的，这种对声音的敏感度和所做动作的正确入门是一起发展的。因此，达尔克罗兹的体态律动学是音乐—听觉—身体—感情—头脑之间建立起的相互协作与反应。

例如：鼓励学生们通过其他的课，通过自然界、日常生活、工作、游戏、歌唱和音乐等产生节奏的概念。

（1）拉钟。

```
  >       >
  X  X  |  X  X
  丁  当  丁  当

  X  -  |  X  -
  拉       拉
```

（2）敲门的节奏：$\frac{6}{8}$

```
  X  X  X  X.  |
  砰  砰  砰  砰
```

（3）握手：$\frac{6}{8}$

鼓
脚　$\frac{2}{4}$　‖ X X X | X. X XXXX ‖
　　　　　左　右 | 左　　右

鼓
脚　$\frac{2}{4}$　‖ X· O X O | XXXX | X － ‖
　　　　　左　右 左 右 | 左　　右 | 左　右

鼓
脚　$\frac{2}{4}$　‖ O 　XXXX | XOOX X X | X － ‖
　　　　　左　　右 | 左　　　右 | 左　右

三、达尔克罗兹音乐教学法的基本原则

达尔克罗兹教学法有以下四个基本原则。这些原则适合于不同年龄的学生和不同的活动方式。

（1）培养学生感知音乐和反应音乐的能力；

（2）拓展学生内在音乐感觉；

（3）培养学生耳、眼、身体和脑之间进行迅速交流的能力；

（4）培养学生大量储存由听觉和动觉所获得的信息的能力。

达尔克罗兹体态律动学所涉及的教学内容与基本乐理、视唱练耳大致相同，但在教学手段上有很大区别。该教法不以讲授为主，而是以让学生直接通过身体动作体验音乐为主。达尔克罗兹的训练方法就是：当人的听觉接受了音乐的信号产生感觉后，用动作来表现音乐，也就是用身体动作把音乐的音响与音乐的符号联系起来，从而达到理解，化为理性认识。

第三节　奥尔夫教学法

奥尔夫教学法是德国作曲家、音乐教育家卡尔·奥尔夫（Carl Orff，1895～1982）创立的音乐教育体系和教育法。卡尔·奥尔夫出生于德国的巴伐利亚，毕业于慕尼黑音乐学院。年轻时的奥尔夫受到20世纪初欧洲兴起的"回归自然"的"青年运动"尤其是当时"舞蹈新浪潮"派的舞蹈家玛丽·维格曼的影响，采取音乐与舞蹈结合的新思路，在1924年和友人京特合办"京特体操—音乐—舞蹈学校"，探索音乐和动作的综合试验，开始致力于音乐教育的研究和实践，确切地说，奥尔夫教学法不仅是一种具体的教学方法，它从理论原则、教材、教法到成功的教学实践等，具备一个完整的音乐教育体系。"元素性音乐教育"是该体系的独创的风格和特色。

元素性音乐又称原始性（原本性）音乐，奥尔夫本人称它为"Elementare Musik"。Elementare这个词的含义，译成中文可以是"原始的""原本的""基础的""元素性的"等。奥尔夫曾在他的《学校音乐教材》中对他的音乐教育思想进行了阐述："我所有的观念是关于一种元素性的音乐教育的观念。"那些"属于原始教材的、原始起点的、适合于开始的"。"元素性的音乐是综合性的；元素性也体现于各个具体的方面：它是由元素性的节奏、元素性的动作——舞蹈，元素性的词曲关系，元素性的作曲法（包括曲式、和声、配器等各方面）构成的，并且使用的也是元素性乐器——奥尔夫乐器。"

奥尔夫乐器是一种以节奏为主，并且比较容易学会的和肌体接近的原始乐器。这种音乐是"接近土

壤的、自然的、肌体的、能为每个人学会和体验的、适合于儿童的"。奥尔夫音乐教育体系的课程设置、教学组织形式、教学方法、教材和教学工具等诸多方面都始终贯穿"元素性"这一重要特征。

例如：音乐要素中最基本的要素——节奏；节奏中运用最简易的不断反复的固定节奏型；旋律中用最易唱的五声音阶；调式中用常用的大、小调；和声中用最基本的Ⅰ、Ⅳ、Ⅴ级等。奥尔夫曾亲自作过解释。他认为，元素性音乐是"属于基本元素的，原始素材的，原始起点的，适合开端的"音乐。"元素性音乐永远不单是音乐本身，它是同动作、舞蹈和语言联系在一起的，它是一种必须由人们创造的音乐，人们不是作为听众，而是作为表演者参与到音乐中去。"所以，元素性、综合性、创造（即兴）性是该体系的特点。

奥尔夫体系是开放性的即非结构性的，没有固定不变的程式。他的元素性音乐所追求的目标是"再现原始的活力和精神"。因此，该体系不封闭、不排异，是发展的，永远没有终止的。

一、奥尔夫音乐教学法的主要特点

1. 原本性

众所周知，奥尔夫音乐教学法是当今全世界最为著名、影响最为广泛的三大音乐教育体系之一。作为一种原本性（elementarous）的音乐教育。它是一种倡导儿童亲自参与的音乐教育教学形式，在这种音乐教学中，儿童不是仅仅作为听众，而是作为演奏者主动参与其中。在音乐教学活动中，儿童边唱、边跳、边奏乐，这种灵活的参与方式很容易激发儿童对音乐的兴趣，避免了儿童被动接受音乐，真正地达到了寓"乐"于"乐"的教学效果，最大限度地满足了少年儿童的心理发展需求。

奥尔夫音乐教学法不仅是一种具体的音乐教学方法，其实也是一个从理论原则、指导思想到教学实践等各方面都非常完备的一个教育体系。它从人的音乐天性出发，从最简单的音乐元素出发，同时又讲究高度完美的艺术性。它虽然十分强调以节奏为基础，又对各方面有严格的要求。它虽然以器乐为特色，但又是声乐与器乐并重的。这一切都显示了它完整的体系性。这个体系以"元素性音乐教育"为特色，明显地区别于"传统"教学法和其他各种国外的音乐教学法，与"奥尔夫音乐风格"一样，形成它的独特性。奥尔夫音乐教学没有教学大纲，没有分年级的要求，它的基础教材不要求一个作品接着一个作品地进行，而按音乐语言发展的顺序渐进。奥尔夫音乐教育体系要求从教师的教学到表演、乐器制作，哪怕是最简单的，也必须有艺术价值。也就是说奥尔夫教育体系看似简单，但对教育的质量要求却十分严格，在各方面都有它自身的艺术准则。因此，不难看出，奥尔夫音乐教学法不是一种固定、封闭的"条条框框"，其内容和方法是鼓励和启发创造，不断地推陈出新，向前发展。这一点正如奥尔夫本人所强调的，"走遍全世界的，不是我为表明一种音乐文化教育观念所写的《学校音乐教材》，而是观念本身。"可见，奥尔夫音乐教学法是充满开放性和活力的。

2. 综合性

奥尔夫音乐被称为"元素性音乐"，奥尔夫本人也将其自喻为"野生物"。因此，元素性是其奥尔夫音乐教育体系的显著标签。其音乐教育体系中的元素性表现以节奏为基础，从朗诵入手，强调体感，以人的自然性为出发点，发掘人体内的音乐性等方面。奥尔夫认为节奏是最基础的元素，不同的歌曲旋律不同，但节奏却是可以相同的。奥尔夫认为语言是音乐的本质所在。因此，儿童诗歌等内容的朗诵要素就是旋律性和节奏性。在强调体感，发掘人的音乐性上，他认为身体是最好的器乐，捻指、拍手、拍腿等形体动作都富有音乐性。

奥尔夫认为音乐和语言、舞蹈、体操等有着密切的联系。音乐的原始形态，是一种多种形式的综合体。在奥尔夫音乐教育中，朗诵、律动、奏乐、游戏、歌唱、表演、舞蹈等都融合在一起，形成鲜明的特色。因此，音乐是一种综合的艺术，它是结合动作、舞蹈、语言的有机整体。是人的一种本能，是源于生命开端的、接近土壤的、人之心灵最自然和直接的表露。奥尔夫音乐教学法遵循儿童音乐教育和身心发展的规律，符合儿童音乐发展的观念,依据儿童的实际接受能力,借助各种音乐媒介对儿童进行综合性的音乐训练,体现着明显的综合性。

3. 创造性

即兴创造人的天性,是发自内心的本能反应。奥尔夫说过:"教学从即兴出发,即兴以节奏形式作为支点,最后才是音的固定和记谱结果"。"原本性的音乐表演的出发点,就是即兴演奏","完全从即兴出发的自由开放的音乐教学,是,而且永远是一个最卓越的立足点和出发点。"在音乐教学中,奥尔夫要求教师抛却传统的师道尊严,杜绝强制性。儿童的学习以及取得的成功不是由音乐教师的个人意志强加给儿童的,而是建立在儿童个性充分发挥的基础之上和儿童的聪明才智、创造能力的发展之上的。奥尔夫要求教师引导以儿童自己的活动和创造为主,每个人自己都要动手、动口、动脚,去演唱、奏乐、跳动、游戏,儿童自己设计音乐和动作,在音乐体验中学习音乐知识。在具体的教育中他要求即兴发挥,展开想象,即兴奏乐可以说是最古老、最自然的形式之一,它能够有效唤起并促进儿童潜在的音乐本能。

4. 诉诸感性

人类认知是遵循着从感性到理性的顺序的,奥尔夫音乐教育强调通过感觉来协调儿童各方面的能力,让儿童主动参与到音乐活动中去体验。这不同于"他娱"性的音乐行为,是儿童自己必须参与的"自娱"性音乐行为。这是人类学习的最重要的途径之一,是培养情商、奠定智力的重要手段和基石。音乐是人的天性需要,奥尔夫音乐教育就是在开发和培养儿童的这种天性,使孩子在感受和体验音乐中健康快乐地成长。音乐是一种人与人之间的灵魂交流,人的音乐行为与人的想象、情感等多种审美体验和审美意识密切联系在一起。

二、奥尔夫教学法的价值

以节奏作为连接各种艺术表演形式的纽带,将音乐、舞蹈、话剧、美术等科目联系起来,结合语言、动作(声势)、舞蹈进行音乐教学,形成一种综合的艺术教学手段,相互联系层层递进,从而给孩子建立起宏观的艺术概念并使之学到艺术结构基础知识。奥尔夫认为"音乐活动是人类最自然,最原始的行为",音乐是人人生而有之的本能,是一种人类情感和情绪的自我流露的方式。原始人表达情感最原始、最简单的形式,也许就是各种声调的呼叫,加上肢体动作,这就是音乐,即"以身体奏乐,并把音乐移置于躯体之中"。他认为,孩子们自发的韵律活动,也会表现出这些方面是一个"不可分离开来的领域"。因此,奥尔夫致力于重建它们之间的天然联系。奥尔夫所编《学校音乐教材》大多取材于民谣、歌曲、器乐曲、舞蹈等。这样,他的教材与教法完全符合儿童的心理特征,从儿童出发,让儿童参与音乐活动,有利于调动和发挥他们的主动性和积极性。

奥尔夫特别强调从节奏入手进行音乐教学,他在教材的每一进程中,列入许多"节奏、旋律练习",把培养节奏感作为提高学生音乐素质的中心环节。他认为,在音乐中节奏是比旋律更为基础的元素。节奏可以离开旋律而存在,而旋律则不能脱离节奏。因此,节奏是音乐的生命,是音乐的动力与源泉。

节奏训练主要是通过语言的节奏和动作的节奏来培养儿童的节奏感。首先从有节奏的语言朗诵练习入手,让儿童通过语言来掌握节奏。从儿童生活中的顺口溜,名字称呼中派生出最短小的 $\frac{2}{4}$ 拍的节奏单元作为"节奏基石"。

同时,还可用拍手、拍腿、踩脚、捻指等动作进行节奏训练。

1. 拍手

这是声势训练中用得最多、最基本的方式。学生彼此间最好要有足够的距离,身体放松、端正,手臂可以自由挥动。拍手可以有不同种方式。例如:用张开的手掌去拍击,这样会产生不同的音色效果。拍手要富有弹性,动作主要使用手腕。其记谱方式是在一行线上记,符干向上、向下均可。

2. 拍腿

用平的手掌富有弹性地拍击大腿(靠近膝头)。坐下、站立均可,拍腿可以用左手拍左腿、右手拍右腿、双手拍双腿、左手拍右腿,右手拍左腿。

其记谱可在一行线上记,符干全部向上,表示用双手同时拍双腿(例1)。符干如有时向上,有时向下,则向上用右手拍,向下用左手拍(例2)。也可以用两行线记谱,第一行代表右腿,第二行线代表左腿(例3)。

例1

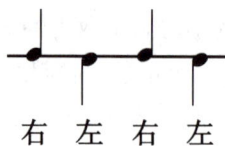

右 左 右 左

例3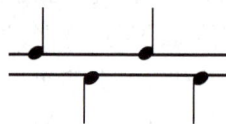

3. 跺脚

除双腿跺、单腿跺外,还有全脚跺、用脚尖(脚跟着地)、用脚跟(脚尖着地)和脚跟与脚尖交替等多种方式。跺脚的音响通常比较沉重,要求清楚、细致,音量不宜过大。一般只用一行线记谱,符干向上用右脚,向下用左脚(例4)。

例4

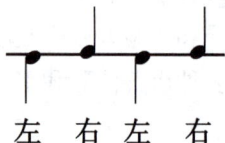

左 右 左 右

4. 捻指

一般手要高举头顶,但也可在身前、身侧、身后等不同位置做。用一或两行线记谱均可。其记谱方法同拍手记谱法相同。总谱记谱法如下:

总谱记谱

奥尔夫教学法中还经常进行“回声”演奏,即教师先拍一二小节或几小节,然后学生们准确地按教师的节奏加以反复。在此基础上,还可拍出各种力度进行回声练习,也可加入其他声势进行。回声演奏有助于训练精确的听觉、敏捷的反应以及形象记忆。

以上声势还可配上旋律或打击乐器同时进行。如果由两个节奏的声势A、B连接,当再现A时,即成为ABA,如继续展开C,并再现A,这样就成为回旋曲式即ABACA。如果陆续地进入同一声势,即成为轮奏——节奏卡农式结构。

除了用声势动作培养节奏感外,通过基本的形体动作训练,更有利于学生节奏感的培养,同时反过来又能促进音乐能力的增长。空间的动作大致有走、跑、跳、摆动等,以及这些动作的结合与变奏。

以游戏的形式,让孩子在轻松愉快的氛围下感受、领悟和表现人类丰富的情感思想。与此同时,发掘学生的想象力、创造力和树立自信心,培养与他人和谐合作的意识,着眼于育人这个根本。既能为学习艺术专业打下基础、输送人才,更重要的是能挖掘和发展孩子的各种潜能素质,培养造就适合当今世界需求的人。课例都是以游戏的形式,让孩子在轻松愉快的氛围下感受、领悟和表现人类丰富的情感思想。

奥尔夫设计了一套音准精确、音色优美的、有固定音高的音条乐器,及无固定音高仅起节奏作用和音色效果的打击乐器,还有竖笛、定音鼓等(见表5-1)。

表5-1　奥尔夫常用乐器

有音高乐器	木质	低音木琴　中音木琴　高音木琴
		木琴音块(12个1套c—c¹)
	铁质	低音钢片琴　中音钢片琴　高音钢片琴
		中音钟琴　高音钟琴　钢片琴音块(12个1套c—c¹)
无音高乐器	点状类乐器	双响筒　手鼓　响板　金贝鼓　打棒　低音鼓　箱鼓　萨满鼓　阿哥哥　牛铃　木制方梆子
	散响类乐器	卡巴萨滚珠沙铃　震荡音效器　雨声筒　海浪鼓　铃鼓　迷你沙蛋　金属沙锤　雪橇铃　刮弧
	延音乐器	三角铁　碰钟　风铃　指铃　铜锣

由于这些乐器(除竖笛外)均采用打击的方法,没有指法上的困难,没有什么技术上的负担,学生很容易操作。同时,它们也最容易突出节奏的特点,有利于节奏感的培养,优美的音色富于丰富的色彩,能激起儿童们的想象,因此,提高了儿童学习的兴趣,取得了较好的教学效果。

奥尔夫体系的教学往往采用多声结构。如在前面的节奏部分,已简述了声势往往是多声部的节奏。在多声部的编配上,往往采用一个固定不变的低音或不断反复同一音型的手法,为歌曲、乐曲和朗诵伴奏,或进行合奏、重奏。这些多声部结构层次分明,手法简便,易记易奏,便于即兴表演。奥尔夫教材中有大量的奥尔夫本人为这套乐器编写的,具有德国民歌、童谣风格的极高艺术价值的作品。

创造性是奥尔夫教学法重要特征之一。奥尔夫教学法的初步往往从模仿开始,如回声、基本形体动作。但是模仿是创造的准备,是创造的前提,如在节奏回声演奏的基础上,紧接着是创造性的“回声变体”“节奏问答”“节奏变奏”等一系列培养学生的创造力,发挥学生的想象力的手法。基本形体的学习,也是为了更好发挥学生的创造性。当学生学会了走、跑以后,就让学生听着音乐自由地走、跑,发挥每个人的个性。音条乐器的学习也是如此,当学生掌握了同一音型的反复时,就可以让他们自由地为歌唱伴奏,参加合奏。

奥尔夫教学活动中,往往是学生边唱、边拍、边奏、边做动作(舞蹈),这些都是建立在学生个性充分发挥的基础上进行的,不是由教师的意志去强制学生完成,因此学生的聪明才智和创造能力获得极大的发展。

在奥尔夫教学法中,非常强调即兴。奥尔夫认为即兴是最古老、最自然的形式,也是最容易表露情感的过程。所以,他经常说他的教材仅仅是实例,而不是样本。给学生留下大量的余地去进行即兴创造,这正是奥尔夫教育思想的本质。无论是节奏声势、形体动作,还是打击乐器的奏乐,往往都是即兴的活动。当然,奥尔夫教学法即兴创造活动,是学生的音乐、动作、舞蹈、语言的元素性、综合性教学活动体验过程中,所获得的创造性思维活动的表现。

三、小结

奥尔夫的作品大都取材于古代和民间的传说和故事。《卡尔米拿·布拉拿》是他的成名作,是根据一部流传于18世纪的民间诗歌集而创作的。奥尔夫音乐作品风格的特征是质朴,“元素性”“原始性”是他音乐的核心,突出的节奏感是他音乐的风格特色。他的五卷《学校音乐教材》是他对音乐教育的重大贡献,体现了他的音乐教育思想,构成了他的教育体系与教学法的核心。

奥尔夫的教育思想，可以用他自己的语言来说明。他说："音乐应该同其他学科一样成为学校教育的重要组成部分，因为音乐能够培养学生的情感、想象力和个性。"他还多次说过："这体系绝不是单纯音乐的形式，它是动作、语言与音乐的一体化。儿童在其中不是被动的听众，而是音乐创造的积极参与者。它简单易行，没有人为的附加物，没有繁赘的结构，近于生活、自然及儿童的天才是其目的。它是通过童谣、民歌、游戏、律动、歌唱、奏乐、舞蹈、神话、寓言、民间传说、童话等内容进行教学，去激发儿童学习的兴趣，并以低技术高艺术的手段，让孩子们参与音乐活动实践，在实践中感受、体验、创造。"

奥尔夫教育体系与教学法是世界上最有影响的教学法之一。为了培训世界各地的奥尔夫教学法师资，1961年在奥地利萨尔茨堡建立了奥尔夫学院，当时由奥尔夫本人亲自主持。该院是莫扎特音乐学院的一个组成部分，具有相当的规模和第一流的奥尔夫教学师资，培养和培训世界各地的大学生和职业音乐教师。上海音乐学院音乐研究所前所长廖乃雄副教授，于1980年去德国曾与奥尔夫本人见面，后又多次去奥尔夫学院考察，是他首先向我们介绍了这一体系，并联系奥尔夫教学法学派的外国专家、教师来上海、北京、南京、广州、西安等地讲课，使我们对这一体系开始有所了解。

第四节　铃木教学法

铃木教学法是日本小提琴演奏家、音乐教育家铃木镇一创立的。铃木镇一博士1899年生于日本名古屋市，父亲铃木政吉是乐器制作家，经营小提琴厂。铃木镇一在17岁开始学习小提琴，1920年去德国留学，1944年通过教幼儿演奏小提琴，开展其"才能教育活动"。20世纪60年代，在日本接受其"才能教育"的儿童已超过20万人，3～4岁的幼儿就能出色演奏巴赫、莫扎特的名作。1975年"铃木教育法国际研究大会"在美国召开。这一教学法开始形成于20世纪30年代，到五六十年代其重要价值才逐渐地被人们认识。早在30年代，铃木注意到了别人不以为然的一个现实：全日本的儿童都会讲日本话，会讲地方方言。他从世界的每个孩子都能不困难地学会本国语言这一高度优秀的教育成果出发，开始研究祖国语言教学法。他从幼儿语言学习过程受到启发而创立了幼儿小提琴教学法。铃木教学法又称"祖国语言教学法"。

铃木教学法注重早期教育和创设良好的学习环境，这是这一教学法的核心。铃木说："如果爱因斯坦、歌德、贝多芬生长在石器时代，他们的文化水平以及所受的教育不也就是石器时代的吗？以此类推，如果我现在教育一个石器时代的乳婴，不久他也会像今天的青年人一样，能演奏贝多芬的小提琴奏鸣曲。"铃木在孩子掌握祖国语言的启示下，坚信如果使孩子从小就像学本国语言那样学习音乐，也同样会充分发展音乐方面非凡的才能。早期教育就和学习语言、吃饭一样，毫无干扰和紧张，会很自然地使乐器学习成为他们生活的一部分。可引导2岁左右的幼儿在游戏中接触小提琴，耐心诱发其学习的愿望；对3岁左右的幼儿可通过比赛激发其好胜的心理，使之努力学习奋发向上。

一、铃木教学过程的主要步骤

1. 接触

创造良好的环境，从听觉训练入手，让孩子生活在良好的音乐环境之中。尤其是听觉训练，他认为"音乐的耳朵"可以在听力训练中得到，而不是天赋或固有的，多练习就多出效果。它是人类的适应性在听力训练上的发展。

2. 模仿

铃木教学法重视选择最优秀的教师和教材来教孩子。铃木十分重视教师的素质。教师必须具备对孩子极大的爱，并有高度的耐心。当然，也必须具有渊博的学识，精湛的专业技能，敏锐的感觉和严格的精神。他说:"要使小黄莺学会美妙的鸣啭,在生下的一个月内,就要给它找个好老师。这只黄莺的未来,实际上是由那个老师的声音和调子的好坏决定的。"铃木教学法中还十分重视选择优秀的教材。铃木让孩子们一开始就听世界音乐大师演奏、演唱的名曲,使孩子们的听觉始终环绕在优质的音响之中,以培养他们的感觉水平、思维水平和想象力。他从不让孩子们听格调不高的音乐,孩子们练习的教材,也都选自世界名曲。

3. 鼓励

爱孩子,父母、教师对孩子要循循善诱。要大声地夸奖孩子,欣赏孩子,母亲要在自己的反省中教育孩子。在孩子有能力拉定一首小曲子时,就让他有机会当众表演,鼓励孩子努力和进步。铃木主张不断"诱导孩子,激励孩子的学习欲望"。对孩子首先要学会讲"真好"这句话。

4. 重复

让孩子在鼓励之中不断重复地练习,当然,被重复的必须是精华。通过这些强化训练,达到艺术上、技术上的精益求精。在教学时,对幼小的初期孩子,要求他们反复模仿背谱练习,使之集中注意力于声音和动作的模仿,直至孩子能识字时,才开始学习识谱。

5. 增加

强化训练的另一点,是在学习新曲的同时不断地回到练习的出发点,开始时选择的教材简单易学,适时增加难度。在增添新曲子时,总是要重复老曲子,不断反复,熟能生巧,以提高音乐表现能力。这样的办法不只是在培养卓越的演奏,也是培养耐力、韧性,这种学新练旧、不断增加的办法,是为了培养更高的能力与修养。

6. 完善

强化训练特别注意养成良好的习惯。铃木说:"经过五千次养成的坏习惯,要用六千次矫正。"为此,应该停止那种每错一次,矫正一次的方法,代之以重新开始训练的方法,让孩子学习新的行为方式,养成新的行为习惯。

铃木的教学形式提倡个别课与集体课相结合,每周一次个别课,一次集体课,并定期举行音乐会,使每个孩子都有独奏与合奏的机会,使每个孩子有自由表现音乐的机会,并要求家长陪同上课,陪同练琴,规定家长每天为孩子放送指定乐曲的录音。

二、铃木的才能教育思想

(1)"培养孩子成为优秀的"是铃木教育思想的出发点和归宿。铃木始终强调才能教育的主要目的是培养人。

(2)"音乐教育是相当重要的。"铃木强调音乐教育潜移默化的作用及早期教育的特殊意义。

(3)"人类是环境之子",环境对于他们的成长发展,有着绝对重要的作用。"任何孩子都可以培育成有高度才能的人。"铃木反对"才能是天生的"说法,他认为,如果说有遗传的话,那也许是说人在适应环境的灵活性或适应的快慢上有优劣之分,形成有的人比较迟钝,有的人比较敏锐的差别。他确信,环境要置于遗传之前,环境比遗传更影响人的能力的发展。在嘈杂音响环境中生长的孩子,势必粗野;在巴赫音乐声中长大的孩子,会自然滋长巴赫那样高贵的灵魂和伟大的人格。铃木认为早学是发展孩子特殊才能的首要条件。所以,父母要尽量给孩子提供一个最美的环境。

(4)"掌握某个领域最高层次的人,同样地可以在其他领域达到相同的高度。"为此,铃木认为,坚持不懈地开发孩子在音乐方面的能力,使之达到最高水平,则孩子其他方面也不会差。这一论点正符合心理学有关"迁移"的学说,即各种能力之间是有关联的,一种能力的形成,会对一切能力产生积极的迁移正效应。

(5)"兴趣是能力的源泉。"铃木认为教育的根本目的是使教育者产生爱好。

（6）"直觉或灵感也是一种能力。""那是生命的共鸣,培养这种共鸣,正是对生命进行教育。"铃木认为这种直觉是在不断重复训练中自然地掌握,这种直觉表现为生命的机能——在无意识中起着重大的作用。

（7）"艺术是按照人类自身的能力创造出来的。"以"生命"为中心去观察事物,解释艺术。铃木认为艺术就是人类自身的能力世界,如思想高度如何? 感觉的高度如何? 以及人们日常的行为怎样? 艺术是人类创造的能力之一,事实上,生命就是带给人类的力量之一。艺术是按照人类自身的能力创造出来的。

（8）"'教育'是个伟大的词,包括教和育两方面。"铃木认为,人重视"教"而不重视"育",不重视教育方法的选择是错误的。

（9）"尊重孩子。"生命是大自然所赋予的,生命是崇高的、伟大的力量,对于这一力量,我们应该怀着崇敬的心情,应该好好尊重。

（10）"育儿国策。"铃木祈望世界和平,对地球上所有的孩子进行教育,把他们培养成材;他把这一理想看成是自己终生不懈的追求。

思考与练习

1. 了解国外有关儿童音乐教育的一些基本思想和方法。
2. 尝试以奥尔夫教学法或其他教学法为例,进行一次实践活动。

参 考 文 献

1. 朱家雄,林琳,吕坚.学前儿童美术教育[M].上海:华东师范大学出版社,1999.
2. 张念芸.学前儿童美术教育[M].北京:北京师范大学出版社,1997.
3. 全国幼师工作协作会组.幼儿艺术教育活动指导[M].北京:北京师范大学出版社,2002.
4. 屠美如.儿童美术欣赏教育研究[M].北京:教育科学出版社,2001.
5. 杜卫.美育论[M].北京:教育科学出版社,2000.
6. 教育部基础教育司.全日制义务教育艺术课程标准解读[M].北京:北京师范大学出版社,2002.
7. 杨景芝.美术教育与人的发展——儿童美术教学法研究[M].北京:人民美术出版社,1999.
8. 李淑芬.卜镝的世界[M].北京:外文出版社,1981.
9. 许卓娅,孔起英.艺术(幼儿园课程实施指导丛书)[M].南京:南京师范大学出版社,1997.
10. 孔起英.学前儿童美术教育[M].南京:南京师范大学出版社,1998.
11. 屠美如.学前儿童美术教育[M].重庆:西南师范大学出版社,2000.
12. 李鸣,刘曼玲.幼儿园课程改革研究案例精选[M].北京:新时代出版社,2002.
13. [英]赫伯·里德.通过艺术的教育[M].吕廷和译.长沙:湖南美术出版社,1995.
14. 张志华.幼儿园音乐教学法[M].北京:北京师范大学出版社,1988.
15. 曹理.普通学校音乐教育学[M].上海:上海教育出版社,1993.
16. 郁文武,谢嘉幸.音乐教育与教学法[M].北京:高等教育出版社,1991.
17. 汪爱丽.幼儿园音乐教学法[M].北京:人民教育出版社,1987.
18. 楼必生,屠美如.学前儿童艺术综合教育研究[M].北京:北京师范大学出版社,1997.
19. 许鸿,陈蓉辉.幼儿艺术教育[M].长春:东北师范大学出版社,1995.
20. 肖文娥.学前儿童体育音乐美术教育[M].石家庄:花山文艺出版社,2000.
21. 赵春梅.幼儿园活动设计实例(音乐)[M].长春:吉林美术出版社,2000.
22. 梁志燊.哈佛多元智能——婴幼儿音乐智能开发训练[M].北京:国际文化出版公司,2003.
23. 王懿颖.幼儿音乐教育[M].北京:中国劳动社会保障出版社,1999.
24. 王懿颖.学前儿童音乐教育[M].北京:北京师范大学出版社,1997.
25. 人民教育出版社幼儿教育室.幼儿音乐教学法[M].北京:人民教育出版社,1987.
26. 李晋瑗.幼儿音乐教育[M].北京:北京师范大学出版社,1998.
27. 许卓娅.打击乐器演奏活动[M].南京:南京师范大学出版社,2009.
28. 许卓娅.学前儿童音乐教育[M].北京:人民教育出版社,1996.
29. 黄瑾.学前儿童音乐教育[M].上海:华东师范大学出版社,2001.
30. 缪力.体态律动课例[M].北京:人民音乐出版社,2001.
31. 杨立梅.柯达伊音乐教育思想与实践音乐基础教育的原则与方法[M].北京:中国人民大学出版社,1994.
32. 李旦娜,修海林,尹爱青.奥尔夫音乐教育思想与实践[M].上海:上海教育出版社,2002.
33. 尹爱青,曹理,缪力.外国儿童音乐教育[M].上海:上海教育出版社,2011.

图书在版编目(CIP)数据

学前儿童艺术教育活动指导/王麒,李飞飞主编. —4 版. —上海：复旦大学出版社，2021. 5
(2024. 1 重印)
ISBN 978-7-309-15523-5

Ⅰ. ①学… Ⅱ. ①王… ②李… Ⅲ. ①学前教育-艺术教育 Ⅳ. ①G613. 5

中国版本图书馆 CIP 数据核字（2021）第 064255 号

学前儿童艺术教育活动指导（第 4 版）
王　麒　李飞飞　主编
责任编辑/查　莉

复旦大学出版社有限公司出版发行
上海市国权路 579 号　邮编：200433
网址：fupnet@ fudanpress. com　http://www.fudanpress. com
门市零售：86-21-65102580　团体订购：86-21-65104505
出版部电话：86-21-65642845
上海四维数字图文有限公司

开本 890 毫米×1240 毫米　1/16　印张 13. 25　字数 393 千字
2024 年 1 月第 4 版第 7 次印刷
印数 32 601—38 700

ISBN 978-7-309-15523-5/G · 2211
定价：49. 00 元